JN437099

일 내는 책

꿈을 놓았다면 삶을 버려라!

초판 1쇄 인쇄 : 2008년 1월 15일
초판 1쇄 발행 : 2008년 1월 20일

지은이 : 석종득
펴낸이 : 전두표
펴낸곳 : 도서출판 두남

주소 : 서울특별시 강동구 성내1동 455-12 두남빌딩
등록 : 제 2-624(1988.7.21)
전화번호 : 02-478-2066 / 2067 / 2311
팩스번호 : 02-478-2068
전자우편 : dunam1@unitel.co.kr
홈페이지 : http://www.dunam.co.kr, http://두남.kr, 두남.com

가격 : 13,000원

ISBN 978-89-8404-892-8 03320

일 내는 책

꿈을 놓았다면 삶을 버려라!

석종득 지음

비즈프라임

일내는 책

꿈을 놓았다면 삶을 버려라!

소처럼 일하다 죽을 일만 남았으니!

안개가 심했던 어느 날 밤. 전투함 한 척이 바다를 지나고 있었다. 안개를 헤치며 조심스레 나아가고 있던 전투함은 전방 아주 가까운 곳에서 반짝이는 불빛 하나를 발견한다. 안개 탓에 너무 늦게 불빛을 발견한 전투함. 그 불빛의 물체와 충돌하게 될 긴박한 순간이었다.

함장은 불빛으로 신호를 보냈다. "지금 당장 왼쪽 2시 방향으로 이동하시오." 그랬더니, 그쪽에서 불빛신호가 되돌아왔다. "당신들이야말로 항로를 바꾸시오." 화간 난 함장은 다시 불빛신호를 명령했다. "내 배는 전투함이고, 나는 함장이다. 당장 항로를 바꾸지 않으면 발포해서 격침시키겠다." 그러자 곧 저쪽에서 불빛신호가 되돌아왔다. "여긴 등대고, 난 등대지기다. 너희들이야말로 당장 항로를 바꾸란 말이다."

우리는 지금 청년실업 1백만 명의 시대를 살아가고 있다. 우리 앞

인터넷 검색과 생활정보지 탐독으로 하루를 보낸다.
예전엔 업종이며, 회사 위치까지 가려 원서를 넣었었는데,
이젠 사무직이면 무조건 원서부터 내고 본다.
하지만 열에 아홉은 면접의 기회조차 주질 않는 회사들.
특징 없는 자소서가 문제인가 싶어 쓰고 지우길 수십 번.
그나마 면접기회라도 한번 주어지면 눈썹 휘날리게 달려가 보지만
번번이 차비만 날린 채 별무소득.

어머니는 잔소리로 하루를 보내시고, 말씀조차 없으신 아버지.
처음엔 각종 공사들에 지원했었고, 다음엔 대기업 공채.
몇 군데 대기업에 떨어진 후로는 공무원 시험 준비 2년.
어학연수를 핑계로 1년 휴학까지 한 내 나이는 올해 스물일곱.

대학시절, 나의 스물일곱이 이렇게 힘들 줄은 정말 몰랐었다.
지방대 여학생의 낙인, 게다가 이젠 나이까지 먹어버렸으니.
과연 내 미래는 있기나 한 것인가?
한 가닥 희망이 있어 그래도 요 며칠은 나은 편이다.
얼마 전 정말 괜찮은 조건의 사무직 구인광고가 떴길래
원서를 냈고, 면접까지 봤다. 그런대로 느낌이 좋다.

집전화가 울렸다. 드디어 전화벨이 울기 시작한 것이다.
여간해선 하루에 한통도 울지 않는 캔디폰.
두근두근……. 그 회사일까? 면접을 보라는 걸까?
짧은 순간 별의별 상상을 다 하며, 힘껏 거실로 내달렸다.
떨리는 목소리로 전화를 받았다. "여보세요."
"예, 거기 족발집이죠? 여기……."

에 펼쳐진 세상도 안개 낀 밤바다다. 평균 실업률의 2배가 넘는 청년실업은 갈수록 더 늘어만 간다. 과연 경기만 좋아지면 해결될 문제인가? 미취업자들은 갈 만한 직장이 없다고 아우성이고, 기업들은 쓸 만한 인재가 없다고 한숨이다. 어쩌면 우리 사회 전체가 안개 낀 밤바다로 내몰려 있는지도 모른다. 미스매치의 해결책은 과연 무엇인가? 시간이 지나면 저절로 해결될 문제인가?

필자는 미스매치의 이유가 변화의 속도에 있다고 생각한다. 우리의 노력이 변화의 속도를 따라잡지 못하고 있다는 것이다. 소비욕구의 증가와 그에 따른 일자리 요구의 증가, 경영합리화와 그에 따른 인재상 변화, 급증하는 고령인구 등이 미스매치의 원인이다. 미스매치로 말미암은 폐해와 고통은 모두 개인들에게 전가되었고, 그 해결의 책임 또한 개인들에게 던져졌다. '남의 돈 먹기가 그리 쉬운 줄 알았더냐?' 는 말이 더 실감나는 세태다.

고령화 가속되면, 30년 직장생활 뒤 60년간 '열중 쉬어'

글로벌리즘은 능력 위주의 경쟁, 지식경쟁의 시대로 우리를 내몰고 있다. 일류대학에서 대기업으로 이어지던 엘리트 코스의 조직주의가 퇴조하고, 개인능력에 따라 얻고 누릴 수 있는 것이 달라지는 시대가 찾아왔다. 이젠 단지 어느 곳에 입사하는 것만으로는 평생을 보장받을 수 없다.

우리나라의 평균수명은 이미 80세에 육박하고 있다. 아마도 이 글을 읽게 될 젊은이들이 여든에 이를 즈음이면 우리나라 평균수명은 120세, 혹은 150세를 넘어 있을 지도 모를 일이다. 만약 지금처럼 정년이 60세 혹은 65세인 채로 120까지 살아야 한다면 우린 60년,

혹은 55년을 직업 없이 견뎌내야만 한다.

60년 세월을 은퇴한 노병으로 살아가기 위해서는 얼마나 많은 돈이 필요할까? 소일거리 없이 그만큼을 살아내야 할 우리에게 과연 어떤 낙이 존재할 것인가? 노후를 편히 보낼 수 있는 돈보다는 노후를 활력 있게 지내며, 지속적 경제활동을 가능케 해줄 일이 더욱 필요한 것은 아닐까?

첫 직장에 대한 선호 역시 변화할 것이다. 이제 입사 초기 연봉이 얼마인지 하는 것은 그리 큰 문제가 아니다. 오히려 내 첫 직장이 은퇴시기에 어떤 영향을 미칠 것인가 하는 점이 더 관심사다. 젊은 시절 10년 동안 남들보다 2천만 원씩 2억 원의 급여를 더 받는다 해도 은퇴가 10년 당겨진다면 훨씬 손해다. 오히려 처음 10년간 2억 원을 손해 본다 해도 은퇴가 10년 늦춰진다면 이득이라는 얘기다. 인생과 일은 단거리 경주가 아니다. 마라톤이다.

미래는 '꿈을 위해 일하는 사람들'의 행복발전소

직업을 가져야할 이유에 대해 많은 젊은이들은 '돈을 벌기 위해서'라고 답할 것이다. 그러나 돈은 일이 만들어주는 훈장이자, '일을 열심히 해서 얻는 대가'다. 이런 생각이야말로 일을 사랑하게 해준다. 그렇지 않다면 우리는 평생 돈을 벌기 위해 희생해야만 한다. 일은 '돈을 버는 수단'이 아니라, '자신의 정체성'이라는 생각이 점점 늘어가고 있다.

그러나 필자는 '일은 정체성을 넘어 꿈을 성취하는 수단'이 되어야 한다고 믿는다. 그렇지 않고, 일이 그저 일일 뿐이라면 우리의 일생은 얼마나 힘들어질 것인가? 앞으로는 '꿈을 위해 일하는 사람들'

만이 행복해지는 시대다. 꿈을 잃는다면 우리는 그 긴긴 세월을 소처럼 일만 하다 죽게 될 테니 말이다.

이 책의 1부 '일을 가지려면' 은 취업을 원하는 취업준비생들에게 진로의 선택부터 취업실무까지의 정보를 제공하고 있다. 진로의 결정과 준비에 대한 정보로 그들에게 도움을 주고자 했다. 그러나 대학 저학년들과 이직을 고민하고 있는 직장인들에게도 도움이 될 것이라 믿는다.

2부 '일을 맡기까지' 는 입사한 취업자들이 회사에 적응해 가는데 도움이 될 만한 내용으로 구성했다. 사회와 직장의 구조를 현장중심으로 기술했다. 직장 엿보기, 적응의 길잡이쯤으로 생각하면 좋을 것이다. 취업을 앞둔 취업준비생은 물론 신입사원들에게도 도움이 될 것이라 믿는다.

3부 '일을 맡으면' 은 구체적인 프로젝트를 시작하고 끝낼 때까지, 그리고 끝낸 후의 조치사항, 자기계발, 이직에 필요한 사항들까지를 기술했다. 신입사원들에게는 물론 매너리즘에 빠진 기성직장인들의 '초심 깨우기' 에도 도움이 될 것이라 믿는다.

각 장마다 실제상황에서 있을 법한 얘기들을 삽입했다. 보다 이해를 돕고, 지루하지 않게 책을 읽을 수 있도록 하기 위해 중간 중간 우스갯소리들도 섞어 넣었는데, 이 우스갯소리들은 그간 필자가 주워들었던 것들을 재구성한 것이다. 그러나 주워들은 이야기들인 탓에 그 원전을 찾을 길이 없어 원저자를 밝혀 적지는 못했다. 이 점 미리 양해를 구한다.

예비취업자들의 보다 쉬운 이해를 위해 글의 사이사이에 미국에서 쓰인 카피들도 몇 개 빌려왔다. 유나이티드 테크놀로지가 1979

년부터 1980년대까지 월스트리트저널에 게재했던 광고들이다. 나는 젊은 시절 이 카피를 만났고, 이 카피의 덕을 톡톡히 봤다. 독자들 중 관심이 있는 사람들에겐 신해진 씨에 의해 '카피, 카피, 카피'라는 이름으로 번역된 번역본이 많은 도움을 줄 수 있을 것이다.

나는 이 책을 '꿈을 이루기 위한 일하기'에 바친다. 물론 취업을 원하는 이들에겐 취업에 도움을 주는 책으로, 취업은 했으나 회사생활 적응에 애로를 겪고 있는 신입사원들에게는 적응에 도움을 주는 책으로 쓰일 것이다. 하지만 단순히 미스매치(mismatch) 해결을 위한 방편에만 머무른다면, 그 책읽기는 절반의 실패다. 부디 많은 사람들이 중학교 졸업 이후 잊고 살았던 자신만의 '장래희망'을 다시 일깨울 수 있게 되기를 소망한다. 그리고 이 책이 그 꿈을 실현해 가는데 미력하나마 도움이 되기를 기원한다.

참아이엠씨 부설 발전전략연구소에서 석종득

목차

일내는 책

CONTENTS

3부. 일을 맡으면 183

01

1부. 일을 가지려면

1부 : 일을 가지려면

직업 눈높이와 미스매치

이 시대의 전설, 엄마 친구 아들!

아프리카 어느 나라에 심한 기근이 들었다. 몇 년을 이어온 기근으로 그 나라 사람들 상당수가 죽었고, 시간을 더 끌다가는 대부분의 사람들이 굶어죽을 판이었다. 국민 모두가 이 문제의 해법을 찾기 위해 백방으로 노력했으나 도저히 방법을 찾을 수가 없었다.

그러던 어느 날의 국무회의. 그날도 어김없이 침통한 분위기가 이어졌다. 다들 묵묵부답, 서로 얼굴만 쳐다보고 있는 상황. 그 와중에 국방부장관이 호들갑스럽게 발언을 시작했다. "각하, 미국하고 전쟁을 하는 겁니다." 장관의 말에 대통령을 비롯한 국무위원 모두는 어이없는 표정이 되었다.

국방부장관은 말을 이었다. "진짜 전쟁을 하자는 얘기가 아니라, 일단 선전포고를 해놓고 미사일 몇 대 맞은 다음에 항복을 하자는 말입니다. 설마 식민지 사람들을 굶겨 죽이기야 하겠습니까?" 국무

아버지와 단둘이 삼겹살집에서 쐬주 한잔이라.
"스트레스 많지? 영 표정도 어둡고. 괜찮아 임마, 말해봐. 힘들지?"
"아, 요즘 정말 집에 들어가기가 싫어요. 그놈의 슈퍼맨 땜에."
"슈퍼맨?"
"엄마 친구 아들이요. 어릴 때부터 전교 일등, 특목고, 서울대,
장학금, 알바, 효자. 그런데 이번에는 또 끝내주는 직장이에요."
"엄마 친구 아들?"

"왜 있잖아요. 세상엔 결코 존재하지 않지만
파워 하나 만큼은 끝내준다는 전설의 '엄마 친구 아들', 모르세요?"
"하하하하. 아, 엄마의 친구 아들들?"
"뭐, 아들들은 아니고요. 그게 알고 보면 한 명이거든요, 모델이.
때에 맞춰서 꺼내시는 거죠. 아무리 그래도 제가 걔는 아니잖아요.
취업스트레스죠, 뭐. 학교로 보나, 학점으로 보나, 영어로 보나,
사실 제가 대기업 스펙은 아니잖아요. 그런데 엄마가 자꾸 저러시니."

아버지의 표정도 밝지만은 않다. 하긴 무슨 낙이 있으시겠는가?
기껏 등록금 대가며 공부시킨 아들이 취업도 못한 채 놀고 있으니.
얘기를 해도 풀리지 않는 문제. 하긴 대화가 무슨 묘약이랴.
올라야 할 산은 높고, 어깨에 멘 짐은 무겁고, 날은 저물고.
그런데 주저리주저리 신세 한탄을 한참 하던 나의 귀에 들려온 말.

혼잣말인지, 아니면 나 들으라고 하시는 말씀인지
아무튼 한숨 섞인 나지막한 목소리에 나는 일순간 멍해졌다.
"넌 그래도 좋겠다. 엄마 친구 아들이 한 명이라서.
에효. 그놈의 마누라 친구 남편은 도대체가 몇 명인지 모르겠다."

위원들은 술렁거렸다. 결국 별다른 해법이 없었던 탓에 그렇게 하자는 쪽으로 의견이 모아졌다.

선전포고를 하기로 한 날 새벽. 대통령 관저에 긴급한 연락이 전달됐다. 국방부장관이 집에서 권총자살을 했다는 것이다. 그리고 대통령 앞으로 남겼다는 유서 한 통. 그 내용은 다음과 같다. "각하, 제 생각이 짧았습니다. 만약 우리가 미국을 이기면 어쩌죠?"

조직에 의존하는 사회적 분위기가 미스매치의 첫 번째 원인

세상을 살다보면 의외로 자신의 능력을 과대평가하는 사람들이 많다는 사실을 알게 된다. 과대평가와 과대망상은 올바른 선택을 방해한다. 많은 사람들은 자신의 현재 삶에 만족하지 못한다. 그렇다고 그 현실을 깨기 위한 노력을 지속하기엔 우리의 의지력이 너무나도 약하기만 하다. 그래서 편리한 과대망상에 빠지곤 하는 것이다. 그리고 그들은 말한다. '세상이 나를 알아주지 않는다.' 고.

중소기업을 다니면서 툭하면 '대기업은 대졸자 초봉이 얼마라던데, 공사는 얼마라던데' 라며 투덜거리는 친구들이 있다. 상대적 빈곤감 때문이다. 그러나 그런 투덜거림이 당신의 인생에 도움이 될까? 그렇게 투덜거릴 거라면 지금 당장 대기업으로 가야한다. 그러나 곰곰이 자신의 능력을 생각해보라.

지금 우리 사회는 어떠한가? 많은 사람들이 자신을 객관화하기에 앞서 누리고 싶은 것들을 먼저 말하고 있다. 남들 사는 모양은 나와 다르다고 믿는 것이다. 그러나 정말 그런가? 남들도 대부분 나와 같은 고민을 하고, 나와 크게 다르지 않은 삶을 살아가고 있다. 그런데 왜 사람들은 피해의식을 안고 살아갈까? 중요한 이유 중 하나가 TV

다. 하지만 기억해야 한다. TV는 잘 꾸며진 삶들만 보여주고 있다는 사실을 말이다.

그 속에 살고 있는 사람들을 기준으로 세상을 바라보고 나를 바라보면 나오느니 한숨이요, 높아지느니 눈높이다. 우리네 삶은 TV 속 사람들의 삶만큼 폼 나기 어렵다는 사실을 깨달아야만 한다. 그렇다고는 해도 우리 사회의 미스매치는 심각한 수준이다. 우리가 높은 눈높이를 가지게 된 진짜 이유는 과연 무엇일까?

그 첫 번째 이유는 우리 사회에 만연한 조직주의다. 개발독재를 거치면서 굳어진 우리의 입시문화는 획일적이고도 폭력적인 인생 결정의 과정을 만들어냈다. 단 한 번의 경쟁만으로 인생을 결정짓게 하는 이 편리한(?) 입시제도는 취업까지도 획일화시켰고, 자신의 꿈, 의지와는 무관하게 인생을 결정짓도록 강요해왔다.

그 때문에 대부분의 사람들은 큰 직장을 좋은 직장이라고 생각한다. 주체적이고 독립적으로 무언가를 이루려고 하기보다는 큰 조직에 안주해야만 무언가를 이룰 수 있다는 생각. 아니 최소한 그 기업의 발전과 더불어 성장할 수 있을 것이라는 생각. 이것이 조직주의를 만들어냈고, 이것이 다시 '큰물에서 놀자.' 라는 인식과 어울려 시너지를 발휘하고 있는 것이다.

'엄마 친구 아들' 이 대변하는 체면문화가 미스매치를 부추긴다

미스매치의 두 번째 이유는 오랫동안 이어져 내려온 우리 사회의 체면의식이다. '엄마 친구 아들' 을 들어보았는가? 세상에 결코 못해낼 것이 없다는 전설의 그 '엄마 친구 아들' 과 '마누라 친구 남편' 은 오늘도 끊임없이 우리의 어린 아들 딸들과 불쌍한 가장들의 자존심을 무자비하게 짓밟고 있다. 세상의 엄마들은 많지만, 그 엄마들의 '친구사랑' 은 모두가 하나같은 모양이다. 친구 아들 취직 축하파티에 다녀온 엄마들은 지나가는 말처럼 꼭 이런 얘기를 아들 딸들에게 던진다.

"얘야, 그 엄마 친구 아들이 이번에 ㅇㅇ은행에 척 붙었다지 뭐냐? 오늘 엄마는 그 집에 가서 취직 턱 얻어먹고 왔다. 그런데 그 애 직장에서는 살 집도 내주고, 연봉이 뭐 대번에 4천이라던가, 5천이라던가? 아무튼 보경이 엄마는 입이 귀에 걸렸더라."

엄마 친구 아들 몇 십 명 중 단 한 명, 그것도 그 아이의 엄마가 뺄 건 다 빼고, 자랑할 것만 모아서 한껏 부풀려 말한 사실을 엄마들은 다시 더 부풀려 그럴듯하게 말씀하시곤 한다. 그런데 알고 보면 그 아들은 이미 중학생 시절부터 '엄마 친구 아들' 로 활동해온 아이.

"글쎄, 전교 1등을 했다지 뭐냐?", "영어시험 100점을 맞아 왔다지 뭐냐?", "외국어고등학교에 수석으로 합격했다지 뭐냐?", "서울대에 갔다지 뭐냐?", "그렇게 효자라지 뭐냐?"에 등장했던 주인공들은 알고 보면 각기 다른 사람이 아니라는 것. 대개 주인공은 한 사람이다. 이렇게 끊임없이 또래들의 경쟁을 부추기는 가정의 분위기 역시 미스매치의 원인이다.

미스매치의 세 번째 이유는 적극성의 결여와 의존적 성향이다. 캥거루족을 아는가? 어떤 곳인가 보려고 머리만 내밀었다가 날씨가 너무 춥거나, 밖이 무서우면 다시 쏙 들어가 버리는 캥거루 새끼를 빗대어 붙여진 이름이 캥거루족이다. 이런 캥거루족들은 부모의 안락한 주머니에서 학창시절을 보내다가 사회로 내보내지게 된다. 하지만 사회는 너무 춥고 무섭다. 그러니 다시 부모의 주머니로 쏙 들어가 버리는 것이다.

경제적 절박함이 덜한 상황, 많은 캥거루족들은 취업재수를 선택하거나 어학연수와 유학 등을 이유로 밖으로 나간다. 자녀들에게 '너무 조급해하지 말고 신중하게 준비하라.' 며 머리를 다시 주머니로 밀어 넣는 부모들의 주문도 취업준비생들의 눈높이를 낮추는데 장애가 되고 있다. 다시 들어갈 주머니가 존재하는 한 이들이 부모로부터 완전한 독립을 이루기는 그리 쉽지 않을 것이다.

봄에 씨앗을 적게 뿌렸다고 여름에 씨를 더 뿌릴 수는 없다

상황이 이렇다 보니, 이 시대의 아들과 딸들은 부담이 백배. 엄마 체면을 위해서라도 이름 없는 중소기업보다는 공사나 대기업을 가야겠고, 연봉도 빵빵해야겠고 아무튼 폼이 좀 나야한다는 강박관념을 갖게 되는 것이다. 그러나 이러한 분위기 속에서 만들어진 높은 경쟁률은 당연히 많은 탈락자를 배출하고, 많은 취업준비생들로 하여금 좌절을 경험하게 한다.

이러한 우리 사회의 분위기는 작은 직장에 입사한 젊은이들로 하여금 시작부터 좌절을 경험하게 한다. 또한 이러한 분위기는 그들이 직장에 적응해가는 데에도 적지 않은 장애요인으로 작용한다. 어떤 사람이 좋은 아이템으로 창업을 하거나, 유망기술을 보유한 중소기업 혹은 전문기업에 입사를 해도 소위 공사나 대기업에 취업한 것이 아니라면 대학시절에 뭔가 문제가 있었을 것이라 생각하는 분위기가 아직까지도 이 사회에 팽배해 있는 것이다.

눈높이와 스펙이 다른 미스매치는 이처럼 이미 가정에서부터 시작되었다. 만약 당신의 진로결정에 가족이나 친구, 혹은 주변에 대한 체면이 개입했다면 다시 한 번 생각해보라. 그 결정이 당신의 인생에 미칠 영향을 말이다. 자신의 꿈과 목표, 객관적 능력과는 상관없이 사회적 분위기와 체면 때문에 선택하는 직장이 과연 당신에게 행복을 가져다줄 수 있겠는가?

우선은 그 직장에 합격하는 것조차 쉽지 않을 것이다. 설사 합격한다 해도 당신은 가지 않은 길을 아쉬워하며 힘들어하게 될 것이다. 이제 당신은 어엿한 성인이다. 당신의 판단과 당신의 기준으로 세상을 살아가야만 한다. 이젠 더 이상 부모님을, 그리고 주변을 핑계 대는 것은 그만두기로 하자.

세상에 오르지 못할 나무는 없다. 단지 나의 재능과 시간이 필요할 뿐이다. 꼭 필요한 것이라면 2~3년을 더 투자할 수도 있을 것이다. 그러나 그 시간이 그저 핑계일 뿐, 허비하는 시간으로 인생에 기록되어서는 안 된다. 늘 기회비용을 생각해야 한다. 자신이 가지고 있는 능력, 지금까지 걸어온 길을 사랑해야 한다. 그리고 그 연장선상에 내 미래가 있음을 기억하자.

인생은 흐름이다. 지속성이 있다는 것이다. 어린 시절의 연장선상에 당신의 현재가 놓여 있고, 지금의 연장선상에 당신의 미래가 놓이게 될 것이다. 지우고 다시 시작할 수는 없다. 그러나 리듬이 있다. 굴곡이 있다. 이미 늦었다고 말하는 것이 아니다. 지금 당장 눈앞에 둔 목표를 달성하지 못했다고 인생이 실패하는 것은 아니라는 사실을 말하는 것이다.

봄에는 씨를 뿌리고, 여름에는 가꾸고, 가을에는 수확하는 것이 이치. 봄에 씨를 많이 뿌리지 못했다고 그 씨앗을 여름에 뿌려서는 제대로 싹을 틔울 수 없다. 적게 뿌려진 씨앗이나마 정성껏 가꾸는 것이 더 옳은 방법이 아닐까? 지금 필요한 것은 지금 해야 한다.

서울대 못 갔다고, 좋은 국어선생님 되기까지 포기해선 안 된다

서울대학교 국어교육학과를 원했지만 점수가 안 된다면 다른 대학의 국어교육학과도 고려해볼 수 있지 않은가? 그것은 본인이 감수해야할 문제이다. 원하는 대학을 가지 못했다고 비관만 하고 있어서는 좋은 국어선생님이 될 수 없다. 아니 아예 국어선생님이 되지 못할 수도 있다. 다음에는 또 좋은 학교의 국어선생님이 되고 싶다고 말할 것인가?

평생직업이 결정되면 의외로 선택의 폭이 넓어진다. 평생직업을 갖고 그 분야에서 성공할 수만 있다면 당장 눈앞에 있는 사소한 이익은 얼마든지 포기할 수 있다. 나에게 자신감이 부족하고, 스스로 확신을 갖지 못하기 때문에 주변 사람들의 눈치를 보는 것이다. 큰 기업들이 안전하니까, 큰 기업들이 급여를 많이 주니까, 큰 기업들이 복지가 더 좋을 테니까, 큰 기업들이 나를 더 성장시킬 수 있을 테니까? 과연 그럴까?

어떤 기업도 그냥 앉혀놓고 월급을 주는 곳은 없다. 물론 상대적으로 나을 수는 있다. 기왕이면 다홍치마라고 큰 기업이 좋을 수도 있다는 것이다. 그러나 자신의 꿈, 자신의 직무를 위해 필요한 곳이 어디인지는 확인해보았는가? 그저 막연하게 '큰 기업이 좋겠지.' 라고 생각하고 있는 것은 아닌가?

요즘 돌아다니는 우스갯소리가 있다. 중고등학교시절 공부를 열심히 한 대다수의 학생들은 소위 SKY대학에 입학한다. SKY대학에 입학한 대다수의 학생들은 대기업에 입사한다. 대기업에 입사한 대다수 사원들은 서른여섯에서 마흔셋 사이에 쫓겨난다. 이렇게 쫓겨난 대다수의 사람들은 퇴직금으로 닭집을 차린다. 그리고 그 중 많은 사람들이 얼마 지나지 않아 망해버리고 만다.

그냥 웃어넘기기에는 너무나도 슬픈 얘기다. 조직주의에 기대어 그저 주어진 소명에 따라 열심히 살아온 사람들이 버려지고 있다. 나의 것이 있어야 한다. 내가 하고자 하는 의지가 있고, 그 의지에 따라 길을 잡아온 사람들이라면 설령 실패한다 해도 남는 것이 있다. 그러나 조직에 기대 시간을 허비한 사람들에겐 남는 것이 없다.

당신에겐 당신의 길이 있는가? 내 길을 찾아 뚜벅뚜벅 걸어가자

정년퇴직한 직업군인들이나 공무원들이 퇴직 후 빚보증으로 가산을 탕진하거나 사기에 걸려들기 쉽다는 얘기가 있다. 퇴직금을 고스란히 날리고 아파트 경비 일을 하는 이들도 적지 않다며 퇴직공무원들에게 주의를 주는 사회분위기도 있다. 그러나 이러한 '주의'는 비단 공무원들에게만 적용되는 것이 아니다. 요즘에는 대기업 출신들에게도 이런 주의를 주는 분위기다.

당신에게는 당신만의 길이 있는가? 그 길을 가기 위해 직장을 선택하려 하는 것인가? 아니면 졸업할 때가 되었으니 어딘가에 또 소속되지 않으면 안 되어서 적당한 직장이 필요한 것인가? 만일 후자라면 다시 생각해보자. 이제 어떠한 소속도 개인을 지켜주지는 못한다. 내 길을 내가 찾아 뚜벅뚜벅 걸어가야 하는 시대다.

당신에게 있어 첫 직장은 어떤 의미여야 하는가? 당신에게 직장이 줄 수 있는 것은 무엇이고, 당신이 직장에 줄 수 있는 것은 무엇인가? 당신과 직장 사이에는 바로 이 문제만이 존재할 뿐이다. 이젠

'엄마 친구 아들의 저주' 로부터 스스로를 구해낼 때다.

Point

1-1. 직업 눈높이와 미스매치

- 당신의 눈높이는 어떠한가? 과대평가하고 있지는 않은가?
- 우리 입시문화는 획일적이고도 폭력적인 인생 결정 과정을 만들었고, 여기에서 비롯된 잘못된 행태들이 취업까지도 획일화시키고 있다.
- 조직주의를 경계하자. 거저 먹여살려줄 조직은 없다.
- 체면의식도 미스매치의 이유. 체면이 밥을 먹여주지는 않는다.
- 적극성 결여와 의존적 성향, 캥거루족들에겐 미래가 없다. 이젠 자신의 능력을 보다 객관화하자.
- 내 어제의 연장선상에 오늘이 있고, 오늘의 연장선상에 내일이 있다.
- 첫 직장의 크고 작음보다 내게 줄 수 있는 미래를 먼저 생각하라.
- 나의 꿈이 무엇이고, 그 꿈을 위해 지금 필요한 것은 무엇인가?
- 당신에겐 당신만의 길이 있는가?
- 첫 직장이란 꿈을 향해 나아가게 하는 첫 도약대다.

1부 : 일을 가지려면

평생직업의 선택기준

잠에서 깨어나, 이젠 꿈을 꾸어라!

경찰에 쫓겨 여객선을 타게 된 마피아 갱 한 사람이 있었다. 여객선을 타는 것 까지는 좋았으나, 마피아 갱의 운명이 그러했던지 그 여객선은 운항 중에 풍랑을 만나 침몰하게 되었다. 미국의 부자 한 사람, 프랑스의 바람둥이 한 사람과 함께 무인도에 닿게 된 마피아 갱.

세 사람은 열매를 따먹고 물고기를 잡아먹으며 생활했다. 그러던 어느 날, 그들은 바닷가에서 램프 하나를 주었다. 혹시나 하는 마음으로 그 램프를 정성껏 닦자, 램프의 요정이 나타났다. “여러분은 저를 천년의 잠에서 깨워주셨습니다. 감사하는 마음으로 한 가지씩 소원을 들어드리겠습니다.”

미국의 부자는 말했다. "캐나다에 있는 나의 별장에 내 애인과 함께 데려다 다오." 미국의 부자는 캐나다의 별장으로 날아갔다. 프랑스의 바람둥이는 "애인과 함께 알프스의 호텔에서 살 수 있게 해 다

평소 마음속으로만 해바라기했던 그녀와의 설레는 만남.
그러나 약속장소로 향하는 민호의 마음은 편치 못하다.
A기업 합격자 발표일인 어제, 합격자 명단에 그가 빠져 있었던 것.
졸업이 코앞. A기업은 올해 마지막 대기업 공채였다.
취업재수생으로 보낼 나날들이 캄캄하기만 한 민호.

누나는 이미 몇 년 전,
소위 '신들이 내린 직장' 이라고 불리는 B공사에 취업해서
4천만 원 가까운 연봉을 받는 어엿한 직장인이다.
하나밖에 없는 아들, 민호의 입장에선 체면이 말이 아니다.
'신의 직장' 은 고사하고, 초봉 2천만 원 갓 넘는다는
A기업 공채에서마저 미끄러졌으니 말이다.

학점관리 방만하게 하고, 영어공부 게을리 했던 민호는
3학년 2학기부터 본격적인 취업 준비에 나섰다.
공사 시험 두 군데, 대기업 시험 네 군데.
이제 졸업 전 입사는 물 건너 가버린 것이다.
그런 그에게 동아리 후배의 난데없는 데이트 신청.
평소 동아리 선배들 모두가 해바라기 해온 경애와의 만남.
하필 이런 날일 게 뭐람? 합격하고 만났으면 얼마나 좋아?
민호의 심사는 불편하기만 했다.

C카페, 그래도 마음을 추스르며 활짝 웃어 보인 그에게
경애가 던진 한 마디는 결국 민호를 KO시켜버렸다.
"선배들이 진로상담은 민호선배가 제일 낫다기에.
아직 적성을 못 찾아서요. 취업준빌 어째야하나 하고……."

오.” 프랑스의 바람둥이 역시 알프스의 호텔로 날아갔다. 이제 마피아 갱의 차례였다. 하지만 마피아 갱은 도망자 신세였고, 갈 곳도 마땅치가 않았다. “두 사람이 가고 나니까 나 혼자 심심하다. 그 두 사람을 다시 데려다 다오.”

당신에겐 꿈이 있는가? 꿈이 없는 사람, 목표를 잃은 사람에게는 어떤 증상이 나타날까? 꿈이 없는 사람은 자주 무기력증에 빠지게 된다. 짜증도 잦다. 목표가 없는 사람들은 사춘기 시절의 그 ‘이유 없는 반항’ 을 이어간다. 스트레스도 심하다. 친구들과의 수다도, 그럴싸한 여행도, 그 끝은 늘 제자리. 진정 당신에겐 꿈이 있는가?

꿈을 향해 나아가는 발걸음은 언제나 새봄이다

당신의 꿈은 무엇이었는가? 어린 시절 그 요란했던 꿈들은 다 어디로 사라졌는가? 중학교 졸업 이후 ‘꿈을 물어주는 사람’ 이 드물다. 이런 질문에 우린 얼마나 당당할 수 있을까? ‘도대체 넌 커서 뭐가 되려고 그러니?’ 고개를 숙인 채 기어들어가는 목소리로 겨우 대답한다. ‘저 다 컸는데요.’

어느 대학 모의면접행사에 초청받은 나는 야심찬 질문을 하나 던졌다. ‘당신의 꿈은 무엇입니까?’ 그런데 면접에 참여한 학생 3분의 1 가량이 ‘어디어디에 들어가는 것입니다.’ 라고 대답했다. 나는 당황하지 않을 수 없었다. 잘못 알아들었나 싶어 되물었지만 돌아온 대답은 한결같았다. 들어간 다음엔? 결국 평생을 통해 이뤄야 할 꿈이 ‘어디어디에 들어가는 것’ 이란 말인가?

‘그 다음에는 어떻게 할 거냐?’ 고 묻진 않았지만 그렇게 물었다면 그들 대부분은 ‘열심히 일해서 가정을 꾸리고, 돈 많이 벌어가며 행복하게 사는 거죠.' 라고 대답했을 것이다. 하지만 단지 '어디어디에 들어가는 것' 이 꿈인 사람은 열심히 일해서 가정을 꾸리고 돈 많이 벌어가며 행복하게 살기 어려울 것이다. 아니 그 '어디어디' 에조차 입사하기가 쉽지만은 않을 것이다.

기업은 꿈을 가진 인재를 찾는다. 자신의 꿈을 이루기 위해 직업을 수단으로 삼는 사람일수록 직장에서도 무엇이든 배우려들고, 무엇이든 열심히 일하려들기 때문이다. 그 직업을 유지하기 위해 눈치만 보고, 열정 없는 성실성만을 무기로 내세우는 사람에게 기업은 더 이상 기대할 것이 없다.

어떤 이들은 편하게 살고 싶단다. 꿈을 찾는 일처럼 골치 아픈 것들은 접어두고 그저 평범하게 살고 싶단다. 성공하기 위해 아등바등 사는 것이 피곤하다는 것. 하지만 편하게 사는 것과 평범하게 사는 것은 같은 줄이 아니다. 평범한 백수를 선택하지 않는 한 편안하기가 그리 쉽지 않은 세상이다.

토끼를 잡기 위해 산을 오르는 사람은 복장도 도구도 마음도 간편하다. 그러나 호랑이를 잡기 위해 길을 나서는 사람은 다르다. 중무장으로 산을 오른다. 그 발길에 채이기만 해도 토끼는 최소한 사망이다. 설사 호랑이를 잡지 못해도 토끼 몇 마리쯤은 거뜬히 잡아서 산을 내려올 수 있다.

편한 마음으로 토끼사냥을 나섰던 사람은 빈손으로 집을 향하기 일쑤다. 성공을 위해 노력하는 사람들의 땀방울이 힘겨워 보이지만, 평범하게 살겠다는 의지만으로는 결코 편하게 살 수 없다는 사실을 기억해야만 한다. 그래서 꿈이 필요하다. 꿈은 에너지다. 꿈을 향해 나아가는 발걸음은 당신에게 몰입의 즐거움을 줄 것이다.

스스로 나아가고 있다는 판단, 하나씩 달성해가며 나아가는 삶은 콧노래를 부른다. 성취감만큼 에너지를 주는 것은 없다. 꿈을 향한 발걸음은 늘 시간에 쫓기고 숨이 턱에 닿는다. 그러나 그런 시간이야말로 당신을 성장시킨다. 그런 시간이 모여 성과로 나타나고, 그런 날들이 모여 당신의 삶은 의미를 만끽하게 될 것이다.

꿈을 잃은 사람들이 있다. 흔히 그들의 핑계는 자신의 적성을 잘 모르겠다는 것이다. 뭘 잘 할 수 있을지를 모르겠다는 것. 과연 그런가? 미술학원도 다녀봤고, 피아노도 쳐봤고, 공을 차며 달려보기도 했다. 공부도 해볼 만큼 해봤고, 친구들과 수다도 떨어봤다.

모든 일엔 달콤함과 쌉싸래함이 공존한다

대학을 다니고 있는 학생들이라면 이미 자신의 적성을 찾아 떠나는 여행은 마친지 오래다. 이미 지구 두 바퀴쯤은 돈 셈이다. 그래도 적성을 모르겠다면 그건 '비겁한 변명'이다. 오히려 직업을 잘 모른다고 말하는 것이 맞다. 이름으로야 줄줄 외는 직업들이지만 그 속사정을 제대로 모르기 때문에 방황하는 것이다.

돌이켜보자. 당신은 고등학교를 졸업할 무렵, 대학진학을 위해 진로를 고민했던 적이 있었을 것이다. 물론 부모님이나 선생님들의 조언도 들었을 것이다. 그리고 사정이 어떻든 당신은 당신의 1차 진로를 이미 선택했다. 그러나 그렇게 선택한 진로에 만족했는가? 당신이 했던 전공공부들. 고등학교 시절 당신이 상상했던 전공과목들과 일치했는가?

많은 대학생들이 진학 후 적응을 못한 채 고민에 빠진다. 그 중 가장 많은 고민이 전공과 관계된 것들이다. 그런 고민 끝에 전과나 편

입을 하는 학생들도 있지만 많은 학생들은 이런 고민에 소극적으로 대처한다. 불만은 있지만 그저 다니는 것이다. 전과나 편입을 한 학생들조차 100% 만족하는 것은 아니다.

부산비정규노동센터의 2007년 3월 조사에 따르면 대학졸업예정자 26.0%가 전공 관련 직업의 취업을 포기했고, 13.8%가 전공 관련 직업을 원하지 않는다고 답했다. 무려 39.8%, 즉 10명 중 4명이 그간 공부했던 전공과 다른 직업을 택하겠다고 답했던 것. 과연 상황이 이렇게 된 이유는 무엇일까? 꼭 한 가지 이유만 대라고 한다면 나는 정보부족이라고 답할 것이다.

많은 고등학생들이 이름만 보고 전공을 선택한다. 그러나 입학 후에는 상상해왔던 달콤함보다는 복잡하고 힘들고 어려운 현실을 만나게 된다. 그 고민 속을 헤매며 4년을 보낸 그들이지만, 다시금 그들에게 다가서는 다른 직업과 진로들은 실제 이상으로 달콤해 보인다. 나와의 궁합도 좋아 보인다.

하지만 그것 역시 착각은 아닐까? 그런 상황이라면 그 직업을 선택한다 해도 더 나아질 것이 없다. 부산비정규노동센터의 같은 조사에 따르면 취업에 성공한 청년층의 45.2%가 1년이 채 안 돼 첫 직장을 옮긴 것으로 밝혀졌다. 그 이유로는 보수, 근로시간 등 '근로여건 불만족' 이 42.2%로 가장 많았다.

여기서 한 번 더 생각해보아야 할 것이 있다. 왜 그들은 불과 1년 후에 그처럼 뚜렷하게 겉으로 드러날 상황을 미리 파악하지 못했던 것일까? 자신이 입사하려는 회사의 보수와 근로시간을 몰랐기 때문에, 그것을 알고 나니 더는 다니지 못 하겠다? 아마도 꼭 그렇지만은 않았을 것이다. 보수와 근로시간은 알았으되, 그것의 실체와 의미를 몰랐던 것이다. 그 정도면 괜찮을 줄 알았지만 겪어보니 장난이 아니더라는 것. 결국 그만큼 세상을 몰랐다는 것이다.

세상 모든 전공, 직업, 직장들은 달콤함과 쌉싸래함이라는 양면을 함께 가지고 있다. 어떤 전공이, 직업이, 직장이 달콤하게만 보인다면 그 뒤에 숨겨져 있는 쌉싸래함을 확인해야 한다. 그렇지 않으면 어렵사리 얻은 직장을 곧 포기하게 될 수도 있을 테니 말이다.

취미가 특기되고 특기가 직업이 된다면

인생은 길다. 그 긴 인생에 걸쳐 내가 이뤄야 할 꿈은 인생의 길이만큼이나 중요하다. 당신은 좋든 싫든 어떤 한 가지 일에 몇 십 년의 삶을 바쳐야 한다. 아니 바치고 싶지만 그렇게 바치는 것을 거부당할지도 모를 일이다. 때문에 당신은 당신의 꿈을 당당히 말할 수 있어야 한다. 만일 그럴 수 없다면 지금 당장이라도 꿈을 찾아야 할 것이다. 꿈은 어떻게 찾아지는가? 아니, 어떻게 찾아야 하는 것인가?

많은 사람들이 꿈을 별(star)로 착각한다. 하지만 손에 닿지 않는 저 먼 곳의 별을 꿈으로 착각해서는 안 된다. 꿈이란 놈은 늘 내 곁에서 나를 지켜봐왔다. 먼 곳에 있지 않다는 것이다. 지금 이 순간 내게 가장 접근해 있는 일이 바로 그 꿈의 가능성이다. 먼 곳에 있는 별은 꿈이 아니라, 몽상이다.

꿈을 달성하게 하는 것은 관심과 열정이다. 꿈을 단지 목표로만 인식한다면 그 꿈까지 가는 길은 늘 고되고 슬프다. 꿈은 목표일뿐만 아니라, 과정이다. 그렇기 때문에 재미있는 일의 끝에 꿈이 있어야 한다. 그 끝에만 열매가 있는 것이 아니라, 가는 길 곳곳마다에 즐거움과 성과라는 열매들이 주렁주렁 달려 있어야만 한다.

‘최고의 요리사가 되어, 요리의 새 장을 열겠다.’ 는 꿈을 가진 요리사라면 요리가 즐거워야 한다. 요리를 사랑해야 한다. 어렵사리 만든 요리 한 접시를 사람들에게 나눠 먹이며 무한한 행복감을 느낄 수 있어야 한다.

관심이 있는 곳에 길이 있다. 요리를 좋아하는 사람은 TV채널을 돌리다가도 요리프로그램이 나오면 그 자리에 멈춘다. 잡지를 뒤적일 때도 마찬가지고, 한가한 시간엔 부엌에서 뭐라도 만들어 사람들을 불러 모아 시식을 시킨다. 관심을 가진 사람과 그렇지 않은 사람의 십년 뒤는 사뭇 다르다.

하루 평균 이십분 씩 모은 그 꿈은 십년 뒤에는 천이백시간이 된다. 하루 평균 여덟 시간씩 주 5일을 일한다고 할 때 그는 이미 그 일을 8개월 이상 한 것과 다름 아니다. 취미가 특기되고, 특기가 직업이 되면 가장 좋다는 말도 바로 이런 이치에서 나온 말이다.

생각해보라. 당신에게 있어 그런 일은 무엇인가? 그런 일은 그리 멀리 있지 않다. 입학을 염원했던 당신의 전공, 보다 보람 있는 대학생활을 위해 찾아갔던 동아리방, 시간이 날 때마다 몰두했던 취미, 이런 것들 속에 이미 당신의 꿈은 자라고 있었다. 그렇다. 꿈은 그리 멀리 있는 것이 아니다.

당신은 참 장점이 많은 사람이다. 당신의 장점을 찾고 살려라. 잘 할 수 있는 것을 잘하면 된다. 그래야만 일에 집중할 수 있고, 일과 대화할 수 있다. 남은 시간이 비록 몇 개월에 불과하다고 생각할지 모른다. 하지만 어떤 일을 꿈으로 새기느냐에 따라 이미 당신은 몇 년의 혹은 십여 년의 시간을 벌 수 있다. 더 이상 새로운 것을 찾아 헤매지 말자. 당신은 그저 꿈을 다시 일깨우기만 하면 되는 것이다.

한 일도 없이 지쳐버린 당신, 젊은 열정을 일깨워라

동경을 멈추고, 진정한 꿈을 되살려내자. 동경은 뜬구름이다. 뜬구름을 잡아서는 성공할 수 없다. 이 사람에게서 들은 얘기, 저 프로그램에서 본 궁전은 그저 얘기이고, 궁전일 뿐이다. 그래도 미련을 떨칠 수 없다면 정보를 모아라. 주변 사람들 두어 명만 거치면 정통한 정보들이 확인된다. 꼼꼼하게 살펴보고, 하나하나 점검하라.

꿈을 확인했다면 자신을 점검하라. 그 꿈으로 다가서기 위해 당신이 가진 것은 무엇이고, 채워야 할 것은 무엇인가? 그리고 그 꿈을 향해 가는 길에 도움이 될 직장은 어떤 곳들이 있으며, 그들은 어떤 인재를 원하는가? 그들의 전형방법은 어떤 것이며, 나는 무엇이 준비되어 있는가?

준비되어 있지 않다면 지금부터 준비하면 된다. 그 어떤 것도 걱정할 필요가 없다. 고등학교 시절, 당신은 수능 300일 작전, 수능 100일 작전을 외치며, 공부해본 경험이 있지 않은가? 필요한 시험이 있다면 준비하면 되고, 필요한 재능이 있다면 키우면 된다. 그저 걱정만 해서는 아무 것도 이룰 수 있는 것이 없다. 구체적인 노력과 구체적인 성과로 말해야 할 때다.

당신이 지금껏 꿈을 향해 달려온 시간이 1이라면 앞으로 당신에겐 얼마나 많은 시간이 남아 있는가? 당신은 아직껏 당신에게 주어진 시간의 백분의 일도 쓰지 않았다. 당신은 무한한 가능성을 가진 사람이며, 그 가능성은 곧 현실로 나타날 것이다. 중요한 것은 당신의 잠재능력과 핵심역량을 발견하는 것이다.

앞에서도 설명했듯 잘하는 것을 잘하면 된다. 잘하는 것을 발견하고, 그것에서부터 다시 출발하면 된다. '늦었다고 생각하는 그 순간이 가장 빠르다.' 라는 말이 있다. 자각의 중요성을 일컫는 것이다. 당신은 당신의 현재를 자각하고 있는가? 당신의 미래를 자각하고 있는가?

지금 당장 쉬고 있는 당신을 일으켜라. 한 일도 없이 지쳐버린 당신의 젊은 열정을 지금 당장 일깨워라. 잃어버린 당신의 꿈을 찾아 제자리로 돌려놓아라. 그것이야말로 당신이 보다 뜨겁게 살아가야 할 분명한 이유를 제공해줄 것이다.

Point

1-2. 평생직업의 선택기준

- 당신의 꿈은 무엇인가? 기업은 꿈을 가진 인재를 찾는다.
- 편하게 사는 것과 평범하게 사는 것은 다르다.
- 스스로 나아가고 있다는 판단, 성취감은 콧노래를 부르게 한다.
- 적성을 논하지 말라. 이미 당신은 당신의 적성을 모두 검증했다.
- 주변에서 꿈을 찾아라. 정보가 없을수록 별을 꿈으로 착각한다.
- 모든 일에는 달콤함과 씁싸래함이 있다. 그 모두를 보라.
- 잘 할 수 있는 것을 잘 하라. 꿈을 이루게 하는 것은 관심과 열정.
- 하루 이십분 씩 모은 꿈이 십년 뒤엔 1,200시간으로 돌아온다.
- 꿈을 확인했다면 자신을 점검하라. 그리고 준비하라.
- 지금이 바로 쉬고 있는 당신을 일으킬 때다.

1부 : 일을 가지려면

직업선택의 적절한 시기

이제, 더 이상 물러설 곳은 없다!

미국에 간 맹구는 체육시간에 달리기를 하려고 준비하고 있었다. 미국선생님은 맹구에게 "Are you ready?" 하고 물었다. 그러자 맹구는 화를 내며 말했다. "No, I'm not a lady, I'm a man. you know?"

워낙 취업이 안 되는 까닭에 배낭여행이나 어학연수를 다녀오면 좀 나을까 싶어 해외로 눈길을 돌리는 사람들이 부쩍 늘어났다. 그런 와중에 생겨난 우스갯소리다.

최근 방학을 이용해서 배낭여행을 하거나 아예 휴학을 하고, 어학연수를 다녀오는 학생들이 많다. 젊은 시절, 견문을 넓힌다는 의미에서는 매우 반가운 일이다. 그러나 단순히 이력서에 한 줄을 보태기 위해 배낭여행이나 어학연수를 가는 것이라면 나는 반대다. 더구나 그것이 시간을 벌기 위한 도피, 혹은 눈앞의 답답한 현실을 피하기 위한 도피라면 다시 한 번 생각해보기를 권한다.

후덥지근한 날씨. 정동은 대학 앞 햄버거집에서 은주를 기다리고 있었다.
넉넉하게 잡아놓은 약속시간이 아직 한 시간 가까이 남아 있었다.
요즘 정동은 고민이 많다. 졸업반인 탓에 이곳저곳 원서를 넣어보았지만
어디에서도 신통한 답은 없었다. 구체적으로 취업고민을 해본 적도 없다.
졸업은 닥쳐왔고, 뭔가 해야 할 것 같긴 한데 성적도 좋은 편은 아니고,
그래서일까? 은주와의 관계도 점점 더 소원해지는 것만 같다.

햄버거집 앞에는 점보는 집들이 줄지어 서 있었다. '점이나 한번 봐?'
타로점집 앞에는 이삼십 명씩이나 되는 여학생들이 늘 줄을 서 있었다.
정동은 줄이 긴 타로점집은 제쳐두고, 사주집 천막의 비닐 문을 들춘다.

중년의 역술인이 생년월일과 시를 묻더니 뭘 한참 계산한다.
"자네 영 귀가 얇구먼? 줏대가 없어서 중년과 말년 운이 별로야."
바로 그때 옆 천막에서 낯익은 목소리가 들린다. 은주의 목소리다.
정동은 역술인의 말을 귓등으로 흘리며, 옆 천막의 소리에 집중했다.

"남자친구 때문에 고민인데요. 능력도 별로, 집안도 별로, 착하기만 해요."
옆 천막의 좀 쉰 목소리의 남자가 말한다.
"사주를 맞춰보니까 두 사람 궁합이 안 좋아. 그것뿐이 아니야.
처녀는 학을 타고 하늘을 비상할 운인데,
그 총각 사주가 이무기를 타고 앉아 처녀 앞길을 막을 운일세, 그려."
"그래요? 그럼 결국 헤어져야 되나요?"

정동은 더 이상 참을 수가 없었다. 다짜고짜 천막의 문을 열어젖히고
뛰어나가려는데, 역술인이 정동의 소매를 붙잡고 늘어진다.
"아, 이 사람이 점을 봤으면 복채를 내고 가야지."
정동은 역술인의 소매를 뿌리치며, 소리쳤다.
"아저씨가 그랬잖아요? 내가 귀가 얇고 줏대가 없다고.
주관대로 살라면서요. 그런데 왜 제가 아저씨 얘길 듣고 복채를 줘요?"

예전에 비해 휴학이 부쩍 늘었다. 그리고 그 이유의 대부분이 취업공부다. 이렇게 휴학이 늘어나는 가장 근본적 이유는 캥거루족의 증가에서 찾아볼 수 있다. 학교 밖으로 나가는 게 두려운 것이다. 취업을 하지 못한 채 졸업을 하게 되면 실직자로 전락하게 될 것이고, 취업준비는 덜 되었으니 시간을 벌겠다는 것.

당신은 휴학기간 중 무엇을 했는가

그러나 과연 그런 휴학이 도움이 될까? 오히려 휴학이 장애가 되는 것은 아닐까? 휴학을 하고 어학연수를 다녀온 학생들 중에는 어학연수가 취업에 도움이 되었다는 사람이 있는가 하면, 오히려 장애가 되었다고 후회하는 사람도 있다.

TV 인기 프로그램 중에 '미녀들의 수다' 라는 것이 있다. 우리나라에 들어와 있는 세계 각국의 외국인들이 출연하는 프로그램이다. 나는 이 프로그램을 보면서 그들의 한국어 실력에 깜짝깜짝 놀라곤 한다. 한국에 머문 시간들에 비해 그들의 한국어실력은 기대 이상이다. 그러나 그들의 한국어실력으로 한국 대학의 전공학문 강의를 소화하는 일이 과연 그리 만만할까?

우리나라 학생이 외국에 나가 공부를 하는 것도 크게 다르지 않을 것이라는 추측이 가능하다. 단지 언어만의 문제가 아니다. 그 나라의 문화, 학문 자체가 가진 어려움까지 보태지면 유학의 목적을 달성하는 일이 그리 만만치 않을 것이라는 추측이 가능해진다.

예전, 기업들은 이력서와 서류전형만으로 대부분의 전형을 마무리 지었다. 자기소개서는 읽어볼 필요조차 느끼지 않았던 것. 학교가 어디인지, 학점이 어떤지, 토익점수가 얼마인지만 보고 상위 1.5

배수 내지 2배수를 뽑았다. 그러면 그만이었다. 그렇게 뽑힌 사람들에게만 면접기회가 주어졌다.

중고등학교 시절 부모님 말씀 잘 듣고 공부 열심히 했으면 좋은 대학 갔을 것이고, 학교생활 열심히 했으면 학점 잘 받았을 것이고, 모든 학생들이 전공 불문하고 영어공부에 열을 올리니 토익점수 잘 받은 학생이라면 성실한 학생일 것이라고 믿었던 것이다. 그런 성실함이 직장인의 최고 덕목이었기 때문이다. 그렇게 당시에는 성실성이 최우선 척도였다.

그러다보니 많은 학생들이 영어공부에 매달렸다. 학교수준이 좀 떨어지더라도 토익점수가 좋으면 가능성이 있을 것이라는 막연한 생각 때문이었다. 실제로 그렇게 취업에 성공한 사람이 없는 것은 아니다. 그러나 이젠 스펙의 시대가 아니다. 성실성의 시대는 더더욱 아니다. 이젠 상품성의 시대다.

대부분의 기업들이 자기소개서는 물론 다양한 전형을 통해 평가를 다각화 하고 있다. 자신이 가진 능력을 어떻게 적용시키고 표현하는 지가 중요한 '가치 중심적 상품성 시대' 이기 때문이다. 아무리 기술이 좋아도 마케팅을 하지 못하면 상품이 안 팔리듯 자신의 스펙과 실력만으로는 좁은 채용의 문을 넘지 못한다는 사실을 기억하자. 때문에 중요한 것은 원하는 스펙과 그에 맞는 스펙이지, 객관적인 스펙이나 내가 가지고 있는 스펙이 아니다.

원하는 스펙도 점차 달라지고 있다. 동일 분야의 실력 있는 중소기업에서 3년 경력을 쌓은 사람과 명문대 동일 분야 전공의 신입사원이 있다면 대개의 기업들은 앞의 사람을 채용한다. 실력은 좀 떨어지지만 인성이 좋고 조직융화가 잘되는 사람과 실력은 갖췄지만 인성이 좋지 않고 조직융화가 어려운 사람이 있다면 기업들은 또 앞의 사람을 채용하게 될 것이다.

스펙은 승리를 위한 필요조건일 뿐, 승리의 충분조건이 아니다

스펙은 시작점일 뿐 결승점이 아니라는 사실을 깨달아야만 한다. 스펙이 떨어진다고 기죽을 필요는 없다. 자신감이 필요하다. 그 자신감은 어디에서 나오는가? 스펙을 대신할 것은 무엇인가? 당신의 스펙이 떨어진다면 스펙을 대신할 그 무엇인가를 갖췄는가? 중요한 것은 목표의식과 직무능력, 업무를 바라보는 자세와 구체적인 준비다. 당신은 먼저 '회사가 나를 뽑지 않으면 안 될 세 가지 이유'를 만들어야 한다.

그럼에도 불구하고 최근 우리나라의 평균 토익점수는 매우 높아졌다. 그런 탓에 영어회화는 전혀 되지 않는 토익 고득점자들이 양산되었다고도 한다. 그러나 이젠 그러한 사실을 기업들도 잘 알고 있다. 한동안 만연했던 영어만능시대를 지나 지금 세상은 점점 글로벌 인재들의 시대로 달려가고 있다. 글로벌 인재의 기본조건에도 당연히 외국어능력은 포함된다. 그러나 영어를 잘 하는 것만으로는 글로벌 인재가 되기 어렵다.

그보다 훨씬 더 중요한 것은 자기 직무분야에 대한 이해와 실전능력이다. 전문분야를 갖지 못한 채 영어만 잘하는 인재는 어느 기업으로부터도 환영받을 수 없다. 승리의 조건이 아니라 단지 참가자격일 뿐이다. 영어실력만으로 세계 일류기업의 CEO가 된 사람이 단 한 사람이라도 있는가?

그럼에도 불구하고, 자신의 꿈을 찾지 못한 많은 학생들은 영어공부에 매달린다. 그냥 있기는 불안하고, 무언가 하긴 해야겠다고 느끼는 학생들. 그들의 첫 선택은 대개 영어 학원 수강이다. 그러나 그 또한 의지의 박약으로 말미암아 가끔 빠지게 되고, 진도를 따라가지 못하게 되고, 그래서 차라리 어학연수를 선택하는 것이 이 시대 학생들의 전형적인 모습이다.

부산비정규노동센터의 지난 2007년 3월 조사는 이런 상황을 잘 대변해주고 있다. 먼저 정규수업 외에 별도로 취업교육을 받은 학생이 32%에 달했다는 것. 그리고 그 취업교육 중 영어교육이 응답자의 40.5%를 차지했다는 것이다. 최근 6개월간 취업준비와 관련해서 지출한 평균비용은 56만 7천 원이었고, 그 중 강좌수강료가 무려 40.2%에 달했던 것.

불안해서 그렇다. 친구 따라 강남가고, 거름지고 장에 가는 것. 그러나 그래서는 안 된다. 남들 다 하는 공부, 맹목적인 공부로는 더 이상 해결할 수 있는 것이 없다. 내가 무엇을 할 것인가의 기준은 내 꿈이 무엇인가와 맞닿아 있어야만 한다. 그렇게 연결된 준비만이 기업이 요구하는 맞춤형 인재로의 발탁을 가능케 한다는 것.

디자이너를 채용하는 데 텔레마케팅 경험자를 우대할 리가 있겠는가? 자동차영업사원을 채용하기 위해 받은 자기소개서에 '나는 텍스타일 디자인을 공부했습니다.'가 도움이 되겠는가? 회계업무를 맡아야 할 사람이 회계업무 스킬보다 영어 스킬이 돋보인다면 기업은 그 사람을 채용할 이유가 없다.

모든 일들이 그렇다. 하지 않은 것보다는 한 것이 좋다. 그러나 그냥 한번 해본 것보다는 명확한 목표를 가지고 한 것이 더 좋다. 단지 목표만 잡고 한 일보다는 명확한 실천계획을 가지고 한 일이 더 좋다. 실천계획을 잘 잡아 한 일보다는 그 일을 통해 분명한 성과를 만들어본 경험이 있는 것이 훨씬 더 좋다.

그렇다면 어떤 일이 의미 있는 일인가? 꿈이 있고, 그 꿈에 다가서기 위한 노력이었다면 그것은 의미 있는 일이다. 그런데 꿈이 없다면? 꿈이 없다는 것은 기준이 없다는 것이다. 꿈이 있다면 지금 당신이 무엇을 해야 하는지가 너무나도 분명해진다. 그게 좋다. 그래서 선택한 일이 좋다는 것이다. 주체적으로 계획하고 실천한다면 더 이상 망설일 필요가 없다.

잘게 쪼개고, 구체화하고, 종이에 적고, 실천하며 점검하자

어떻게 준비할 것인가? 그 차례는 이렇게 잡아가면 좋다.

첫째, 꿈을 종이에 적어라. 꿈을 가졌으면, 최종적인 목표를 명문화할 필요가 있다. 머릿속으로만 정리하지 말고 종이에 적어가며 정리해야 한다.

둘째, 구체적인 정보를 모아라. 꿈으로 가기 위해 필요한 역량은 무엇이고, 경쟁자들은 어떠하며, 어떤 과정을 거쳐야 하는지 하나하나 정보를 모으고, 꼼꼼히 이를 정리해야 한다. 직장은 내가 목표를 향해 가기 위한 탈 것에 불과하다. 목표와 관련지어 직장을 다시 한 번 점검해야만 한다.

셋째, 목표에 다다르기까지의 단계를 설정하라. 목표에 다다르기까지 어떤 단계들이 필요할까? 그 단계들을 구상해본다. 그러기 위해서는 단계마다에 필요한 역량을 알아야 하며, 지금 나의 역량을 확인해야만 한다.

넷째, 정보를 분석하고 구체적인 목표들을 만들어라. 눈앞의 이익이 아닌 보다 장기적인 관점에서 직장들을 점검해 보자. 기업들의 장단점을 비교하고, 그들의 특성을 파악하며, 그들의 채용기준과 채용방법에 대해 정보를 파악해야 한다. 막연한 느낌, 추상적 이미지로는 도움을 받을 수 없다. 구체적인 단어, 구체적인 수치로 정리되지 않은 정보들은 객관적인 비교를 방해한다. 표로 만들어보기도 하고, 점수화해서 비교해볼 필요도 있겠다.

다섯째, 체크리스트를 만들어라. 목표와 직장이 점검되었다면 당신의 체크리스트가 필요하다. 당신을 보다 객관화하자는 것이다. 그것 역시 구체적이어야만 한다. '사진 잘 찍으십니까?' 라는 질문에 30년 동안 사진 찍기만을 천직으로 살아온 사람과 지금 막 카메라를 든 사람의 대답이 똑같다. '예, 좀.' 그래서는 안 된다. 사진을 잘 찍기 위해 필요한 일들과 그 일들의 매트릭스 위에 내가 놓여 있는 위치를 구체적으로 표현할 수 있어야만 한다.

조리개 크기를 조절해서 피사계심도를 조절할 줄 아는가? 셔터스피드를 통해서 운동감을 표현할 줄 아는가? 카메라를 잡고 찍는 정확한 자세를 숙지하였는가? 한 사람을 찍기 위해 활용 가능한 각기 다른 포즈는 몇 개나 되는가? 등이 사진을 잘 찍기 위한 체크리스트가 될 것이다. 꿈이 무엇이냐에 따라 체크리스트 항목은 모두 달라질 수밖에 없다.

여섯째, 자기계발 100단계 계획을 수립하라. 목표는 가급적 원대한 것이 좋다. 너무 쉬운 목표를 정하고, 그 목표를 일찌감치 달성해 버린다면 나머지 시간 동안 당신은 무엇을 할 것인가? 산을 오르고 나면, 내려가는 일만이 남을 뿐이다. 그러나 그 목표는 구체화되고, 세분화되지 않으면 달성할 수 없다. 그 목표를 여러 단계로 나누고,

다시 이를 잘게 쪼개 자기계발 100단계 계획으로 구체화한다.

취업은 다승게임이 아닌 단 1승의 게임이다

취업은 다승게임이 아니다. 승률의 게임도 아니다. 단 1승이 중요한 게임이다. 무작정 대기업이니 부딪혀본다고? 여기저기 원서를 내서 붙는 곳에 다니겠다고? 그래서는 합격이 어렵다. 상대를 분명히 해야만 한다. 그리고 그를 파악해야 한다. 그것만으로도 이미 당신은 자기소개서와 면접을 통해 절반 이상의 경쟁자들을 떨어뜨린 셈이다.

선택과 집중. 이것이 취업준비의 키워드이다. 당신은 지금 취업준비를 위해 명확한 무언가를 선택하고, 그것에 집중하고 있는가? 그렇다면 당신은 제대로 취업준비를 하고 있는 것이다. 그러나 이것저것 남들이 하는 것들을 기웃거리고 있다면, 혹은 누구나 한다는 토익공부에 열을 올리고 있다면 그것은 취업준비가 아니다.

이제 더 이상 물러설 곳은 없다. 당신이 졸업한 사람이거나, 취업준비생이라면 더 말할 나위가 없을 것이다. 그러나 만약 신입생이라 하더라도 결코 빠른 것이 아니다. 구체적인 목표를 정하고, 그 목표에 대해 제대로 파악하고 준비해야만 한다. 그런 시간이 길면 길수록 당신의 취업은 그만큼 당신 앞으로 다가서게 될 것이다.지금 당장 시작하자.

목표와 내가 매치되는 포인트들을 찾아내고 그 준비를 통해 나를 무장해야만 한다. 내가 가진 장점들을 최대한 활용해야 하며, 시간이 있다면 그 목표를 이기기 위한 무기를 새로 만들 수도 있을 것이다. 당신이 모든 회사들을 동일시한다면, 특히 당신의 목표를 그저 그런 회사들 중 하나로 여긴다면 당신은 결코 그 회사의 문턱을 넘을 수 없을 것이다.

Point

1-3. 직업선택의 적절한 시기

- 시간을 벌기 위한 도피성 어학연수는 도움이 되지 않는다.
- 특별한 이유 없는 휴학 역시 취업에 장애가 될 수 있다.
- 스펙은 시작점일 뿐 결승점이 아니다.
- 목표의식, 직무능력, 업무에 대한 시각, 구체적 준비가 중요하다.
- 불안감에 붙잡고 앉은 공부는 성과를 기대하기 어렵다.
- '남들 다 하니 나도 한다.'를 '남 안하는 걸 해보자.'로 전환하자.
- 내가 가질 직업과 연계된 준비만이 맞춤형 인재로 나를 키운다.
- 종이에 꿈을 적자. 머릿속으로만 정리한 꿈은 날아가 버린다.
- 목표에 다다르기까지의 단계를 설정하라.
- 단계설정을 위해서는 단계마다 필요한 역량과 내 역량의 확인이 필요하다.
- 구체적인 정보를 확보하라.
- 정보를 분석하고 구체적인 세부목표들을 수립하라.
- 체크리스트를 만들고 자기계발 100단계 계획표를 만들어라.
- 취업은 다승게임이 아닌 1승 게임. 누구를 상대로 이길 것인가?
- 선택과 집중이 키워드. 무엇을 선택하고, 무엇에 집중했는가?
- 더 이상 물러설 곳은 없다. 당신이 졸업한 사람이든, 졸업반이든, 신입생이든 지금부터 시작해야만 한다. 선택하고 집중하라.

1부 : 일을 가지려면

좋은 직장의 조건

화무는 십일홍이요, 달도 차면 기운다!

개미 두 마리가 길을 막고 통행료를 받고 있었다. 코끼리 한 마리가 그 길을 지나려 했다. 개미 두 마리는 어김없이 코끼리의 앞을 막아섰다. "통행료 내놓고 가!" 그러나 코끼리는 콧방귀를 뀌며 대꾸도 없이 지나려했다.

개미 두 마리는 코끼리에 올라타 공격을 시작했다. 코끼리 위에서 창으로 찌르고 발로 차며 코끼리를 공격하던 개미 두 마리 중 한 마리가 땅바닥에 떨어지고 말았다. 위에 있던 개미는 이렇게 외쳤다. "야야, 다리 걸어, 다리." 그러자 아래의 개미는 위를 향해 이렇게 외쳤다. "목 졸라. 목!"

신기술이다. 그 작은 덩치의 개미가 목도 조르고, 다리도 거니 말이다. 그러나 꼭 그렇게만 볼 일이 아니다. 씨름판에선 작은 선수가 덩치 큰 선수를 메다꽂는 일이 종종 일어나니 말이다. 세상에 영원한 것은 없다. 언젠가는 코끼리 다리를 걸 수 있는 슈퍼개미가 출현

이놈의 언론이 문제다.
불성실한 공무원 13명, 보직 박탈 사건.
5급 사무관까지 쓰레기 매립장으로 쫓아버린
울산시청 사태의 언론보도 이후부터
공무원들은 연일 불안감의 연속이다.
급기야 서울시청까지 3%의 공무원들을 보직 박탈하면서
공무원 보직 박탈이 무슨 유행병처럼 번져나갔다.

사실 말이 나왔으니 말이지 불성실의 기준이 뭔가?
따지고 보면 마음에 안 드는 놈, 고분고분하지 않은 놈,
평소 찍혔던 놈들을 솎아내기 위한 핑계가 아닌가 말이다.
구체적 평가기준도 없이 칼을 휘둘러대는 것은 횡포다.
그러나 김대홍은 평소 정치를 잘해뒀으니 걱정이 없을 거라며
스스로를 위로한다.

김대홍이 근무하는 ○○구청에도
예외 없이 보직 박탈의 바람이 불었다. 오늘이 그 발표 날.
서로 말은 하지 않았지만 가슴 답답하고 뒤숭숭하기는 마찬가지.
특히 대홍의 옆자리, 배석환 선배는 좌불안석이다.
쓰레기 매립장으로 가서 얼굴을 안 보이는 게 차라리 낫다.
청내 청소팀에라도 발령이 나면 그 노릇을 어쩐단 말인가?

공고가 붙었다. 아니나 다를까, 배 선배는 쓰레기 매립장행.
다행히 김대홍의 이름은 보이지 않는다.
가슴을 쓸며 돌아서는데 새로 붙는 공고 한 장.
김대홍은 그 자리에 주저앉고 말았다.
'김대홍 : 면 교통행정과, 명 청내 청소팀'.

할 지도 모를 일이다.

예전에는 다닐만한 직장의 조건을 네 가지로 얘기해왔다. 하고 싶은 일인가? 비전이 있는가? 사람들이 좋은가? 돈을 많이 주는가? 그리고 직장생활 꽤나 했다하는 선배들은 그 중 하나가 만족스러우면 다닐만한 직장이고, 두 개가 만족스럽다면 더 이상의 직장은 없다고들 말해왔다. 그런데 요즘에는 두 가지가 더 추가되었다. 하나는 시간적 여유는 있는가? 또 다른 하나는 안정된 직장인가?

묻고 싶다. 이 모두를 만족시킬 직장이 과연 있을까? 만일 있다면 나도 지금부터 얼른 그곳으로의 이직을 준비해야 할 테니 말이다. 우리는 결국 이런 조건들 중 내게 가장 필요한 조건 하나가 무엇인지를 결정해야만 한다. 그리고 그 한 가지 조건을 만족시켜주는 직장이라면 다른 여러 가지 조건들을 조금씩 양보할 마음의 준비를 가져야 한다. 그러나 요즘 이런 조건들을 하나하나 뜯어보는 취업준비생들은 그리 많지 않아 보인다.

직장은 수능쳐서 입학만 하면 어떻게든 졸업이 되는 학교가 아니다

예전의 학생들은 대기업을 선호했었다. 그런데 요즘 학생들은 공사에 대한 선호가 가장 높다고 한다. 우선 공사에 응시해보고 떨어지면 대기업행이다. 어떤 친구들은 공사를 '신이 내린 직장' 이라 칭한다. '갓 입사한 대졸자 연봉이 삼천만 원이 넘는다더라.' 는 말 또한 몇몇 공사들의 경우를 확대해서 얘기하는 것이다.

취업준비생들은 공사의 안정성과 시간적 여유에 더 주목하고 있다. 철밥통을 갖고 싶은 것이다. 그러나 착각하지 말라. 직장은 대학과 다르다. 수능 쳐서 들어가기만 하면 어떻게든 졸업이 되는 대학과 직장은 차원이 다른 곳이다. 공사나 관청 역시 하나의 직장일 뿐이다. 결론부터 말하자면 이제 대한민국 안에 평생을 지켜줄 철밥통은 어느 곳에도 없다.

설사 지금은 꽤 안정된 직장이 있다 치자. 그러나 그 안정이 얼마 동안이나 유지될 것인가? 입사만 하면 조직의 언덕에 기대서 먹고 살 수 있었던 시대는 곧 무대 뒤편으로 사라질 것이다. 아니 이미 우리는 그 끝자락에 와 있다. 아닌 것 같은가? 숱하게 무너지는 재벌기업들을 두 눈으로 목도하지 않았는가? 아직은 시간이 있다고 생각하는가?

2007년 1월 공무원 사회가 발칵 뒤집히는 사건이 벌어졌다. 울산시청 공무원 13명이 근무태만으로 보직을 박탈당했던 것. 그들은 쓰레기 매립장으로 발령이 났다. 그 중에는 5급 사무관도 끼어 있었다. 그는 쓰레기 매립장에서 쓰레기 분리수거 작업을 했다. 이러한 사실이 보도되고 난 뒤부터 각 지방자치단체들은 앞 다투어 같은 제도를 도입했다.

급기야 3월, 서울시는 3%의 공무원을 보직 박탈하고 단순노무직으로 발령하겠다는 발표를 하기에 이른다. 그리고 얼마 지나지 않은 2007년 5월, 본청 소속 직원 1만여 명 가운데 3%를 3년에 걸쳐 단계적으로 감축할 방침이라고 발표했다. 왜 그럴까? 왜 이렇게 갑작스레 행정개혁을 서두르는가? 공사와 공무원들을 관장하는 사람들이 정치인이기 때문이다.

정치인이란 유권자의 힘 앞에선 꼼짝도 할 수 없는 무력한 존재들이다. 여론이 만들어지고, 국민들의 생각이 바뀌면 그 첫 번째 타깃은 공무원과 공사 직원들일 수밖에 없다. 결국 철밥통이라던 공무원들조차 예외 없이 경쟁의 틀 속으로 들어가게 된 것이다. 그리고 이러한 감축과 조정, 경쟁은 더욱 가속화 될 것임이 분명하다.

잘 나가는 조직에서도 개인은 도태될 수 있고, 헤매던 조직도 개인이 일으킬 수 있는 시대가 바로 지금 시대다. 그렇다면 취업준비생들로부터 각광받고 있다는 각종 공사 · 대기업 · 정부가 뽑는 신입사원들의 수는 과연 얼마나 될까? 2007년 5월 29일자 중앙일보 기사에 따르면 2007년 하반기 38개 공기업 중 절반이 넘는 20개가 신입사원을 뽑지 않는다고 발표했다. 신입사원을 선발하는 18개 공기업의 선발계획인원은 모두 1,025명.

500대 대기업의 하반기 채용 규모 또한 19,232명에 불과했다. 그러나 우리 취업준비생들은 일 년에 몇 명씩 사회로 쏟아져 나오는가? 그리고 취업재수를 하며 기회를 기다리는 취업준비생들은 또 얼마인가? 우리는 지금 청년실업 백만 명 시대를 말하고 있다. 실업자와 미취업자를 합친 인구가 무려 백팔십만 명에 달한다는 통계도 있다. 적게 잡아 백만 명이라고만 해도 그 중 공기업이나 대기업에 입사할 수 있는 사람은 고작 2%에 불과하다는 것이다.

대기업 · 중소기업이 아닌, 꿈을 이루기 위한 나의 선택을 고민하자

공무원, 공기업 직원과 대기업 직원의 반대편에는 누가 있는가? 사무직의 반대인 생산직인가? 정규직의 반대인 비정규직인가? 아니다. 중소기업 직원이 있다. 우리나라 고용인구의 90% 가까이를 차지하는 중소기업 종사자들이 바로 대기업 직원의 반대편에 자리하고 있다. 취업준비생들의 공무원, 공기업 직원과 대기업 직원으로의 지향은 결국 중소기업에는 취업하고 싶지 않다는 말을 대변한다.

중소기업 종사자 수는 2005년 말 기준으로 1,077만 명. 전체 고용의 88.1%를 차지하고 있다. 그 안에는 우량 중소기업도 있고, 핵심기술을 보유한 중소기업도 있으며, 전문가집단으로 구성된 중소기업들도 부지기수다. 그러나 취업준비생들은 중소기업이라는 말 한마디로 그 모든 기업들을 다 싸잡아 부른다.

왜 중소기업들이 이렇듯 취업준비생들에게 외면당하는 것인가? 그 이유는 우리나라의 산업 발전과정에서 찾아볼 수 있다. 우리는 기술을 개발하는 나라가 아니었다. 기술을 들여와서 그것을 값싼 노동력으로 생산해 우리 산업을 이끌어 왔다. 그러다보니 대기업들은 중소기업들을 협력업체로 대접하기보다는 하청업체로 취급해왔던 것이다.

그런 결과로 중소기업들은 대기업 원가절감의 희생양으로, 대기업 파업의 손해보전을 위한 희생양으로 전락하였고, 이러한 현상은 고용인구 내 극심한 양극화로 나타났다. 대기업보다 더 일하고, 더 적게 받는 분위기는 생산직뿐만이 아니라 많은 사무직에서도 뚜렷하게 나타났다.

하지만 이런 중소기업에 대한 편견은 곧 무너질 것이다. 이러한 협력구조로는 더 이상 국제 경쟁력을 가질 수 없다는 대기업들의 각성이 시작되었기 때문이다. 이대로 중소기업을 내팽개쳐두어서는 우리나라 산업이 더욱 어려워질 것이라는 정부의 자각도 한 몫을 하고 있다. 대기업 눈치만 봐서는 결코 살아남을 수 없다는 중소기업 경영자들의 경영의지도 커지고 있다. 그리고 이러한 현상은 시대의 변화에 발맞춰 급속도로 확산될 것이다.

우리나라의 산업구조는 이미 상당부분 변화해 있다. 대규모 생산과 대규모 소비의 시대가 끝났고, 제조 일변도의 산업구조도 서비스 위주로 바뀌었다. 각 분야의 전문 업종들이 우후죽순처럼 생겨나고 있다. 새로운 분야가, 새로운 직업이 만들어지고 있다. 컴퓨터의 발달과 설비수준의 향상으로 전문분야들은 소수의 직원만으로도 운영이 가능한 시대를 맞이했다.

때문에 중소기업이라고 해서 무조건 더 일하고 더 적게 받는다는 인식도 이젠 변화할 필요가 있다. 특히 고학력 고용자, 기술기반산업 종사자들에게 있어 중소기업은 매우 많은 장점을 제공한다. 우선 일을 보는 시야가 넓어진다는 장점이 있다. 의사결정이 빠르고 순발력이 있다는 것도 장점이다. 전문가로부터 도제식 전수의 기회를 얻을 수 있다는 것 또한 빼놓을 수 없는 장점이다.

이러한 장점들은 전문분야에서 더욱 두드러지게 발휘된다. 아니 전문분야를 지향하는 기업들의 대개가 중소기업이다. 지식기반사회를 이끌고 나가는 것은 몇몇 대기업이 아니다. 오히려 뾰족하게 날을 세운 중소기업들이 지식기반사회를 이끌어가고 있다. 문제는 대기업이냐, 중소기업이냐가 아니다. 내 꿈을 이뤄내기 위해 지금 나의 선택이 무엇인가가 가장 소중한 것이다.

조직에 기대어 먹고사는 시대는 이미 끝나버렸다

사정이 이러한데도 취업준비생들은 너나 할 것 없이 큰 기업의 직원이 되려고 기를 쓴다. 1년은 물론 2~3년의 취업재수도 불사하겠다는 취업준비생들. 과연 어떻게 눈높이를 맞춰야할까? 격려하고 북돋아주어야 하는 것인가? 아니면 뜯어 말려야 할 것인가?

취업준비생들의 지원순서도 대개 정해져 있다. 공사 직원, 대기업

직원, 공무원의 순으로 자신의 진로를 잡았다가 정히 가능성이 없다고 느껴지면 그제야 중소기업을 염두에 두고 적성을 들먹인다. 그리곤 이내 자기 적성이 무언지 잘 모르겠다며 푸념이다. 공사 직원, 대기업 직원, 공무원에겐 적성 따윈 쓸모가 없는 것인가?

이쯤에서 묻고 싶다. '당신의 꿈은 무엇인가?' 공사 직원, 대기업 직원, 공무원이 될 수만 있다면 당신의 꿈 따위는 폐기되어도 좋을 거추장스러운 '추상명사' 일 뿐인가? 공사, 대기업, 공무원을 준비하는 취업지원자들 중 상당수는 막상 입사 후 자신이 무슨 일을 할 것인지에 대해서는 별로 관심이 없다. 대기업 입사 후 전자파트로 갈 것인지, 유통파트로 갈 것인지, 중공업으로 갈 것인지, 조선으로 갈 것인지. 관리파트에서 일을 할 것인지, 생산관리에서 일할 것인지, 영업을 할 것인지…….

처음 만난 상대에게 '당신은 무슨 일을 합니까?' 라고 묻는다. '선생입니다, 의사입니다, 축구선숩니다.' 그렇다. 그게 맞다. 그런데 '예, 삼성에 다닙니다.' 맞는가? 삼성에 다니는 게 직업인가? 왜 직장과 직업을 구분하지 못하는가? 평생 직업은 있어도 평생직장은 없다고 하지 않는가?

이런 현상은 우리의 오랜 조직주의 때문이다. 이런 조직주의는 학연, 지연, 혈연으로 나뉘어 끼리끼리 뭉쳐서 해먹던 시대의 유산이다. 내 능력에 의해서이기보다는 조직의 능력에 기대 삶을 영위하려는 풍조가 만들어낸 산물인 것이다.

연잎현상이라는 것이 있다. 처음에는 연잎이 하나둘 피어나 '언제 저 연못이 다 연잎으로 뒤덮이겠는가.' 하고 의아해하지만 연잎이 힘겹게 연못을 반쯤 덮은 다음날엔 어김없이 그 연못 전체가 연잎으로

덮인다는 것. 주전자의 물도 99도까지 잠잠하다가 마지막 1도를 넘으면 갑자기 끓는다.

아직은 어수선하다. 그러나 다면평가제 등 선진 인사제도 도입, 민간 기업들의 경영합리화 등이 제대로 도입되면 파도치는 수면은 이내 잠잠해질 것이다.

하고 싶은 일, 열정을 불태울 일은 정말 없단 말인가

한국 10대 그룹 주식의 50% 이상을 외국인투자가가 보유하고 있다. 이 외국인투자가들은 무엇을 원하는가? 고수익을 올리는 기업은 살아남지만 그렇지 못하면 투자가들로부터 외면당한다. 그러니 그들이 노동자의 희생에는 아랑곳하지 않고 가혹한 경영방식을 고수해 나가는 기업들을 추천 종목으로 꼽는 것은 전혀 이상한 일이 아니다. 구조조정의 한파 따위는 옛 이야기다. 이미 도입된 'up or out(승진 혹은 퇴출)' 제도로 대기업의 안정성과 평생직장이라는 단어는 그저 추억의 한 페이지로 장식되고 말았다.

고용안정성은 이제 더 이상 기업의 문제가 아니다. 철저히 개인의 문제일 뿐이다. 자신의 경쟁력으로 스스로의 자리를 만들어갈 때 비로소 자신의 미래가 보장되는 것이다. 직장은 꿈을 달성하는 수단일 뿐이다. 직장보다는 직업을 보아야 하고, 직업보다는 내 꿈을 먼저 만나야 한다. 직장을 선택하기 위해서는 먼저 자신의 능력을 객관화하고, 그에 맞는 혹은 도달 가능한 목표를 정하는 것이 순서다.

일이 돈을 만들고, 일이 시간을 만들고, 일이 자신의 자리를 안정시켜준다. 하고 싶은 일이 있는가? 하고 싶은 일을 지속하기 위해 투자할만한 비전이 있는가? 가장 중요한 직장 선택의 기준은 '당신이 그 일에 열정을 쏟아 부을 수 있는가' 이다. 그리고 내 인생에 있어 그 직장이 갖게 될 의미이다. 그래서 취업준비생들은 보다 멀리 바라보아야만 한다.

당신에겐 하고 싶은 일이 있는가? 투자해보고 싶은 일이 있는가? 없다면, 단지 돈이 필요했던 것이라면 취업은 꿈도 꾸지 마라. 취업 담당자들은 바보가 아니다. 인생의 로드맵을 그려야 할 때다. 그리고 그 로드맵 위에 서 있는 당신의 좌표를 확인하라. 이젠 뒤도 돌아보지 말고 뛰자.

Point

1-4. 좋은 직장의 조건

- 내가 원하는 것은? 선택과 집중이 중요하다. 정보는 있는가?
- 공사를 선택하는 것은 안정성? 이제 좋은 시절은 다 끝났다.
- 지식기반사회의 중심으로 중소기업들이 몰려온다.
- 중소기업의 강점들, 당신은 그 강점들을 간과하고 있지 않은가?
- 중요한 것은 당신의 꿈이고, 그 꿈을 향해 나아가는 로드맵이다.
- 현재 좌표는 어디인가? 그리고 꿈을 향해 필요한 것은 무엇인가?
- 대기업 · 중소기업이 아닌, 꿈을 이루기 위한 선택이 중요하다.
- 가장 중요한 선택기준은 이 직장이 '열정을 쏟을 수 있는 내 꿈의 연속선상에 놓여 있는가.' 하는 것이다.

1부 : 일을 가지려면

정보네트워크

지구의 중심에 안테나를 세워라!

서울에 살던 A씨는 급한 일로 부산에 내려가게 되었다. 그것도 새벽에 말이다. 부산을 향해 한 시간쯤 차를 몰던 A씨. 저녁에 먹은 것이 안 좋았던지 화장실이 급해졌다. 휴게소를 찾기 시작한 A씨. 한참을 더 달려서야 휴게소 간판을 발견하곤 그 휴게소로 진입했다. 새벽 네 시. 화장실 앞에 대충 주차를 하고 화장실로 달려 들어간 A씨는 문이 열려 있는 첫 번째 칸으로 냅다 뛰어들었다.

바지를 내리고 볼 일을 보기 시작한 바로 그때, 바로 옆 칸에서 목소리가 넘어든다. "안녕?" A씨는 이 시간, 휴게소 화장실에서 자신에게 인사를 건네는 낯선 목소리에 긴장했다. 혹시 화장지가 없어서

곤란을 겪고 있는 사람인지도 모르겠다는 생각이 들었다.

대꾸를 안 하기도 뭣해서 A씨는 낮은 목소리로 "네, 안녕하세요?" 라고 대꾸했다. 그러자 이번에는 "뭐해?"라고 묻는 것이다. 뭘 하긴

김현우는 오늘도 또 면접이다. 모두 여섯 번째 면접.
그 중 두 군데는 합격을 했지만 현우는 두 군데 모두 나가지 않았다.
직원 수가 너무 적었고, 근무조건이 영 아니었기 때문이다.
하지만 이곳은 꽤 괜찮아 보인다.
고급스런 인테리어, 직원도 제법 많아 보이는 이 회사가 쏙 마음에 든다.
면접도 제법 격식을 갖춰서 진행됐다.
나 말고도 두 명의 면접자가 더 있었다.

"우리 회사는 어떻게 지원하게 되었나요?"
인터넷에 올렸으니 보고 왔지, 어떻게 왔겠는가?
그런데 두 친구의 대답은 달랐다.
"아, 예. 저는 이 회사 총무부에 근무하시는
김상현 선배님 소개로 지원했습니다."
"예. 저는 지난번에 미리 지원서를 넣어두었던 탓에 연락받고 왔습니다."
"예. 저는 인터넷에서 보고 왔습니다."
기어들어가는 목소리로 간신히 대답했다. 낭패였다. 그리고 또 질문.

"한강대학 졸업하셨네? 광고홍보학과? 그럼 최재성 교수님 제자세요?"
"그리고 재작년엔가 졸업한 백광현, 김경미도 아시겠네요?"
하필이면 학교생활 중에 가장 많이 부딪혔던 교수님과 선배들의 이름.
특히 백광현은 나와 앙숙이었다. 나도 그도 서로가 이를 가는 사이.
이어진 다음 질문들에 나는 완전히 입사를 포기하고 말았다.
"마침 백광현 씨는 지금 우리 회사 홍보실에서 근무하고 있는데……."

그 다음 말부터는 도통 귀에 들어오지를 않는다. 머리가 하얗다.
회사 문을 나서는데 함께 면접 봤던 사람의 한마디, 김현우는 좌절했다.
"김현우 씨는 좋겠어요. 아시는 분들도 많으시고 얼마나 든든해?"

뭘 하나? 볼 일 보지. 그러나 기왕에 대꾸를 한 마당이니 다시 한 번 대꾸를 해줬다. "아, 예. 급한 일로 부산에 갑니다." 그러자 다시 들려오는 옆 칸의 목소리. "어, 잠시 있어봐. 누가 자꾸 옆 칸에서 내 얘기에 대꾸를 한다. 얘."

정보화 시대다. 요즘엔 개도 핸드폰을 들고 다닌다는 농담이 있다. 그러니 이 얘기도 그저 우스갯소리만은 아닐 것이다. 그러나 이렇게 최첨단으로 치달을수록 인적 네트워크는 점점 약화되고, 끼리끼리 문화, 익명화된 관계로 말미암아 정작 중요한 순간엔 우리의 인적 네트워크 가동이 멈춰버리기 일쑤. 당신은 선후배, 동료들로부터 취업정보를 받아본 적이 있는가? 혹은 어느 기업에 대한 정보를 선후배, 동료들로부터 받을 수 있겠는가?

2007년 5월, 인크루트와 엠브레인은 직장인 인맥을 조사했다. 직장인 2,116명에게 '가족 외 사회집단과 생활 등을 통해 얻은 인맥범위는 몇 명인가?' 라는 질문을 던졌다. 그 결과 직장인들의 평균 인맥은 57.2명. 그중 40대 응답자 평균이 79.7명으로 가장 많았고, 50대 이상은 53.5명, 30대 47.2명, 20대 49.2명 등의 순으로 나타났다. 남성 응답자의 평균인맥은 66.9명, 여성은 44.3명. 휴대전화에는 평균 146.3명의 전화번호가 저장돼 있었다.

취업정보의 1차 원천은 동문그룹이다

핸드폰에 저장된 지인들의 수를 체크해보자. 만약 이들의 시너지를 다 이끌어낼 수 있다면 업계의 정보는 모두 내 손 안에 있지 않을까? 그러나 불행하게도 요즘 학생들은 인맥관리에 소홀하다. 편한 사람들과 편한 관계만을 추구한다. 동아리나 학회, 혹은 학과활동을 하는 학생들은 그나마 나은 편이다. 그러나 학교공부, 영어공부만 열심히 했던 학생들이라면 필요할 때 정보를 얻을 수 있는 지인들의 수가 오십 명을 넘기 어려울 것이다.

한 과 정원은 평균 60명. 나와 함께 1년 이상 학교를 같이 다닌 학과 선배들은 모두 180명이다. 동기는 59명이고, 후배들 역시 180명이다. 이를 모두 합치면 419명. 여기에 동아리활동을 함께 한 선후배들까지 합친다면 그 수는 500명을 훌쩍 넘겨버린다. 이 동문그룹은 전공을 함께 공부했기 때문에 같은 진로를 선택할 확률이 매우 높다. 그런 점에서 다른 그룹들과는 매우 다른 의미를 갖는다.

동문그룹이 취업에만 도움이 되는 것은 아니다. 일을 하는 동안에 훨씬 더 큰 영향력을 행사할 수 있다. 동문그룹을 제대로 관리하는 사람이라면 전국 각지의 업계 정보를 이삼백 개나 되는 안테나들을 통해 생생하게 보고받을 수 있는 정보탱크를 가진 셈이다.

불가능한 일인가? 얼마든지 가능한 일이다. 선배들은 이런 동문그룹을 알게 모르게 가동하고 있다. 여기에 현업에서 맺은 관계망까지를 덧보태 업무에 활용하고 있는 것이다. 이러한 관계망의 유무는 업무처리에 엄청난 차이를 보이게 하는 파워다.

이런 관계망을 잘 만들고 유지해가는 사람들을 보면 늘 바쁘다. 바쁠 수밖에 없다. 그저 이름만 외워둔다고 관계망이 형성되고 유지되는 것은 아니기 때문이다. 먼저 이름과 연락처, 근황을 알고 있는 것은 기본. 아무리 능력 있는 사람이라도 몇 천 명과 지속적인 관계를 유지하는 것은 어렵다.

어떤 사람이 일 년 내내 하루에 다섯 사람씩 의식적으로 통화를 나눈다 해도 그 수는 1,825명에 불과하다. 그러나 매일 다섯 통씩의 전화를 하는 것도 어렵고, 일 년에 한 번 통화로 지속적 관계를 유지하는 것도 쉽지 않다. 그러나 인터넷과 핸드폰 문자서비스라는 편리한 도구를 활용하면 된다. 이것들을 활용하면 우리는 적은 노력으로도 관계망을 구축하고 유지해갈 수 있는 시대에 살고 있다.

카페 운영을 통해서 관리하는 그룹을 만들 수도 있고, 메신저를 이용한 관리도 가능하다. 어쩌다 한 번씩 올리는 게시물로도 몇 백 명의 사람들에게 내 존재를 알릴 수 있는 것이다. 이처럼 느슨한 관계망을 우리는 커뮤니티라고 부른다.

그것을 꼭 본인이 주도할 필요조차 없다. 남이 만들어 놓은 레이더망에 발만 걸쳐도 되는 세상이다. 각별히 인맥을 많이 가지고 있는 친구, 나에게도 수시로 전화를 해서 근황을 묻고, 이쪽저쪽을 잘 연결시키는 친구가 있다면 그 친구를 통해서도 얼마든지 관계망을 형성하고 유지해갈 수 있다.

이렇게 얻어진 인맥들을 업무분류별 DB와, 친밀도에 의해 DB로 정리해야 한다. 그리고 지속적인 모임을 자연스럽게 유지해가며 그들과 관계를 지속해야 한다. 친밀도가 떨어지고 잦은 관계가 필요치 않은 그룹과 친밀도가 높은 그룹은 나름대로 차별화된 관리가 필요하다. 관계를 맺고 유지하는 것 못지않게 정기적으로 정보를 수집하고 관리하는 활동도 중요하다.

당신의 주변에서 모델과 멘토를 얻어라

정보문제가 해결되었다면 남을 통해 당신을 변화시키는 방법에 대해 생각해보자. 당신에겐 모델과 멘토가 있는가? 구체적인 모델과 멘토를 통해 변화를 꾀하는 것이 효과적이다. 그렇다면 모델과 멘토는 어떻게 다른가? 모델은 나를 변화시키기 위한 직접적인 본보기이고 멘토는 내가 조언 받고 기댈 수 있는 '정신적 지주' 다.

모델을 찾는 방법은 그리 어렵지 않다. 먼저 당신 주변의 사람들을 떠올려보라. 그리고 당신이 회사를 창업하겠다고 가정하라. 당신의 꿈과 연결시켜 생각하면 더욱 좋을 것이다. 그리고 그 회사의 창업멤버들을 골라보자. 내 주변 사람들 중 이 사람들만 있다면 나는 회사를 잘 이끌어 갈 수 있겠다고 꼽히는 사람들은 과연 누가 있는가? 그런 사람들을 찾았다면 그 다음은 그의 어떤 점이 나로 하여금 그를 선택하게 했는지를 곰곰이 생각해보자.

바로 그렇게 선택된 사람, 그리고 그를 선택하게 한 이유가 모델이다. 만일 당신의 선택이 틀리지 않았다면 그 사람들은 당신 주변에서 가장 먼저 취업하는 사람일 것이다. 당신은 그렇게 선정된 모델들을 떠올리며, 그들의 장점을 취하기 위해 노력해야 한다.

'닥치면 잘 할 수 있다' 는 생각을 버려라. 규칙적 생활 습관, 전략적 사고, 목표로 나아가는 진지함. 이런 자기관리 프로그램이 필요하다. 모델들이 가진 프로그램들을 확보하라. 그리고 그런 것들을 당신이 실천할 때 비로소 모델은 그 가치를 발휘하게 된다.

그렇게 얻은 모델은 당신의 지향과 맞는 사람이다. 누군가가 억지로 부여해준 사람이 아니고, 당신 스스로가 고른 사람이므로, 당신의 정체성과도 상당부분 일치한다. 당신과 나이도 크게 차이가 나지 않으니, 많은 면에서 당신에게 각성을 주게 될 것이다. 그런 점이 멘토와 특히 다른 점이다. 멘토가 있음에도 불구하고, 모델을 만들어야 하는 이유가 바로 여기에 있다.

그렇다면 멘토는 어떻게 만들어야 할까? 물론 그 업계에서 혹은 그 분야에서 일정 이상의 업적을 가진, 존경할만한 사람을 멘토로 삼는 것이 좋다. 그러나 진정한 의미에서의 멘토는 당신에게 가까운 곳에서 조언을 줄 수 있는 사람이다. 지리적 위치를 말하는 것이 아니다. 심리적 거리를 말하는 것이다. 너무 멀리 있거나, 당신이 가까이 하기에 어려움이 있는 사람이라면 당신은 멘토에게서 직접적인 도움을 기대하기가 어려울 것이다.

당신이 직접 발 벗고 나서라, 멘토는 새로운 기회의 다른 이름이다

멘토로 삼고 싶은 사람이 있다면 어떻게 해야 할까? 그가 먼저 당신에게 손을 내밀 때까지 기다려서는 안 된다. 적극적으로 관계를 형성하자. 그러기 위해서는 어떤 노력이 필요할까? 우선은 그를 존경해야 한다. 탐색하는 마음으로는 그의 마음을 살 수 없다. 그의 조언과 지적에 대해 당신이 보일 반응은 당신이 그에게 가지고 있는 존경심과 정비례한다.

언제나 당신이 부르면 뒤돌아봐줄 수 있을 만큼 가까운 곳. 그곳에서 당신을 늘 지켜봐주는 사람을 멘토로 세워라. 1979년 4월 유나이티드 테크놀로지사가 게재했던 다음의 광고카피는 당신의 멘토 만들기를 도와줄 것이다.

당신에게 최초의 찬스를 부여해준 사람을 기억하세요?

(Do you remember who gave you your first Break?)

누군가가 어느 날 당신 속에서 무엇인가를 발견했습니다.

그것은 오늘날 당신을 그렇게 있게끔 만들어준 이유 중의 일부일 것입니다.

아마도 그들은 사려 깊은 부모, 엄격한 군대의 훈련대장,

감사할 줄 아는 고용주,

주머니를 뒤져서 몇 푼의 돈이라도 당신에게 주고 간
친구였는지도 모르지요.
그 사람들이 누구라 하더라도
그들은 친절함과 앞을 내다보는 눈을 지닌 사람들이었습니다.
인간과 오랑우탄을 구별하는 것은 이 두 가지 미덕입니다.
이제부터 24시간 중 10분 만이라도 쪼개 그들에게 감사의 글을 써보십시오.
이것은 당신에게 되살아난 멋있는 우정을 오래 간직하게 할 것입니다.
또 다른 10분을 떼어
이번에는 다른 누군가에게 기회를 주기 위해 글을 써보세요.
언젠가, 당신에게도 멋있는 편지가 배달될는지 어찌 알겠습니까?
그것은 당신이 읽었던 편지들 중
가장 마음을 흐뭇하게 하는 편지가 될는지도 모릅니다.

모델과 멘토 문제가 해결되었다면 다음은 적극적 사고와 자세다. 왜 구직공고가 날 때까지 손꼽아 기다리는가? 정보를 수집하고, 나의 꿈에 맞추어 내가 먼저 그들에게 프러포즈하지 않는가 말이다. 내 눈에 들만큼 괜찮은 직장이라면 남의 눈엔들 들지 않겠는가? 그러니 선제공격이 필요하다. 그들이 원하는 인재상을 파악하고, 그에 맞는 포트폴리오를 준비하자. 이력서와 자기소개서 역시 그 기업의 인재상에 맞추어져야 하는 것은 물론이다.

그리고 이것을 해당 회사 인사담당자에게 전달하는 일은 어려운 일이 아니다. 꼭 눈도장을 찍는 것이 좋다. 그리고 의지를 표명하는 것도 필요하다. '지금 당장 사람을 뽑지 않는다.' 고 말할 것이다. '알고 있다.' 고 답해라. 사람을 뽑게 되면 그때 연락을 달라고, 언제까지고 기다리겠다고 말해라. 아무리 간 큰 인사담당자라 할지라도 그렇게 전달받은 서류를 쓰레기통에 쳐 박지는 못할 것이다.

완벽한 문법보다는 감각과 실전능력의 배양이 더 절실하다

적극적으로 권하고 싶은 방법 중 하나가 인턴제도다. 누군가가 알아봐주는 인턴자리보다는, 직접 정보를 가지고 인턴자리를 찾아내는 것도 좋은 방법이다. 설사 학점을 인정받지 못하거나, 보수가 없으면 어떠한가? 일부러 학원에라도 등록해야 할 판이다. 오히려 스스로 찾은 인턴자리가 자신에게 보다 확고한 목적의식을 만들어줄 수 있을 것이다.

실전경험은 스스로에게 적응과 견문을 넓혀주는 좋은 기회다. 때문에 진로와 일치하는 인턴활동이야말로 이후 자신의 직장생활에는 물론 취업 자체에도 훌륭한 경력으로 작용하게 된다. '완벽한 문법을 익히는 것보다는 원어민을 만나서 감각과 실전 능력을 배양하는 것이 좋다' 는 이치와 같다.

취업의 1차 타깃인 회사에서 인턴을 하는 것이 최상이다. 그럴 상황이 아니라면 그와 최대한 비슷한 여건에서 인턴을 하는 것이 좋다. 인턴을 시작했다면 누군가가 무엇을 시켜주기를 기다려서는 안 된다. 일이 주어졌다면 최선을 다하고, 일이 주어지지 않는다면 일을 찾아라. 찾기 어렵거든 요구하라. 구체적으로 요구할수록 나를 보는 기업의 눈은 달라질 것이다.

인턴에게 회사가 요구하는 것은 발전가능성이다. 표현되지 않은 잠재력이다. 때문에 가장 중요한 것은 분야에 대한 열정이다. 그 이상도 이하도 요구하지 않는다. 열정을 가진 '루키' 를 찾기 위해 기업들은 무던히 애쓰고 있다. 때문에 결코 하지 말아야 할 것은 '인턴처럼 행동하기' 다.

신분과 보수는 인턴이지만 늘 직원처럼 처신하라. 복장도 말투도, 출퇴근 시간도 '난 인턴이니까 괜찮겠지.' 라는 생각은 당신을 그저 그런 인턴으로 보게 만든다. 사수가 퇴근도 하기 전에 '시간이 됐다.' 며 하던 일 내던지고 퇴근하는 인턴을 고용할 회사는 없다. 아니 눈 여겨 봐줄 회사조차 없다. 늘 사수와 함께 움직여라. 일도 함께, 식사도 함께, 퇴근도 함께. 단 출근만큼은 사수보다 먼저 해야만 한다. 설사 그것이 새벽 다섯 시라 하더라도.

Point

1-5. 적극적 자세와 정보 네트워크

- 동문그룹을 잘 관리하면 취업과 업무정보를 모두 얻을 수 있다.
- 인터넷, 문자서비스 활용만으로도 효율적 관계구축이 가능하다.
- 남이 만들어 놓은 레이더망도 적극 활용하라.
- 업무분류별, 친밀도별 DB가 필요하다.
- 주변 사람들 중 창업 시 선발하고 싶은 사람을 모델로 삼아라.
- 그렇게 선발된 모델은 당신의 정체성까지를 함축하고 있다.
- 모델로부터 규칙적인 생활 습관, 전략적 사고,
  목표 지향과정에 대한 진지함 등 자기관리 프로그램을 습득하라.
- 멘토는 주변에서 찾고, 그에게 충분히 존경심을 표하라.
- 찾아가는 서비스가 필요하다. 구인광고를 기다리지 말라.
- 실전경험을 쌓고 견문을 넓혀주는 기회로 인턴제도를 권한다.
- 인턴처럼 행동하지 말라. 자신의 발전가능성을 한껏 발산하라.

1부 : 일을 가지려면

16 이력서와 자기소개서

스펙만 챙기면 취업은 문제없다?

사오정의 이력서 내용이다. 성명 : 사오정. / 본적 : 누굴 말입니까? / 주소 : 뭘 달라는 겁니까? / 호주 : 가 본 적 없어 잘 모름. / 신장 : 두 개 다 있음. / 가족관계 : 가족과는 별다른 관계를 갖지 않음. / 지원동기 : 우리 학과 동기인 영구랑 같이 지원했음. / 자기소개 : 우리 자기는 아주 예쁨. / 수상경력 : 배 타본 적 없음.

설마 이렇게 쓰는 사람이야 있겠는가? 그러나 취업준비생들의 지원서들을 읽다보면 사오정의 이력서에 비해 썩 나을 것이 없는 서류들을 많이 만나게 된다. '나는 이러이러하다.' 라고 적은 이력서와 자기소개서를 보고 난 가끔 속으로 'So What?' 하고 되묻게 된다.

'당신은 그런 사람이구나, 그러니 어쩌라고?'

이력서와 자기소개서는 무엇인가? 자신이 어떤 사람인가를 표현하는 글인가? 많은 사람들이 그렇게 착각하고 있다. 그러나 그렇지

김현경 대리는 오늘도 자기소개서를 검토하느라 죽을 맛이다.
자기소개서를 검토하는 일은 꽤나 지루한 일이다.
처음엔 보고 또 보며, 자기소개서 검토에 심혈(?)을 기울였지만
이틀이 지난 지금은 대충 훑어 지나는 중이다.

토씨 하나 다르지 않고 똑같은 자기소개서들도 종종 보인다.
인터넷으로 샘플들이 돌고, 그 샘플들을 베껴 쓰면서 생긴 현상이다.
채팅용어가 난무하고, 이모티콘을 그린 지원자들도 있다.
성의가 없어 보이는 자기소개서를 보면서
예전에 자신이 썼던 자기소개서를 반성하기도 한다.

그렇게 개성 없는 자기소개서들 사이에서, 보배 하나를 발견한다.
어려운 가정형편을 딛고, 검정고시로 고등학교를 마친 그는
대학에 들어가 별의별 아르바이트를 다 했단다.
우선은 아르바이트 경험만으로도 충분히 가점이 될 만했다.
정수기 판매에서 목욕탕 때밀이까지. 아르바이트 박물관을 연상케 한다.

아르바이트를 해서 힘들게 모은 돈은 대개 영어공부에 투자했단다.
방학마다 배낭여행을 다녔으며, 휴학까지 해가며 어학연수도 다녀왔다.
전공 관련 지식들을 쌓기 위한 노력도 게을리 하지 않았다고 적었다.
학기 중에는 전공과목들에 최선을 다했으며,
방학 중에는 학기 중에 못 본 책들을 십여 권씩 탐독했단다.

이렇게 보기 드문 인재가 우리 회사에 지원을 하다니.
김현경 대리는 가벼운 흥분마저 느낀다. 자기소개서를 다 읽은 김 대리.
지원서 내용 확인을 위해 앞 장을 들춘 그녀는 깔깔거리며 쓰러졌다.
평점 : 2.73, 토익 : 380점.

않다. 이력서와 자기소개서는 나를 팔기 위한 광고다. 그것도 불특정 다수를 상대로 하는 광고가 아니라 상대가 분명한 광고다. 그리고 그 상대는 단 한 사람이어야만 한다.

대부분의 기업들이 사원을 채용하기 위한 지원 서류로 이력서와 자기소개서를 받는다. 그렇다면 이력서와 자기소개서는 어떻게 다른가? 대체로 이력서는 자신의 스펙을 드러내는 서류다. 스펙에는 어떤 것들이 있는가? 어느 학교를 졸업했는가? 학점은 어떻게 되는가? 경력은 어떠한가? 과외활동은 어떤 것들을 했나? 영어실력은 어떠하며, 토익점수는 몇 점인가? 이런 것들이 이력서의 내용이다. 그러니 그 평가 또한 매우 담백하다.

입사 후 어떻게 일할 사람인지를 말하는 자기소개서

그러나 자기소개서는 그런 스펙의 게임이 아니다. 그렇다면 무엇인가? 자기소개서를 통해 그들이 알고 싶어 하는 것은 무엇인가? 많은 기업들은 스펙이나 영어실력보다 더 중요한 것으로 인성, 조직융화도, 일에 대한 열정, 직무에 대한 능력 등을 꼽는다. 다면평가가 진행되고 있는 것이다. 이를 위해 프로그램을 마련한 기업들도 적지 않다.

그러나 아직도 많은 기업들이 자기소개서와 면접을 다면평가의 도구로 활용한다. 때문에 채용인원의 1.5배수 혹은 2배수 정도만 면접을 보던 것에서 3배수 혹은 5배수, 많게는 10배수 이상까지 면접을 보는 경향이 나타나고 있다. 이러한 기업의 분위기는 스펙이 떨어지는 지원자들에게 매우 유리하다. 물론 객관적 스펙이 떨어지지만 일에 대한 열정, 직무에 대한 능력, 인성, 조직융화도가 높은 지원자들에게 유리하다는 것이다.

그렇다면 그 많은 지원자들 중에 스펙 외의 가점요소가 있는 사람들을 어떻게 골라 뽑을까? 그것은 두말할 나위 없이 자기소개서를 통해서다. 자기소개서가 최종선발을 위한 기준은 아니다. 하지만 면접이나 시험만큼 중요한 잣대인 것만은 분명하다. 스펙이 좋은 지원자는 자기소개서와는 상관없이 면접이나 시험으로 다가설 수 있는가? 그렇지 않다.

스펙이 좋은 지원자의 경우 자기소개서 때문에 떨어질 확률은 채용인원 대비 2~30%이며, 스펙이 좋지 않은 경우 자기소개서를 통해 합격할 확률 역시 2~30%다. 때문에 자기소개서의 중요성은 매우 높다. 그렇다면 취업준비생들은 어떤 자기소개서를 써야 하는가? 앞서도 말한 바와 같이 자기소개서는 '나는 이러이러하다'를 표현하는 글이 아니다. 자기소개서라는 단어에 속지 말자. 이제부터 우리는 자기소개서를 '회사를 향한 구애의 편지'로 바꿔 생각하자.

그렇다면 회사는 어떤 사람들을 원하는가? 이 또한 앞에서 말한 것처럼 인성이 좋은 사람, 조직에 잘 적응하는 사람, 일에 대한 열정이 있는 사람, 직무에 대해 이미 능력을 갖추고 있는 사람이다. 자기소개서 양식은 정해져 있지 않다. 하지만 회사에 따라 자기소개서의 기재내용을 정해놓은 경우도 있다. 인터넷에도 자기소개서 양식이 떠돌아다닌다. 그 경우 기재내용은 대개 성장과정, 성격 · 생활신조 및 특기사항, 지원동기 및 장래계획 등이다.

그러나 기업 인사담당자들은 당신의 그러한 면들을 궁금해 하는 것이 아니다. 그러한 사항들을 통해 당신의 일에 대한 열정, 직무에 대한 능력, 인성, 조직융화도 등을 알아보고 싶어하는 것이다. 2007

년 4월 인크루트의 조사에 따르면 기업 인사담당자들이 자기소개서 중 가장 점수비중을 높게 보는 항목은 지원동기(26.7%)였고, 다음은 사회생활 및 경력사항(24.3%)으로 나타났다. 성격상 장단점(15.2%)과 직업관(9.0%)이 그 뒤를 이었다.

결국 회사의 인사담당자들이 알고 싶어 하는 것은 '당신은 입사 후 어떻게 일할 사람인가.' 에 초점이 모아져 있다. 그렇다면 '어떻게 일할 사람인가' 를 궁금해 하는 인사담당자들에게 당신은 어떤 내용의 자기소개서를 써야하는 것인가?

자기소개서의 내용 중 성장과정을 쓰라는 것은 '당신의 가정교육을 포함한 인성 전반은 어떠합니까?' 하고 묻는 것이다. 성격과 생활신조를 쓰라는 것은 '당신은 우리 회사에 잘 적응할 수 있는 사람입니까?' 하고 묻는 것이다.

그리고 특기사항과 지원동기 및 장래계획 혹은 포부는 '그간 당신은 이 일을 하기 위해 무엇을 준비했고, 어떤 열정으로 일에 임할 것입니까?' 하고 묻는 것과 다름 아니다. 여기서는 성장과정, 성격. 생활신조 및 특기사항, 지원동기 및 장래계획, 사회생활 및 경력사항의 순으로 살펴보고자 한다.

성장과정을 쓰라는 것은 당신의 인성 전반을 쓰라는 것이다

첫째, 성장과정이다. 성장과정을 쓰는 란에 좋은 환경에서 큰 문제없이 자랐다는 식으로 쓰는 것은 금물이다. 면접에서 아버지 직업을 묻는 경우가 종종 있다. 그 이유는 무엇일까? 그것은 단순히 직업이 무엇인지가 궁금해서 물어보는 것이 아니다. 대답을 통해 자식으로서 부모의 직업에 대해 어떤 생각을 가지고 있는지를 물어보는 것이다. 자기소개서 역시 마찬가지다.

간혹 자기소개서에 자신의 어렵고 험난했던 과거를 구구절절 나열하며 풀어놓는 사람들이 있다. '산전수전' 다 겪어본 사람이라면 인사담당자들이 어떠한 역경도 다 넘을 수 있는 사람으로 판단해주지 않을까 해서이다. 그러나 너무 굴곡이 많은 지원자로 비칠 경우 '성격이 모가 나거나 독선적일 수 있다'고 판단하는 경우가 많다. 이 점에 유의하여야 한다.

'바닷바람이 부는 부산에서 엄하신 아버지와 자상한 어머니 사이의 몇 남 몇 녀 중 장남으로 태어나' 식으로는 자신의 가치관과 인성을 보여줄 수 없다. 자기소개서에서 성장과정을 쓴다는 것은 자신의 성장과정을 통해 사고방식이 어떻게 형성되었는지, 문제해결의 능력은 어떻게 키웠는지를 보여주는 것이다. '성장과정을 통해 나의 가치관과 인성이 구체적으로 어떻게 만들어져 있다.'를 명확히 보여주어야만 한다.

둘째, 성격과 생활신조 및 특기사항을 묻는 란 역시 마찬가지다. 자신의 장점과 단점을 차례로 쓰고, '단점을 고치기 위해 노력했고 지금은 많이 좋아졌다.' 식의 상투적인 표현으로는 자신의 적응력을 보여줄 수가 없다. 특히 '내성적인 성격이었는데 간부 활동 등을 통해 고치려고 많이 노력하여 지금은 좋아졌다.' 식의 자기소개서는 결코 플러스점수를 받을 수 없다.

약점은 극복하는 것이 아니라 인정하는 것이다. 자신의 약점을 솔직하게 적는 것은 '솔직한 것이 아니라 순진한 것'이다. 전략적 솔직함이 필요하다. 자기소개서는 짧다. 자신의 단면만을 얘기하는 것이다. 그렇다면 거기에 굳이 자신의 약점을 쓰고, 그것을 극복했다고 오기를 부릴 필요가 있는가? 쓰지 않는다 해도 대개의 면접관들은 당신의 약점이 무엇인지를 친절하게 물어준다.

성격의 장 · 단점을 쓰는 항목이 있어 불가피하게 단점을 써야할 경우에도 조직생활을 해칠 가능성이 있는 단점은 피해야 한다. 만일 그런 단점이 있다면 반성하고 고쳐야겠다. 입사가 결정된다 하더라도 그 직장을 오래 다니기 어려울 테니 말이다. 단점이 있었고 그것을 고쳤다고 말할 때에도 그것을 발견하고 고쳐온 과정을 분명히 할 필요가 있다. '노력하고 있다.' 식의 표현은 피하자.

지원동기 및 장래계획을 쓰라는 것은 당신의 열정을 쓰라는 것이다

셋째, 지원동기 및 장래계획을 밝히는 것은 열정이 핵심이다. 직장에 대한 애정도 필요하다. 그러나 많은 인사담당자들은 직장에 대한 지나친 애정을 가식적인 것으로 여긴다. 직장보다는 직업과 업무, 즉 직무에 대한 열정을 더 신뢰한다. 그 토대 위에 회사를 얹으면 백점.

'뭐든 맡겨만 주십시오. 열심히 하겠습니다.' 라는 식의 다짐은 마이너스점수다. 기업이 직원을 선발하는 중요한 기준 중 하나는 '가르치는 비용의 많고 적음' 이다. 따라서 직무와 관련된 소양을 오래 전부터 꾸준히 길러왔다는 인상을 주는 것이 필수요소다.

그러나 당신뿐만이 아니라 지원자들 모두는 자신이 가장 열정을 가지고 있다고 쓸 것이다. 때문에 열정을 말하려면 증거를 대라. 지금부터 잘하겠다고 말하지 말고 지금까지 만들어낸 열정의 열매를 보여주어야 한다. 그렇지 않다면 당신의 열정은 대출금일 뿐이다. 먼저 주면 잘하겠다는 말이 아닌가? 이런 이유로 지원 동기는 꼭 계기가 만들어진 사례를 들어 설명하는 것이 좋다. 사례가 없는 다짐은 공허하다.

입사 후 포부나 장래계획에 대해서는 가급적 스케일을 키울 필요가 있다. 그 회사 회장의 외동아들이라는 생각으로 포부를 밝혀야 한다. '새벽 영어회화반을 들어 열심히 다니겠다.' 식의 다짐만 나열해서는 당신을 눈앞만 바라보는 사람으로 비치게 할 우려가 있다. 단, 큰 포부를 밝히되 이를 위한 실천사항들을 나열하는 것이 좋다. 작은 실천약속에서부터 최종목표까지의 로드맵이 보여야만 한다.

자신의 성장과정, 특기, 성격, 장점 등과 장래계획을 연결시키는 것도 좋다. 지금까지의 삶이나, 현재의 나를 고려하지 않은 얼토당토않은 포부는 당신을 돈키호테로 보이게 할 것이다. 내가 가지고 있는 연장선상에 장래의 내 모습을 그려 넣어야 한다는 것이다. 또한 가지 잊지 말아야 할 것은 당신의 포부와 당신의 발전이 회사의 이익과 비전에 연결될 수 있는 것이어야 한다는 점이다.

마지막으로 사회생활 및 경력사항란이다. 이를 통해 인사담당자들이 알고자하는 것은 매우 복합적이다. 지원동기, 직무에 대한 열정과 능력, 직업관, 조직융화도, 인성 등이 복합적으로 판단된다는 것. 그 주요사항은 전 직장 근속기간, 전 직장에서의 직무와 직무수행능력, 전 직장 내에서의 조직융화도, 전 직장의 퇴사이유 등이다.

때문에 전 직장에 대해 험담을 늘어놓는 것은 금물. 우리말에 '손뼉도 마주쳐야 소리가 난다.' 는 말이 있다. 전 직장에 문제가 있다면 그 직장에 입사했던 당신에게도 일단의 책임이 있다. 전 직장에서의 짧은 근속연수는 치명적인 약점이 된다. 전 직장에 문제가 있어 퇴사했다 하더라도 그것이 짧은 근속연수의 이유가 되기는 어렵다. 설사 전 직장의 부도 등으로 말미암아 어쩔 수 없이 퇴사하였다 하더라도 그것 역시 핑계가 되기 어렵다. 그 회사를 선택했던 것은 바로 당신이기 때문이다.

가급적 전 직장에서의 직무와 성취도를 중심으로 구성하는 것이 좋다. 그리고 그 과정에서의 일화 등을 소재로 전 직장에서의 경험이 이 직장에서 어떻게 발휘될 수 있을 것인 지에 대해 확신을 주는 것이 좋다. 특히 전 직장을 통해 더욱 단련된 '직무에 대한 자신의 열정과 능력' 을 표현하는 것이 가장 중요하다.

내 가치관은 회사에 적합한 인재로서 손색이 없는가?

지금까지 자기소개서에 적어야 할 네 가지 내용과 기술방법에 대해 살펴보았다. 그러나 그보다 더 중요한 것이 있다. 자기소개서를 쓰는 목적이 분명해야 하고, 읽을 사람을 분명히 해야 한다는 사실이다. 결국 인사담당자들은 자기소개서를 통해 지원자의 가치관과 직무능력을 판단하려 한다.

가치관이라면 무엇을 말하는가? 회사는 이상을 실현하는 곳이 아니다. 회사가 필요로 하는 것은 지원자가 가진 비즈니스마인드, 글로벌마인드, 인사이드마인드의 확인이다. 자기소개서는 당신의 가치관을 커밍아웃하는 공간이 아니다. 가치관을 드러냄으로써 내가 이 회사에 가장 적합한 인재임을 밝히는 것이 중요하다는 것. 그러니 당신은 그가 듣고 싶은 말을 생각해야 한다.

당신은 그 회사를, 당신의 일자리를 사랑하지 않는가? 그렇다고 거짓말을 해서는 안 된다. 얼마나 많은 연인들이 사소한 거짓말 때문에 상처받고 헤어지는가? 그 회사를 위한, 당신의 일자리를 위한 사랑과 헌신이 당신에게 있는가? 그런 마음이 없다면 당신은 합격한다 해도 얼마 버티지 못할 것이다. 만일 그렇다면 지금부터라도 만들어라. 지금부터라도 자신의 생각을 바꿔라. 누구도 처음부터 잘하는 사람은 없다.

Point

1-6. 이력서와 자기소개서

- 이력서는 스펙을 적는 글이지만 자기소개서는 그렇지 않다.
- 인사담당자들은 자기소개서를 통해 '입사 후 어떻게 일할 사람인가?'를 알고 싶어 한다.
- 이를 위해 인사담당자들은 인성, 조직융화도, 일에 대한 열정, 직무에 대한 능력 등을 확인하고자 한다.
- 성장과정을 통해 당신의 인성을 확인한다.
- 성격과 생활신조를 통해 당신의 조직융화도를 확인한다.
- 지원동기와 장래계획을 통해 당신의 열정을 확인한다.
- 사회생활과 경력사항을 통해 직무수행능력과 준비를 확인한다.
- 자기소개서 전반에는 당신의 비즈니스마인드, 글로벌마인드, 인사이드마인드가 깃들어 있어야만 한다.

1부 : 일을 가지려면

자기소개서 쓰기 요령

자기소개서는 연애편지다!

'메뚜기 다리가 메뚜기 청력에 미치는 영향에 대한 연구'라는 제하의 우스갯소리. 어느 생물학도의 논문이란다. 실험1 : 메뚜기 다리 하나를 뗐다. "가라가라."라고 외쳤다. 메뚜기는 갔다. 실험2 : 메뚜기 다리 하나를 더 뗐다. "가라가라."라고 외쳤다. 메뚜기는 갔다. 실험3 : 메뚜기 다리를 세 개째 뗐다. "가라가라."라고 외쳤다. 메뚜기는 안 갔다. 결론 : '메뚜기는 다리 세 개를 떼면 귀머거리가 된다.'

설명이 아닌, 설득의 기술이 필요하다

그야말로 동문서답이다. 행위와 분석이 도통 들어맞지를 않는다.

당신이 쓴 자기소개서는 어떠한가? 자기소개서는 자신이 어떤 사람인가를 설명하는 글이 아니다. 누가 읽을 글인가? 상대가 있는 글이다. 백 마디 설명을 해본들 무엇 하겠는가? 상대를 설득시키지 못한

이쪽건설 주택사업본부 관리부에서 일하는 이지명 대리.
그는 동료들과 함께 신입사원 전형에 투입되었다.
벽에 붙여놓은 열 몇 개 대학 졸업생과 졸업예정자 중
기준 학점과 기준 토익점수를 넘는 학생들을 우선 뽑고,
탈락한 서류들 중 '아차상'을 구제하는 것이 그의 임무였다.

서류 하나를 1분씩만 읽어도 한 시간에 60명, 하루 500명쯤,
1만장의 서류를 모두 살피자면 , 5명이서 꼬박 나흘일이다.

그를 더 힘들게 하는 건 복사한 듯 똑같은 자소서 읽기.
어떠어떠한 고장에서 엄부자모 아래 몇 남 몇 녀의 어쩌고.

기발하다 싶은 것들은 한결같이 결론이 없다. 'So What?'
도대체가 무슨 말을 하고 있는지 알 수가 없는 자소서도 있고,
왜 또 그리 틀린 글자들은 많은지.
그때 이 대리의 눈이 번쩍 뜨이는 자소서가 한 통 발견됐다.
학교며, 성적은 그리 좋지 않았지만 자소서가 제대로다.

이쪽건설이 왜 자기를 꼭 뽑아야만 하는지,
자신이 그간 얼마나 이쪽건설을 동경해왔는지,
자신이 얼마나 뜨거운 열정의 소유자인지, 왜 건설업을 열망하는지
미래의 청사진까지도 너무나 명확히 보여주고 있는 자소서.
'심봤다!' 이 대리는 자신도 모르게 흥분하고 있었다.
과거의 경험을 예로 들며, 꽤 많은 분량으로 적은 자소서를
이 대리는 지루한 줄도 모르고 끝까지 읽어 내려갔다.
그러나 그 마지막 문장은 이 대리의 얼굴을 일그러뜨렸다.
'저쪽건설이 저를 뽑아주시기만 한다면……. 어쩌고저쩌고.'

다면 당신의 소개서는 탈락자들의 서류를 모으는 통 속으로 던져져 버리고 말 것이다.

설명으로는 안 된다. 설득해야만 한다. 설득하기 위해서는 무엇이 필요한가? 설득 당할 상대를 이해해야만 한다. 자기소개서는 연애편지다. 연애편지는 단 한 사람을 위한 글이다. 자기소개서도 마찬가지다. 사랑하는 상대의 마음을 얻기 위해 연애편지를 쓰듯, 자기소개서를 읽을 인사담당자의 마음을 얻기 위해 자기소개서를 써야만 한다.

그렇다면 인사담당자는 당신의 어떤 얘기에 감동할까? 그들이 듣고 싶어 하는 말은 무엇인가? 그들은 과연 당신의 이야기를 끝까지 읽어주기나 할까? 당신의 이야기를 끝까지 읽게 하기 위해서는, 그리고 그 글을 통해 당신을 선택하게 하기 위한 요령은 무엇일까?

자기소개서는 당신을 파는 광고다

첫째, 자기소개서는 당신을 파는 광고다. 당신은 무엇을 팔 것인가? 그러기 위해서 필요한 것은 무엇인가? 앞 장에서 설명한 '이 회사가 나를 채용하지 않으면 안 될 세 가지 이유' 가 필요하다. 그것은 내가 회사에 줄 수 있는 베네핏(benefit)이다.

그리고 그 베네핏을 줄 수 있는 나를 분명한 하나의 콘셉트(concept)로 설명해야만 한다. 나의 콘셉트(concept)와 회사에 줄 수 있는 베네핏을 연결시켜야 한다. 이 콘셉트가 여러 개일 경우에는 '이것저것 다 잘 한다.' 식이 될 것이며, 설득력은 실종되기 마련이다.

어떤 콘셉트로 상대를 설득하든 그것이 분명한 설득력을 가지고 있다면 통한다. 내가 비록 지금 최고는 아니지만 지원 분야에서 만큼은 가장 적합한 인재라는 사실을 인사담당자가 분명히 설득될 수 있도록 적어야 한다. 다시 한 번 살펴보자. 당신은 자기소개서를 통해 스스로를 완전평면자동차나 빨리 달리는 냉장고라고 말하려는 것은 아닌가?

이러한 콘셉트를 자기소개서 어느 한 부분에 쓰라는 것이 아니다. 자기소개서 전체에 이런 자신의 콘셉트가 묻어 있어야 한다. '이러이러한 내용들을 살펴볼 때 이 사람은 직무능력이 있는 사람이고, 그 직무능력을 통해 회사에 이러이러한 기여가 가능하겠구나.' 라고 인사담당자가 설득될 수 있도록 전체적인 내용을 구성해야한다는 것이다.

둘째, 남들이 쓰듯 써서는 안 된다. 자기만의 언어가 필요하다. 자기만의 내용이 필요하다. 사실 자기소개서는 연애편지보다는 몇 곱절 더 어려운 글이다. 그녀에게 편지를 보내는 사람은 나 하나일 수 있지만 회사에 프러포즈하는 사람은 나 하나가 아니지 않은가? 인사담당자들은 당신이 애써 써놓은 자기소개서를 다른 사람들의 것들과 비교하며 읽는다.

개성 있고, 창의적이어야 한다. 자기소개서를 빽빽하게 써서는 안 된다. 빽빽하게 쓴 글에 감동받을 상대가 있을까? 그렇다고 오버를 하는 것은 오히려 역효과를 부른다. 얼토당토않은 시를 적어 놓거나, 채팅용어를 사용하거나, 이모티콘을 그려 넣는 것으로 개성을 표현하려 한다면 그 글을 읽는 인사담당자는 분명 얼굴을 찡그리게 될 것이다.

중요한 것은 내용이다. 내용을 돋보이게 하기 위한 개성과 창의성만이 가점의 요인이 된다. 단지 개성과 창의성만을 강조해서는 안 된다는 것. 기왕이면 형식 또한 창의적일수록 좋다. 그러나 지원회사가 '자사양식'을 요구할 경우, 당신은 이를 반드시 지켜야만 한다. 자사양식을 무시하고 독특한 양식에 재미있게 쓴 자기소개서는 그 내용을 떠나 바로 '휴지통행'이다.

쇼윈도를 열어젖히고 당신을 팔아라

셋째, 리드를 잡아야 한다. 첫 문장은 첫인상이다. 첫 문장은 가게의 쇼윈도와 같다. 쇼윈도의 역할이 무엇인가? 쇼윈도는 고객을 매장으로 끌어들이는 역할을 한다. 만일 당신이 인사담당자를 매장 안으로 끌어들이지 못한다면 당신을 파는 일을 포기할 수밖에 없다.

2007년 4월, 인크루트가 조사한 바에 의하면 인사담당자들이 자기소개서를 검토하는 시간은 대개 1분 이내(39.0%)였다. 1~2분가량(21.0%)은 2위, 2~3분(16.7%)과 4~5분(11.4%)은 상대적으로 매우 낮게 나타났다. 인사담당자들은 대개 1분 이내에 자기소개서 읽기를 마친다. 때문에 그 시간 안에 당신은 인사담당자를 설득해내야만 한다. 첫줄이 갖는 의미는 바로 이러한 것이다.

첫줄을 출사표로 장식하는 이도 있다. 자기소개서를 쓴 날이나 채용공고를 알게 된 날의 역사를 통해 지원의 의미를 쓰는 이도 있다. 금언이나 명대사를 통해 지원의 의미를 피력하는 이도 있다. 그 무엇이라도 좋다. 하지만 그렇게 구성하는 그 첫줄이 쇼윈도라는 사실만큼은 꼭 기억하자.

넷째, 알맹이 중심으로 적어라. 어떤 이는 자기소개서가 짧을수록 좋다고 하고, 또 어떤 이는 백 페이지짜리 포트폴리오에 감동받는다고도 한다. 그렇다면 자기소개서의 분량은 어느 정도가 좋을까? 정답은 없다. 단지 그것은 자신의 자기소개서 구성능력에 비례하는 것이다.

신선하고 호흡이 좋은 문장이라면, 그 내용이 사람을 당기는 것이라면 할 말 다해도 좋다. 그러나 매력 없는 문장으로 구구절절 이어가는 자기소개서라면 반 페이지도 지겹다. 빽빽하게 써야만 성의 있게 보일 것이라는 부담에서 벗어나자. 인사담당자가 수백에서 수천 명의 자기소개서를 읽는다는 점을 감안한다면 길지 않게 알맹이를 적는 것이 더 호소력 있다.

다섯째, 글의 끊고 맺음을 분명히 하라. 줄줄 이어 쓴 문장은 호소력이 떨어질 뿐만 아니라 의미 또한 희석시킨다. 단락을 분명히 하고, 한 단락 안에 하나의 내용을 담는 것이 좋다. 학교에서 배운 글쓰기 요령과 크게 다르지 않다. 가급적 문장은 짧게 해서 호흡을 빠르게 하고, 문단 안의 요지를 명확히 하라.

그렇다고 단락과 단락 사이에 호흡을 끊어 놓으라는 것이 아니다. 글 전체를 물 흐르듯 써야 한다. 이리 갔다가 저리 튀는 식은 곤란하다. 단락의 요지들만을 연결시켜도 하나의 글이 완성될 수 있도록 구성하자.

글이 길어질 경우에는 중간제목을 다는 것도 좋다. 중간제목은 이후 설명할 내용의 요지를 담고 있어야 한다. 뿐만 아니라 호기심을 자극하거나 선언적인 내용을 담고 있어야 한다. 신문의 제목들을 참조하는 것도 좋은 방법이다.

여섯째, 교열하고 교정하라. 교열은 글을 다듬는 것이고, 교정은 틀린 글자나 띄어쓰기를 바로잡는 것이다. 다 쓴 글은 보고 또 보아야 한다. 소리 내어 읽어보아야 한다. 가끔 대학생들의 국어실력에 깜짝깜짝 놀라게 된다. 영어는 스펠링 하나만 틀려도 큰일이 난 것처럼 호들갑을 떠는 학생들이 국어는 좀 틀린 글자가 있어도 그냥 넘어간다. 당신도 그렇지 않은가?

자기소개서에서 등장하는 오탈자는 글 읽기를 방해한다. 아니 잘못된 맞춤법은 당신의 학력까지도 의심하게 한다. 내용이 좋은 자기소개서에 오탈자가 많으면 많은 인사담당자들은 이 자기소개서가 베낀 것이 아닐까 의심을 한다. 특히 여러 회사에 지원하기 위해 자기소개서를 만들 경우, 회사 이름을 틀리는 실수는 치명적이다.

'어떻게 하겠다.' 보다 중요한 것이 '어떻게 해왔다.' 이다

마지막으로 가장 중요한 포인트가 하나 있다. 그것은 '어떻게 하면 자기소개서를 인사담당자들의 눈에 들게 쓸 수 있을까' 보다는 '어떻게 하면 내가 쓴 이 글을 인사담당자들이 믿게 만들 것인가' 를 생각해야한다는 것. 모든 사람들이 주장한다. '나는 열정이 있다. 나는 성실하다. 나는 인성이 좋다. 나는 조직과 잘 융화한다. 나는 직무능력이 탁월하다.' 그러나 그런 상투적인 주장에는 눈 하나 깜빡 않는 것이 인사담당자들이다.

구체성과 숫자는 나를 더욱 이성적인 사람으로 만들고 상대의 이해를 이끌어낸다. 구체적인 사례야말로 나를 표현하는 가장 좋은 수단이다. 그런 이유로 에피소드나 예시는 자기소개서의 꽃이다. '어떻게 하겠다.' 보다는 사례를 통해 이미지를 만들고, 이를 보여준 글이 있다. 2006년 지방선거에서 구의원에 출마했던 한 후보의 홍보물 내용을 여기 소개한다.

남부민동 산동네에서 씩씩하게 자라난 아이.
노점 하는 아버지가 단속에 걸려 파출소에 잡혀 갔을 때,
아버지를 왜 가두냐며 떼를 써서 아버지를 모시고 나왔던 아이.
유난히 잘 뛰었던 아이.
팔 하나가 부러져 깁스를 한 채로도 체육대회에서 1등을 했던 아이.
그 통에 반 친구들의 헹가래를 타다 팔을 하나 더 부러뜨렸던 아이.
돈가스를 처음 먹으러 갔던 날,
스프만 먹고 돈을 주고 나왔던 순진무구한 촌놈.
경남상고 3년 내내 반장을 한 번도 놓치지 않았던 골목대장 고등학생.
농협과 평화은행을 다니며, 밤에는 야간대학을 다녔던 촉망받는 젊은이.
철밥통이라던 은행을 팽개치고, 어느 국회의원 후보 선거사무소에 찾아가
달랑 이력서 한 장 내밀고 자원봉사를 자청했던 무모한 젊은이.
당시 선거에 출마했던 국회의원 후보는 지금 대통령이 되어 있고,
은행을 그만두고 자원봉사에 나섰던 젊은이는
2006년 지방선거에서 ○○○의 구의원에 출마했습니다.
선거가 한창이던 때 당시 국회의원 후보였던 노무현 대통령은
그 자원봉사자에게 이런 얘기를 했답니다.
"정치란 권력도 지위도 아니다. 일이다.
지금 자네가 하는 것처럼 박스를 나르는 일, 벽보를 붙이는 일보다
훨씬 더 힘들고 어려운 일이다. 일할 마음의 각오가 되어 있는가?"
그 말뜻을 ○○○은 지금도 곱씹곤 합니다. ○○○, 일 하려고 나섰습니다.

후보는 이 글을 통해 자신의 행동력, 적극적 자세, 정치입문 계기 등을 피력하였다. 자기소개도 다르지 않다. 설명보다는 설득의 힘이 훨씬 크다는 사실을 잊지 말자. 다음은 '깨끗한 정치를 펴겠다.'는 한 마디를 역시 사례로 설명한 글이다. 2004년 국회의원선거에 출

마했던 한 국회의원 후보의 글이다.

처음 국회의원 출마를 앞두고 있을 때였습니다.
젊은 나이에 너무 큰 도전에 나선 것 같아 이것저것 고민이 많았습니다.
그 중에서도 제일 문제가 되는 게 자금 부족이었습니다.
사무실을 내기도 어려울 지경에 처해 한참 애를 먹고 있을 때
아내는 신문지로 싼 작은 꾸러미를 내밀었습니다.
그 안에는 손때 묻은 낡은 예금통장과 나무도장 하나가 들어 있었습니다.
통장은 장인어른 이름으로 되어 있었습니다.
2만 원, 5만 원, 어떤 땐 그냥 1만 원. 그렇게 7년을 모은 돈이었습니다.
액수가 크진 않지만 통장 하나 가득히 채운 그 돈은
장인어른이 어렵게 모은 쌈짓돈일 것이 분명했습니다.
소주 한잔 드시고 싶은 것도 꾹 참고,
어쩌다 잔업이나 특근수당 받은 것도 모으고 해서
마련한 돈이 틀림없었습니다.
도저히 받을 수가 없었습니다.
사정이 아무리 급해도 이 돈을 쓸 수는 없었습니다.
받을 수 없다고 말씀드렸습니다.
"깨끗한 돈에서 깨끗한 정치가 나온다네.
이 돈은 절대로 깨끗한 돈이니 이 돈으로 시작하게."
순간 나는 눈앞이 흐려지고 코끝이 찡해졌습니다. 얼마나 시간이 지났을까.
나는 경건한 마음으로 그 통장을 받아 쥐었습니다.
그리고 결심했습니다. 장인어른의 이런 바람을 절대로 저버리지 않겠다.
장인이 좋아할 정치, 아내가 좋아할 정치,
반드시 그런 정치를 하겠다고 말입니다.

내가 열정을 가지게 된 계기, 열정을 가지기까지의 과정을 사례로

표현할 수 있다면 많은 열정들 가운데 당신의 열정이 유독 돋보이게 될 것이다. 사례가 꼭 열정을 표현할 때에만 활용되는 것은 아니다. 자신의 가치관이나 조직적응력, 직무분야를 표현하기 위해 사례를 동원하는 것도 얼마든지 가능하다. 자기소개서는 나를 설명하는 것이 아니라 상대를 설득하는 것이라는 점을 가슴 깊이 되새기자.

Point

1-7. 자기소개서 쓰기 요령

- 자기소개서는 설명을 위한 글이 아니다. 설득을 위한 글이다.
- 자기소개서는 당신을 파는 광고다. 당신은 무엇을 팔 것인가?
- 당신이 회사에 줄 수 있는 베네핏과 그걸 가능하게 하는 당신의 한 가지 콘셉트를 분명히 하라.
- 남들이 쓰듯 써서는 안 된다. 자기만의 언어가 필요하다.
- 첫 문장은 첫인상이다. 첫 문장은 가게의 쇼윈도와 같다.
- 길지 않게 알맹이를 적은 자기소개서가 호소력 있다.
- 자기소개서 쓰기도 학교에서 배운 글쓰기의 요령과 다르지 않다.
- 다 쓴 글은 보고 또 보아야 하며, 소리 내어 읽어보아야 한다.
- 어떻게 하면 인사담당자들을 믿게 만들 것인가에 주목하라.
- 구체적인 사례는 나를 표현하는 가장 좋은 수단이며, 에피소드나 예시는 자기소개서의 꽃이다. 자기소개서도 이와 다르지 않다.

취업고사와 면접

속이면 속는다? 그럴 리가 있나?

어떤 당돌한 친구 하나가 면접을 보게 되었단다. 이런저런 면접관의 질문에 답을 하다 보니 '이 회사는 떨어졌구나.' 싶은 직감이 들더란다. 그래도 끝나지 않는 면접관의 질문들. 이런 저런 상황에 잘 견뎌내겠느냐는 내용이 대부분이었다. 어차피 떨어질 거 반항이라도 좀 해보자 싶은 마음으로 그는 말했다. "그렇게 일하면 연봉은 한 일억쯤 줍니까?"

그런데 의외의 답변. "물론입니다. 그 뿐만이 아닙니다. 근무하는 동안 여름과 겨울 각각 5주간의 휴가를 드리는 것은 물론, 퇴직 후에도 급여의 70%를 종신까지 연금으로 지급합니다." 이 친구는 자신의 귀를 의심했다. "예? 그게 정말입니까?" 그러자 면접관 왈, "물론 농담입니다. 하지만 농담은 당신이 먼저 시작하지 않았습니까?"

이런 지원자가 있을까? 면접은 취업의 마지막 관문이다. 그러나 면접을 통과하는 것이 그리 만만치는 않다. 최근에는 면접의 비중이

정진우는 오늘 열여섯 번째 면접을 본다.
스펙으로만 치면 결코 떨어지지 않는 정진우다.
명문대는 아니더라도 그리 쳐지지 않는 대학을 4.3으로 졸업했다.
900점을 육박하는 토익점수.
단 한 번도 서류전형에서 떨어져본 적이 없는 그.

그러나 면접만 봤다하면 어김없이 미역국이다. 대체 이유가 뭘까?
눈에 띄는 꽃미남은 아니지만 특별히 나쁜 인상도 아니다.

"정진우 씨는 스펙이 좋네요." 면접관이 칭찬을 한다. 느낌이 좋다.
"정진우 씨는 저희 회사에 지원한 이유가 뭐죠?"
딱히 이 회사에 지원한 이유는 없었다.
이미 열다섯 회사에서 미역국을 먹지 않았는가?
정진우에게 이 회사는 그저 여러 회사 중 하나일 뿐이었다.
하지만 그는 준비한 대로 판에 박힌 대답을 했다.

"저는 광고홍보학을 전공했습니다.
제 전공에 대한 열정을 살릴 수 있고, 전공학점이 말해주듯
이 분야에 관심과 재능이 있다고 생각해서 지원했습니다."
전공학점이라는 말에 힘을 주어 또박또박 대답을 했다.

그러자 돌아온 면접관의 다음 질문에 정진우는 눈앞이 캄캄해졌다.
"그렇군요. 그럼 피시바인의 브랜드에 대한 태도측정모델을 설명하고,
이 모델을 적용함에 있어 유의해야할 점이 무엇인지 말씀해보시죠."
기어들어가는 목소리로 평점 4.3의 정진우는 답했다.
"아, 그게 죄송합니다. 그게 그, 잘 기억이 안 납니다."

점차 높아지고 있다. 완벽한 스펙과 자기소개서만으로 안심할 수 있는 사람은 아무도 없다.

회사마다 면접의 질문들도 다르고 면접의 방식도 다르다. 토론 면접이나 프레젠테이션 면접 등도 도입되었고, 합숙을 통해 지원자들을 판단하는 회사들도 생겨나고 있다. 점차 평가의 방법이 다면화되고 있는 것이다. 그러나 그 형식이 어떠하든 면접에는 중요한 공통점이 두 가지 있다.

그중 첫째는 상대평가라는 것. 상대보다 단 1점만 높아도 당신은 채용될 수 있다. 둘째는 좋은 지원자를 가려내는 것이 아니라, 문제가 있는 지원자를 가려내는 방식이라는 것. 때문에 어떻게 하면 합격할까보다는 어떻게 하면 떨어지지 않을까에 집중하는 것이 좋다.

3분 안에 면접관을 사로잡아라

면접은 '프러포즈'다. 때문에 그의 일거수일투족을 알고 있어야 하며, 그에 대해 확신이 있어야 한다. 그리고 가장 중요한 것은 상대를 열렬히 사랑하고 있어야 한다는 점이다. 그렇다고 해당 회사의 연혁과 성과를 달달 외울 필요는 없다. 문제는 그것 너머의 길을 읽어야 한다는 것이다.

당신은 그 속에서 무엇을 읽었는가? 회사는 지금 어디에 있으며, 어디로 가는가? 왜 나는 이 회사를 사랑하는가? 많은 취업지도서들은 '하고 싶은 말을 해서는 안 된다.'고 말한다. '상대가 듣고 싶은 말을 생각하라.'는 것이다. 그러나 과연 그런가? 그렇다면 다른 지원자들과는 무엇이 다를까? 바보가 아닌 다음에야 모두 상대가 듣고 싶은 대답을 하기 위해 노력할 것이다.

'입사하게 된다면 어떤 자세로 일하시겠습니까?' 라고 물었다 치자. 열에 아홉은 자신의 진짜 생각과는 상관없이 '최선을 다하겠다. 최고가 되겠다. 회사를 위해 일하겠다. 전문가가 되겠다.' 라고 답할 것이다. 이처럼 당연한 각오를 지루하게 설명하는 지원자의 답변이 과연 면접관에게 깊은 인상을 남겨줄 수 있을까?

'나는 능력이 있습니다.' '그렇군요, 그래서요?' '저는 제 능력을 이 회사에서 발휘하고 싶습니다.' '그래요? 꼭 이 회사에서만 발휘해야 하나요? 얼마든지 다른 회사에서도 그 능력을 발휘할 수 있지 않나요?' '…….' 이래서는 탈락을 모면하기 어렵다. 나의 능력과 회사가 원하는 능력을 일치시켜야 하며, 회사가 원하는 지점과 나의 능력은 보다 구체적이어야만 한다.

대부분의 면접 첫 질문은 '자신을 PR해 보십시오.' 이다. 무엇을 말해야 하는가? 면접의 핵심은 재능(전공 능력)과 그 분야의 경력과 경험, 어학 · PC 등 기초 능력, 감각과 판단력 등이다. 가족사항이나 성장환경 등은 면접에서 그다지 중요하지 않다.

당신에겐 당신만의 컬러가 필요하다. 자기소개서에서 밝혔듯 당신의 콘셉트를 분명히 하고, 그 콘셉트로 말미암아 회사에 줄 수 있는 분명한 베네핏 3가지를 말하는 것이 당신만의 컬러다. 회사가 당신을 뽑지 않으면 안 될 이유를 당당히 말할 수 있어야만 한다.

'제 별명은 똥그리입니다. 얼굴이 동그래서 붙은 별명이죠. 그래서 성격도 얼굴처럼 동글동글한 저는 사람들과도 잘 어울린답니다.' 설득이 되는가? 그런 식의 자기소개는 안 된다. 이런 자기소개는 신학기 초 다른 학생들이 자신을 잘 기억해주기 바라며 하는 자기소개다. 그러나 당신은 면접관에게 오래 기억될 필요가 전혀 없다.

그런 연장선상에서 기묘한 말장난을 준비하는 것도 좋지 않다. 눈에 띄기는 할 것이다. 그러나 역시 눈에 띄는 것만으로는 입사가 안 된다. 눈에 띄고 난 다음에는 어떻게 할 것인가? 설사 그들이 나를 기억해준다 한들 무엇에 쓸 것인가?

중요한 것은 내 말과 행동이 가진 의미다. 나의 신상 중 어떤 부분에 도저히 의미를 부여할 수 없다면 차라리 말하지 않는 편이 낫다. 당신은 스스로를 벼룩시장에 내놓은 중고물품이라고 생각하라. 당신은 당신이라는 중고물품을 어떻게 팔아낼 것인가?

면접문제의 절반 이상은 이미 당신이 출제한 것들

면접관들은 취업준비생의 평생직업관을 알고 싶어 한다. 일단 취업하고 보자는 식으로 답하고 있는지, 아니면 확고한 평생직업관이 있는지를 판단한다는 것이다. 만일 평생직업만 확고하다면 설사 그 회사에서 오래 근무하지 않는다 해도 근무하는 동안만큼은 최선을 다할 것이기 때문이다.

하고 싶은 일을 준비하고 그 직업관을 확실히 해 두어야 한다. 그런 사람이야말로 무한경쟁 시대의 기업이 찾는 인물임을 명심해야 한다. 이렇게 하여, 자신의 가능성과 미래를 기업의 성장성과 미래에 접목할 수 있는지 점치는 순간이 바로 면접인 것이다.

당신은 이미 면접문제의 오십 퍼센트 이상을 출제했다. 면접관은 당신이 제출한 이력서와 자기소개서를 토대로 많은 질문을 던지기 때문이다. 때문에 자신의 강점에 특히 주의해야만 한다. 강점을 위한 대비가 필요하다. 자신이 생각하는 강점을 꼬치꼬치 파고들어 그것이 별 것 아님을 확인시키려는 면접관의 음모가 있다. 때문에 면접에 앞서 그 회사에 제출한 자신의 자기소개서를 다시 한 번 꼼꼼히 살펴 숙지해둘 필요가 있다.

그들은 강점이 정말 강점인지를 확인하려 든다. 학점이 좋았던 것, 어떤 과목을 특히 좋아했고, 그 과목의 성적이 좋았던 것, 상위권 대학 출신인 것, 봉사활동을 한 것, 학회활동이나 간부를 맡았던 것, 유학이나 어학연수를 다녀온 것, 외국여행을 다녀온 것 등 당신이 자기소개서에 적어두었을 강점들은 수도 없이 많을 수 있다.

당신은 면접 중 그것이 얼마나 큰 강점이며, 남들이 갖지 못한 강점인지를 설명할 수 있겠는가? 더 중요한 것은 '그 강점을 활용해서 회사에 어떻게 기여할 것인가?' 이다. 당신이 학회장을 역임했다고 치자. 그러나 정작 중요한 것은 학회장 자체가 아니라, 학회장을 해서 얻은 성과를 통해 이 회사에 어떻게 기여할 것인가이다.

학과행사들을 무난하게 치러내는 것도 꽤 많은 정력을 필요로 한다. 당신은 그 일련의 과정을 무사히 끝냈고, 자기소개서에 한 줄을 적어 넣을 수 있게 되었다. '무슨 학과의 학회장을 맡아 일 년간 리더십을 배울 수 있는 좋은 기회를 갖게 되었다.' 그러나 그 정도로는 가점을 받기가 어렵다. 그것을 통해 얻은 것, 그것을 통해 회사에 기여할 수 있게 된 점이 무엇인지를 분명히 밝혀야 한다.

공모전 사례도 마찬가지다. 단지 공모전에서 대상을 탄 것만이 경력은 아니다. 공모전이란 경험을 쌓기 위한 것이지 수상실적을 쌓기 위한 것이 아니다. 대상을 탄 경험이 있다면 더 말할 나위 없이 좋은 자기 PR의 소재가 되겠지만 그보다 중요한 것은 공모전을 통해 느낀 것과 과정을 통해 알게 된 것들이라는 점을 명심하자.

자기소개서에 써두었다면 물론이고, 그렇지 않은 경우에도 자신의 단점에 대한 질문 역시 피하기 어렵다. 단점에 대한 질문에는 매우 전략적으로 대처하여야 한다. '이러이러한 단점이 있었지만 지금은 고쳤습니다.' 로는 성공하기 어렵다.

더구나 그 단점이 조직이나 일에 치명적인 것이라면 더더욱 그렇다. 이쪽으로 보면 단점이지만 저쪽으로 보면 장점일 수도 있는 문제를 잡는 것이 좋다. 그리고 그 문제에 대해 단점을 극복하고, 장점을 살리기 위해 애쓰고 있다고 설명하는 것이 정답.

알아야 할 것들은 충분히 알고 있어야 한다

면접기법 중에 압박면접이라는 것이 있다. 그러나 많은 사람들이 압박면접이 아님에도 불구하고 그 면접을 압박면접으로 착각하곤 한다. 전공에 관한 질문이 특히 그렇다. 전공과 관계해서 구체적인 무엇인가를 물어보기만 하면 취업준비생들은 '드디어 압박면접이 시작되었구나.' 하고 긴장을 한다는 것. 이를 대비하기 위해서라도 면접 전에 4년 동안 배운 전공과목들을 훑어놓는 것이 필요하다.

우선은 면접관의 질문을 압박이라고 생각하지 않아야 한다. 그러기 위해서라도 알아야 할 것은 꼭 알아야 한다. 당당하게 준비하고, 당당하게 대답하자. 단답형의 대답은 좋지 않다. 하지만 장황한 대답도 안 된다. 묻는 이의 의도를 정확히 파악하여, 명확한 답과 그것의 활용에 대해 설명하라.

만일 전공과 관련하여 면접관의 질문에 답을 기억해내기 어려울 경우에도 우물쭈물해서는 안 된다. 그걸 기억해내기 위해 노력하고 있다는 모습을 보이는 것도 좋지 않다. 잘 모르겠다. 정확히는 모르겠다. 기억나지 않는다? 모두 오답이다. 차라리 당당한 모습으로,

'죄송합니다. 미처 준비하지 못했습니다. 면접이 끝나는 대로 찾아보겠습니다.' 라고 답하는 것이 좋다.

면접을 통해 면접관에게 전달해야 할 중요한 것 중 하나는 당신이 '생기 있는 설득커뮤니케이션' 을 할 수 있다는 점이다. 머리를 긁적이거나, 자신 없어 하는 표정은 감점요인이다. 하지만 몇 가지 이어지는 질문들에 모두 대답을 할 수 없다면? 때문에 면접 이전에 꼭 시간을 내어 출제가 예상되는 문제들을 훑어보아야만 한다.

당신의 설득커뮤니케이션 능력을 측정하기 위해 찬반이 있는 문제를 물어보는 경우도 있다. 물론 정답이 있는 문제가 아니다. 단지 찬반이 있을 뿐이다. 이때 성급하게 자기 입장을 드러내는 것은 좋지 않다. 문제의 정답을 맞히겠다는 태도보다는 상대를 설득하겠다는 태도가 필요한 것.

내가 찬성하는 입장이라면 먼저 반대하는 입장을 충분히 설명하고, 그럼에도 불구하고 내가 찬성할 수밖에 없는 이유를 뒤에 밝히는 것이 좋다. 만일 반대하는 입장이라면 그 반대로 운영하면 된다. 결국 그들의 질문의도를 알아야만 정답이 보인다. 자신감과 논리성은 모든 답변의 핵심이다.

경력사원의 경우에는 퇴사이유가 필수 면접사항이다. 그 회사의 문제 때문에 퇴사했다는 것은 바람직하지 않다. 설사 그 회사가 폐업을 한 경우도 마찬가지다. 가급적 그 회사보다는 이러이러한 점에서 이 회사가 나를 키울 수 있는 곳이라고 판단, 어려운 결정을 한 것으로 대답하면 무난하다.

그 경우 꼭 돌아오는 질문이 하나 더 있다. '만일 더 좋은 직장이 있다면 다시 옮기시겠군요?' 이때 '아니다.' 라고 우기는 것도 자가 당착, '네 그렇습니다. 제 발전을 위해 더 좋은 직장이 있다면 당연히 옮겨야 할 것입니다. 하지만 저는 지금껏 얻은 정보와 판단을 통해 이 회사야말로 제 발전을 위해 최선의 직장이라고 믿고 있습니다.' 라고 답하는 것이 무난하다.

전 직장 이야기를 묻는 경우도 있다. '전 직장에선 어땠나요?' 식이다. 이 경우 다른 직원들과 잘 어울리고 일도 많이 배웠다' 식의 두루뭉술한 답변은 좋지 않다. 구체적으로 어떤 일을 했으며, 일의 참여범위는 어떠했는지, 그 일을 통해 구체적으로 무엇을 배웠고 얻었는지를 명확히 답해야 한다.

잘 웃기 위해서라도 모의면접 · 면접스터디 · 리허설을 충분히

면접을 보다 풍성하게 하기 위해서는 어떤 노력이 필요할까? 현대의 트렌드를 잘 알고 있다면 도움이 될 것이다. 당신에게 창의성이 있다면 역시 도움이 될 것이다. 시사상식에 밝다면 그래서 사회 각 분야의 어떤 사례들도 연결해낼 수 있는 능력이 있다면 당신은 당신의 면접을 보다 풍성하게 만들 수 있을 것이다. 그러기 위해서는 인문학적 이해가 매우 중요하다.

지금부터라도 책을 많이 읽어야 한다. 시사에 더욱 관심을 가져야 한다. 특히 경제와 관련된 것, 소비자들과 관계된 트렌드라면 놓치지 말아야 한다. 당장 오늘부터 매일 A4 한 장 분량으로 당신이 입사하고자 하는 회사와 업종에 관한 스크랩을 정리해보라.

잘 웃고 적극적인 사람에게는 면접의 가점이 있다. 그러나 쉽지 않은 일이다. 긴장된 상황에서 여유를 찾는 것은 많은 연습을 필요로 한다. 긴장감을 느끼는 공간경험이 필요하다. 때문에 모의면접 ·

면접스터디 · 리허설 등이 필요한 것이다. 같은 처지에 놓인 친구들과 이러한 연습기회를 많이 만드는 것도 보다 면접을 풍성하게 하는 좋은 방법이다.

최근 채용 전문기관들이 조사한 바에 의하면, 기업들은 면접을 중시하는 반면 응시자들은 면접에 대한 준비가 거의 제로 상태다. 당신이 만족스러운 취업을 하고 싶다면 반드시 퍼펙트하게 면접시험에 대비하라. 면접은 이제 피할 수 없는 현실이고 채용의 당락을 결정하는 최고의 관문이다.

Point

1-8. 취업고사와 면접

- 면접은 상대평가이며, 탈락자를 가려내는 서바이벌 게임이다.
- 면접은 프러포즈다. 그들이 듣고 싶어 하는 말은 무엇인가?
- 면접의 핵심은 재능(전공 능력)과 그 분야의 경력과 경험이다.
- 당신만의 컬러는? 콘셉트를 분명히 하고, 베네핏을 말하라.
- 면접관들은 당신의 평생직업을 알고 싶어 한다.
- 당신의 자기소개서에서 면접문제의 50% 이상이 출제된다.
- 자신이 했던 일들을 회사에의 기여와 일로 연결시켜라.
- 단점에 대해서는 전략적 접근이 필요하다.
- 압박면접의 평가는 생기 있는 설득커뮤니케이션 능력이다.
- 경력사원들에겐 준비할 것이 더 있다.
- 책읽기와 시사상식 넓히기, 인문학 공부가 필요하다.
- 모의면접 · 면접스터디 · 리허설 등은 당신의 여유를 만들어준다.

02

2부. 일을 맡기까지

2부 : 일을 맡기까지

첫 출근과 조직문화

빠른 적응이 성공을 부른다!

한 밤중, 미군부대 담벼락에 overeat를 하는 남자가 있었다. 거의 인사불성이 될 정도로 술을 마신 그에게 미군 하나가 싱글거리며 다가섰다. "what's you're name?" 그러자 남자는 뭐라 중얼거렸다. 미군은 표정이 굳어져서 다시 물었다. 그러나 남자는 계속 같은 대답.

미군은 더욱 화가 난 표정으로 또박또박 다시 물었다. "what's you're name?" 다시 남자는 몸을 일으키며, 큰 소리로 대답했다. 대답을 들은 미군은 "what?"이라고 외치며 권총을 뽑아들어 남자를 쐈다. 다음날 아침 사건을 조사하러 나온 경찰관은 그 남자의 주민등록증을 확인했다. 거기에 적힌 그 남자의 이름은 '박규'.

다른 나라 사람들끼리 서로가 가진 문화, 쓰는 언어가 달라서 생기는 오해가 적지 않다. 그러나 같은 나라, 같은 언어를 쓰는 사람들끼리도 그들이 속한 조직의 문화차에 의해 생기는 오해가 적지 않

일찍 집을 나섰다. 오늘은 내 생애 첫 출근 날.
비록 연봉 좀 적은 중소기업일망정 잘해보겠다는 각오다.

발령받은 부서를 찾아 노크를 했다. 문을 열고 들어선 나.
멀끔하게 생긴 사람 하나가 반갑게 웃으며 알은 체를 한다.
"오늘 새로 발령받은 신입사원이죠? 이진화 씨? 어서 와요.
나 이윤철이에요. 앞으론 그냥 이 선배라고 불러요."
이어진 부서원들의 인사소개. 내 자리로의 안내.

"오늘은 첫날이니까 그냥 분위기나 익혀요. 알았죠?"
얼떨떨한 점심시간. 오후엔 하나 둘 외근.
선배 한 사람이 남아 있었지만 지금은 화장실행.
혼자인 틈을 이용해 부리나케 친구의 전화번호를 눌렀다.

"어, 회사가 좀 이상해. 조잘조잘……."
그때 내 등 뒤로 찬바람이 휙 지나가는 것 같은 느낌.
웬 중년의 아저씨가 사무실에 기척도 없이 들어와 있었다.
"응. 내가 다시 전화할게. 응. 그래 나 한가하다니까 그러네."

좀체 끊으려들지 않는 전화를 끊으며, 그 남자에게 물었다.
"아저씬 누구세요? 무슨 일로 오셨어요?"
"복장을 보니 여기 직원 같진 않고, 직원들은 다 어디 갔나?"
자기가 뭔데 내 옷을 가지고 시비인가, 게다가 반말로?
난 다시 짜증스럽게 물었다. "아저씬 누구신대요?"
그리곤 돌아온 그의 대답에 난 그만 기절해버리고 말았다.
"나요? 난 이 회사 사장이요. 그러는 아가씬 누구요?"

다. 신입사원들이 회사에 적응하기 위해서는 그곳의 조직문화를 습득해야만 한다. 그리고 그 적응의 기간은 짧으면 짧을수록 좋다.

지식과 능력은 머리로 기억되고 배려와 열정은 가슴으로 기억된다

사오정(45세 정년퇴직)이나 오륙도(56세까지 회사에 있다면 도둑놈) 등의 신조어가 사회 전반에 널리 퍼졌다. 21세기를 살아가는 샐러리맨들은 그 어느 때보다 불안해하고 있다.

하지만, 이처럼 고용환경이 악화되면 악화될수록 직장 내에서의 성공은 직원들에게 더욱 중요한 과제. 직장 내에서 성공하지 못한 사람은 밖에서도 성공할 확률이 적기 때문이다. 직장 내에서 성공한 직원이라면 밖에서 성공할 확률도 그만큼 높아진다.

얼마 전, 직장을 중도 퇴사한 후 창업한 사람들의 성공확률이 2~5%에 그친다는 통계가 나온 바 있다. 자영업으로 큰돈을 번 퇴직 샐러리맨들의 성공담이 없는 것은 아니지만 이러한 성공담 역시 아주 특별한 케이스이며, 그들의 대부분은 샐러리맨 시절 직장 내에서 두각을 나타냈던 사람들이다.

그러니 기왕에 직장생활을 시작했다면 남다른 각오가 필요하다. 설사 몇 년 후 다른 회사로의 전직을 생각하고 있다하더라도 지금 당장은 자신이 서 있는 자리가 마지막 자리라는 각오로 회사 일에 임하는 것이 좋다. 현 직장에서의 성공이야말로 다음 직장에서의 성공, 자영업의 성공으로 가는 징검다리이기 때문이다.

그렇다면 신입사원이 직장 내에서 성공하기 위한 첫 번째 조건은 무엇일까? 갓 입사한 직원이 직장 내에서 성공을 거두기 위해서는 많은 노력이 필요할 것이다. 갖춰야 할 조건 또한 한두 가지가 아니다. 그러나 그 중에서도 제일 중요한 자세는 바로 열정과 배려.

'지식과 재능은 사람들의 머릿속에 기억되지만, 열정과 배려는 사람들 가슴속에 기억된다.' 는 말이 있다. 지식과 재능보다는 열정과 배려가 더 중요하다는 사실을 일깨우는 격언이다. 사람들과의 좋은 관계를 갖기 위해서는 그의 가슴속에 기억되는 사람이 되어야만 한다. 그러한 자세는 앞으로 만들어갈 성공의 중요한 밑거름이다. 단시간 동안 지식과 능력을 갖추는 것은 쉽지 않지만 배려와 열정을 갖추는 일은 마음먹기에 따라 훨씬 더 쉬운 일일 수도 있다.

'황금의 블랙슈트' 를 들어본 적이 있는가? 빌 게이츠가 처음 사업을 시작해서 한참 투자자들을 모을 때 입었다는 슈트를 일컫는 이름이다. 당시 그는 컴퓨터 황제가 아니었다. 그저 학생티를 갓 벗은 풋내기 엔지니어에 불과했다. 그런 그의 회사에 당시 최고의 컴퓨터 업체였던 IBM 간부들이 방문하게 된다. IBM 간부들은 청바지에 셔츠를 입은 한 청년의 안내로 사장실을 향한다. 하지만 정작 사장은 나타나지 않는다. 그들 중 누구도 그들을 안내한 청년 빌 게이츠가 사장임을 알아보지 못했던 것이다.

신입사원들이 할 수 있는 최선의 배려는 적응이다

뒤늦게 그 사실을 알게 된 IBM 간부들은 영 어색한 모습으로 앉아 있다가 어떤 결정도 내리지 못한 채 그날의 모임을 끝내고 돌아갔다. 빌 게이츠는 일이 성사되지 못한 이유가 자신의 옷차림 때문이라고 생각하게 되었다.

그 후 며칠 뒤, 빌 게이츠는 다시 IBM 간부들과 약속을 했고, 이번에는 IBM사를 직접 방문하게 된다. 그러나 그의 복장은 더 이상

청바지와 셔츠가 아니었다. 흰색 드레스 셔츠에 검정색의 쓰리피스 슈트와 넥타이를 맨 빌 게이츠. 그러나 더 놀라운 일이 벌어졌다.

보수적 성향이 강한 IBM사의 간부들이 청바지와 티셔츠 캐주얼 차림으로 빌 게이츠를 맞이한 것이다. 그들은 보수적인 자신들의 의상과 스타일에 문제가 있는 것으로 판단했다고 한다. 그 회의는 웃음바다가 되었다. 그리고 그 날의 일은 그들이 신뢰를 바탕으로 한 비즈니스 파트너로 자리매김하는데 중요한 계기가 되었다.

결국 서로를 배려하는 분위기가 미래혁명 도스를 만들어낸 밑거름이 된 것이다. 빌 게이츠가 입은 그날의 블랙슈트가 황금을 몰고 왔다하여 붙여진 이름이 바로 '황금의 블랙슈트' 다. 이 '황금의 블랙슈트' 는 상대에 대한 배려의 다른 말로 통용되고 있다. 그리고 이 이야기는 아직까지도 배려의 중요성을 설명할 때마다 종종 등장하곤 한다.

신입사원들이 입사 후 가장 명심하여야 할 덕목 또한 바로 이 배려다. 주변에 대한 배려, 회사에 대한 배려만큼 신입사원에게 중요한 것은 없다. 그러나 당신은 누군가에게 배려할만한 위치에 있지 않다. 오히려 신입사원들은 다른 사람들로부터 배려 받는 위치에 있다. 그렇다면 당신이 할 수 있는 배려란 무엇일까? 그것의 다른 이름은 '적응' 이다.

앞서 말한 것처럼 기업에는 각 기업들이 가지고 있는 고유의 문화가 존재한다. 그것이 무엇인지를 알아내고, 그 요구를 하나씩 수용해 가는 것이 적응이다. 그것이야말로 신입사원이 회사와 선배들에게 할 수 있는 최선의 배려인 것이다.

'그냥 시키는 대로 하면 되지 않을까?' 라고 생각할 수도 있다. 하지만 시키지 않아도 해야 하는 것들이 있다면? 선배들은 너무나도 기본적인 것이라고 생각하는, 그러나 신입사원들에게는 너무도 어려운 '무엇'에는 어떤 것들이 있을까? 기업문화와 관계없이 어느 회사에나 적용되는 신입사원의 '배려'에는 어떤 것이 있는지, 그 중 대표적인 다섯 가지만을 꼽아보도록 하자.

출근시간을 지키지 못한다면 신입사원의 자격이 없다

신입사원들이 입사 후 가장 힘들어 하는 것은 무엇일까? 과다한 업무량일까? 깐깐한 선배일까? 정답은 바로 '이른 출근'이었다. 대학시절, 늦은 기상습관을 고치는 일이 의외로 만만치 않더라는 것. 그러나 출근시간을 지키지 못하는 신입사원은 오래 버티지 못한다.

그러므로 첫 번째로 지켜야 할 배려는 출근시간을 준수하는 것이 되겠다. 아니 출근시간을 당겨야 한다. 출근시간에 맞춰 회사에 슬라이딩하는 신입사원은 좋은 평가를 받을 수 없다. 신입사원들은 출근시간 전에 꼭 마쳐야 할 일이 두 가지가 더 있음을 명심해야한다. 사무실 정리정돈과 하루 일과의 계획이 바로 그것. 신입사원이라면 그 두 가지 모두를 출근시간 이전에 마쳐야만 한다. 자연히 출근시간은 당겨질 수밖에 없을 것이다.

둘째, 언제나 깔끔한 옷차림과 태도를 지켜라. 옷매무새를 잘 살피고 태도를 단정히 해야 한다. 사람은 보이는 모양대로 인식된다. 뿐만 아니라 자신이 입고 있는 옷에 맞추어 행동하는 것이 보통이다. 양복을 입고 있을 때는 멀쩡하던 신사들도 예비군복만 입혀놓으면 느슨해지고 흐트러진다. 걸을 때마다 슬리퍼 끄는 소리가 들리는 사람에게서는 게으름과 권태로움이 느껴지고, 음식을 먹을 때 소리를 내는 사람은 '교양이 없다.' 는 얘기를 각오해야만 한다.

셋째, 일반적인 의미에서의 예의를 지켜라. 인사하는 자세를 바르게 하는 것, 전화예의를 지키는 것, 상사와 선배들 앞에서 공손한 태도와 말씨를 보이는 것 등은 기본 중의 기본이다. 이미 사회에 진출한 당신에게 '이럴 땐 이렇게 해라, 저럴 땐 저렇게 하라.' 고 직장의 기본적인 예절을 가르쳐줄 선배는 없다. 기본적인 예절은 기본적으로 지켜야 하는 것이다.

넷째, 밝은 인사성으로 '긍정의 바이러스' 를 뿌려라. 큰 노력을 들이지 않고도 긍정적인 이미지를 만드는 방법이 바로 '인사' 다. 미소 띤 밝은 표정은 누구에게나 호감을 준다. 회사생활이 낯설다는 핑계로, 상대가 인사를 잘 안 받아준다는 이유로 쭈뼛거린다면 그만큼 자신의 존재를 알릴 기회를 놓치게 된다. 어색하다면 거울을 보면서 자연스러운 인사를 연습하는 것도 도움이 된다. 다음은 1985년 4월, 월스트리트저널에 게재된 유나이티드 테크놀로지의 광고카피다.

당신의 자리를 환히 밝히세요(Brighten your corner)

당신이 만나는 사람들에겐 저마다 매우 다른 점이 있습니다.
어떤 사람은 한 다발의 물망초와 같이 빛으로 가득 차 있지요.
그런데 또 어떤 사람은 꽁꽁 언 동태 같은 모양이고요.
명랑하고 친절한 간호사는 입원생활을 견디기 쉽게 해줍니다.
상냥한 비서는 방문객에게, 당신을 만나러 오길 잘했다고 생각하게 합니다.
세계 어떤 곳에도 어두운 구름, 불평 · 불만, 지겨운 일들은 있기 마련이죠.
아직도 많은 사람들이
꿀이 식초보다 더 효과가 있다는 것을 깨닫지 못했기 때문입니다.
당신은 언제나 당신 마음대로 할 수 있는 작은 자리를 갖고 있습니다.

그곳을 환히 밝혀보세요. 당신은 그렇게 할 수 있으니까요.

다섯째, 주어진 모든 일에 자부심을 가져라. 이렇게까지 인내해야 하는가? 이렇게까지 해가면서 직장생활을 해야 하는 것인가? 이런 회의가 들 수도 있다. 그런 생각을 가진 이들에게 줄 수 있는 대답은 '그렇다.' 이다. 그렇다면 이렇게까지 해가면서 얻어야 할 것은 무엇인가? 바로 자부심이다.

일에 대한 자부심을 가질 수 없는 사람이라면 이런 고난의 가시밭을 이겨낼 수가 없다. 자부심을 갖기 위해 즐거운 마음으로 일에 임해야 한다. 즐겁게 일해야만 자부심이 생긴다. 그 둘 모두는 당신 스스로에게서 나오는 것이다. 결코 남이 줄 수 있는 것이 아님을 명심하자.

신발 끝만을 바라보는 후보 선수에겐 미래가 없다

다섯 가지나 되는 사항들을 말했지만 이것 말고도 신입사원들이 지켜야할 덕목과 자세는 무수히 많다. 처음 놓인 자리에서 그 무수히 많은 새로운 것들을 익혀가는 일이란 그리 쉽지 않을 것이다. 그럼에도 불구하고 '속도는 경쟁력' 이다. 적응의 속도가 당신의 성공을 보장한다는 것.

누구에게나 공평하게 주어진 시간을 어떻게 활용하는지에 따라 결과는 달라진다. 빨리 적응해서, 적극적인 태도를 보여주는 것이 필요하다. 동료에게 자극을 주고, 긍정적인 효과를 이끌어 낸다면 당신의 성공은 이미 예약된 것이다.

마지막으로 보탤 말은 자신에게 주어진 허드렛일에 피해의식을 갖지 말라는 것이다. 커피 끓이기, 청소하기, 손님응대, 그 모두가 그렇다. '인정받고 싶다면, 기본에 충실하라.' 는 말이 있다. '학점도 괜찮고, 외국어도 잘 하고, 아이디어도 많은데, 왜 이런 일만 시킬까?' 라고 생각하는가? 틀렸다. 기본적인 일을 해내지 못하는 사람에겐 결코 다른 업무가 주어지지 않는다.

조직에 속해 있는 조직원들에게는 각자에게 주어진 역할이 있기 마련이다. 당신이 신입사원으로서 수행해야 할 업무들을 충실하게 수행할 때 비로소 회사는 당신의 능력과 개성을 발견하게 될 것이다. 이 모든 과정을 거친 후에야 비로소 '자신만의 경쟁력' 을 가질 수 있다. 인내하는 유능한 직원만이 기회를 포착할 수 있다. 신입사원이기 때문에 특별한 일을 시키지 않고, 그래서 능력을 인정받지 못하는 것 같다는 생각은 버려야 한다.

특히 여성이기 때문에 더욱 차별받는다는 생각 역시 스스로를 힘들게 할 뿐이다. 자신의 열정을 업무능력으로 갈고 닦으며, 기다려야한다. 기회는 준비하는 자에게만 찾아오는 것이기 때문이다. 마치 신입사원들의 이야기를 쓴 것 같은 카피가 하나 있다. 역시 1979년 10월 유나이티드 테크놀로지사가 게재했던 광고카피다.

벤치 끝에 앉아 기다리는 아이에게

(To the kid on the end of the bench)

챔피언도 어렸을 때는 지금 네가 앉아 있는 의자에 앉아 있었지.

소년이여, 풋볼의 '명예의 전당' (다른 명예의 전당도 모두 그렇지만)은

잘 세탁된 유니폼에 진흙 하나 묻히지 않고

몇 주일이나 벤치에 앉아 있던 사람의 이름으로 가득 차 있었지.

사령관도, 상원의원도, 외과의사도, 수상에 빛나는 문호도,

대학교수도, 회사 중역도 역시 벤치 끝에서 시작했어.
계속 앉은 채로 신발 끝만을 바라봐서는 안 되지.
게임을 똑바로 지켜보는 거야.
방어의 느슨함을 발견하는 것이지. 공격의 기회도 찾아보는 거야.
만약 지금 네가 처한 장소가 멋있다고 생각되지 않으면,
내년 봄 연습시즌까지 기다려봐.
얼마나 많은 아이들이 너의 그 자리를 뺏고 싶어 하는지 알게 될 테니까.
이번 시즌에 네가 그 자리에서 얻은 것은
다음 시즌에 너를 선수로 만들어, 운동장으로 내보내줄 수도 있고,
그렇지 않으면 너를 객석으로 쫓아낼 수도 있을 테니까.

Point

2-1 첫 출근과 조직문화

- 직장에서 성공하지 못한다면 밖에서 성공할 확률도 매우 낮다.
- 신입사원이 성공하기 위한 첫 번째 조건은 열정과 배려다.
- 신입사원들이 할 수 있는 최선의 배려는 조직에의 적응이다.
- 출근시간에 적응하라. 출근시간 전 정리정돈과 일과계획은 필수.
- 언제나 깔끔한 옷차림과 태도를 지켜라.
- 일반적 의미에서의 예의를 지켜라.
- 밝은 인사성으로 '긍정의 바이러스'를 뿌려라.
- 주어진 모든 일에 자부심을 가져라.
- 허드렛일에 피해의식을 가져서는 안 된다.
- 맡겨진 일이 없다면 진행되는 일들을 똑바로 지켜보라.

2부 : 일을 맡기까지

22

긍정적 사고와 이미지

기쁘지 아니하냐, 마음부터 다스려라!

늘 함께 출근하는 부부가 있었다. 어느 날 아내는 소리쳤다. "어머나! 전기다리미를 안 끄고 나온 것 같아요." 남편은 놀라 차를 돌렸다. 그러나 집에 가 보니 전기다리미는 꺼져 있었다. 다음날 아내는 또 소리를 질렀다. "오늘도 전기다리미를 끄지 않은 것 같아요. 오늘은 확실해요."

남편은 그날도 차를 돌렸지만 또 다리미는 꺼져 있었다. 다음날 출근을 하는데 "다리미를 끄고 나왔는지 오늘도 기억이 안나요. 어쩌죠?" 그러자 남편이 차에서 내리더니 트렁크를 열고 말했다. "자, 여기 있다. 전기다리미!"

건망증을 소재로 한 우스갯소리다. 설마 저런 사람이 어디 있겠는가 생각할 수도 있겠지만 신입사원 대부분은 극심한 건망증을 호소한다. 툭하면 우산을 잃어버리고, 서류를 어디에 두었는지 잊어버려 몇 시간씩 사무실을 뒤지기도 한다. 적응도 되지 않은 채로 이런저

난 입사한 지 한 달을 갓 넘은 신입사원이다. 한창 적응하고 일해야 할 시기.
동기들은 이미 상사들과 친해져 재잘거리기 시작했다.
하지만 난 늘 혼자인 느낌.
가끔 선배들은 나에게 시비를 건다.
"왜? 뭐 기분 나쁜 일이라도 있어? 표정이 왜 그래?"

그때마다 내 대답은 한결 같다.
"그게 아니고요. 제가 웃질 않으면 화난 표정이라고 다들 그러더라고요.
저 화난 거 아닙니다."
그러면 꼭 돌아오는 선배들의 말, "그래? 그럼 다행인데, 좀 웃고 다녀."
그렇다고 웃을 일도 없는데 늘 히죽거리며 다닐 수는 없는 노릇이 아닌가?

내 표정 때문인지 사람들은 용무가 있지 않는 한 내게 말을 잘 걸지 않는다.
원래 내 성격도 싹싹하지 않은 탓인지 그런 주변의 반응에 나 역시 시큰둥.
오늘도 여느 때와 상관없이 난 그냥 그렇게 묵묵히 일을 하고 있었다.
외근 나간 선배들로 텅 빈 사무실.
입사 후 처음으로 부장이 내 자리를 찾아왔다.
서류를 내놓는다. 내가 만들어 제출한 서류다.

서류의 문제점에 대해 이런저런 얘기를 시작한 김 부장.
점점 목소리가 높아진다 싶더니 김 부장은 말을 멈춘다.
나를 물끄러미 보던 김 부장, "창하 씨, 내 말이 기분 나빠?" "아닌데요."
"뭘, 보니까 기분 나쁘구먼. 내 참 어이가 없어서 신입사원이 말이야.
부장이 직접 얘기를 하는데 기분 나쁘다고 인상을 써?
이 친구 정말, 이거 안 되겠구먼?"
혼자 펄펄 뛰던 부장은 서류를 휙 던져놓은 채 자리로 돌아가 버렸다.
나 참 어이가 없어서. 이럴 때 난 도대체 뭘 어째야 하는 것인가?

런 업무를 받은 신입사원들이 온 종일 허둥대는 일로 하루를 보내는 것은 어쩌면 너무나도 당연한 일인지 모른다. 허둥대니 신입사원이다. 여유가 있다면 부장쯤 되지 않겠는가?

그러나 그런 신입사원들을 바라보는 선배들의 시선은 곱지 않다. 개구리가 올챙이 적 생각 못한다고 자신들 역시 얼마 전까지 그런 세월을 보냈는데도 말이다. 그러다보니 선배들은 신입사원을 나무라기도 하고, 타이르기도 한다. 때문에 신입사원들 입장에선 선배들이 야속한 경우가 적지 않다. 또, 그런 야속한 마음을 동기들끼리 모여 '뒷담화' 로 풀기도 한다.

프로에게 있어 '자신의 기분' 이란 어떤 의미인가

신입사원 두 사람이 있다고 치자. 매사 투덜대지만 일을 잘 하는 A와 일의 성과는 다소 떨어지지만 늘 밝고 매사에 긍정적인 B가 그 두 사람이다. 과연 회사는 그 두 사람 중 누구의 손을 들어줄 것인가? 대부분의 회사는 B를 선택할 것이다.

긍정적으로 생각하는 사람은 자신의 삶 또한 밝고 행복하지만 부정적으로 생각하는 사람은 자신의 삶 또한 늘 불만에 싸여 있기 마련이다. 불평이 많은 사람은 성과가 생겨도 성취감을 느끼기 어렵고, 기쁨 또한 만끽하기가 쉽지 않다. 때문에 의욕조차 떨어지고 마는 것이다. 장기적인 측면에서 매우 좋지 않은 영향을 준다.

중요한 것은 자신이 저지른 모든 생각과 행동, 그리고 말이 결국 자신에게 되돌아온다는 것이며, 자신의 인생에 차곡차곡 적립된다는 사실이다. 주변 사람들과 비교하고, 주변 사람들과 상대하고, 주변 사람들과 아옹다옹하다 보면 당신은 세계를 잃어버리게 될 것이다. '우물 안 개구리' 가 되고 만다는 것.

그래서 더더욱 스스로를 지키는 일이 중요하다. '상대방이 나에게 이렇게 했으니 나도 이렇게 했다. 내가 기분이 좋지 않아 내 표정이 좋지 않은 것이다.' 그러나 남들은 그런 내 기분을 배려해주지 않는다. 인정해주지도 않는다. 그렇게 해서는 결코 성장해갈 수 없다. 단순히 나의 일을 잘하는 것이 아니라, 남들과 함께 일을 잘해내야 하고, 남들과 함께 성장해가는 것이 프로임을 명심하자.

프로정신의 다른 이름 중 하나가 이미지다. 한번 만들어진 이미지는 쉽게 변하지 않는다. 그리고 이 이미지가 일에 있어서, 사람들과의 관계에 있어서 끼치는 영향은 결코 적지 않다. 그렇다고 겉과 속을 다르게 하라는 것이 아니다. 필요한 이미지를 만들고 이를 이어가기 위해 스스로의 생각을 다스려야 한다는 것이다.

신입사원이 조직에 끼치는 영향은 무엇일까? 일일까? 신입사원에 대한 평가에서 '그 친구 정말 일 잘 하더라.' 와 '그 친구 정말 능력 있더라.' 는 찾아보기 어렵다. 신입사원에 대한 상사들의 긍정적 평가는 오히려, '그 친구 참 똘똘하더라.' 정도일 것이다. 그러나 적응도 되지 않은 회사에서 똘똘하다는 평가를 받는 것은 쉬운 일이 아니다.

그렇다면 신입사원에 대한 최고의 찬사는 무엇일까? '그 친구는 매사를 정말 열심히 해서 좋아.', '그 친구는 밝아서 좋아. 그 친구 들어온 이후로 우리 사무실이 아주 환해졌잖아.' 일 것이다. 신입사원을 채용할 때 우리는 '젊은 피' 를 수혈한다고 말한다. 그렇다면 회사는 왜 젊은 피를 수혈하려고 할까? 신입사원에게 거는 기대는 경력사원들에게 거는 기대와 어떻게 다를까?

경험을 통해 얻어진 노련함을 신입사원에게 기대하는 상사는 없을 것이다. 결국 신입사원들에게 원하는 것은 젊은이다운 패기와 열정, 젊은이다운 긍정적이고 밝은 모습이다. 당신은 열심히 하는 사람인가? 그리고 밝은 사람인가?

설사 그렇다고 해도 주변사람들이 혹 당신을 열정 없는 사람으로 오해하고 있지는 않은가? 어두운 성격의 소극적인 사람이라고 오해하고 있지는 않은가? 그런 오해가 '사실은 그렇지 않다.' 혹은 '난 기분이 나쁘거나 해서 그런 게 아니고 원래 인상이 그래서 그런데 사람들이 자주 오해를 한다.' 라는 말로 해결되는가?

지금 당장 거울을 보라, 당신의 표정은 어떠한가

'아니 땐 굴뚝에 연기 나랴.' 라는 속담이 있다. 당신에 대한 그릇된 이미지가 있다면 그것은 분명 당신이 한 행동 중 어떤 부분에서 비롯된 것이다. 유나이티드 테크놀로지의 1982년 광고는 그 사람이 처한 상황과 생각, 그리고 그것들이 반응으로 이어지는 과정을 정확히 표현해내고 있다.

아우성치지 마세요(Stop screaming)

때때로 목소리의 크기는 메시지의 중요함에 반비례할 때가 있습니다.
예를 들면, "우리는 당신이 시카고 지점장이 되어주기를 바랍니다."
"와인을 차게 해두세요. 곧 그리로 갈 테니."
"프랑스 대사 자리를 맡아주시겠습니까?"는 조용하고 따뜻하게 말합니다.
그러나 "내 물건은 어디에 있소?" "마요네즈는 넣지 말라고 말했잖아요."
"열쇠를 차 안에 둔 채 문을 잠갔다고?" 따위는
목청을 가장 높인, 유리도 깰 수 있을 정도의 금속성 소리인 것입니다.

아우성칠 필요는 없지요.
고함지르고 난 뒤에도 차가운 현실만은 변하지 않고
엄연히 거기에 앉아 있는 것이니까요.

남들에게 비춰질 자신의 이미지를 보다 긍정적으로 컨트롤하는 능력은 업무수행 능력만큼이나 중요하다. 특히 신입사원들에게 있어서는 더욱 그렇다. 그렇다면 성공적 이미지 관리를 위해서는 무엇이 필요할까? 우선은 자신의 첫인상을 관리하는 것이다.

지금 당장 거울을 보라. 혹시 얼굴 하나 가득 짜증을 담고 있지는 않은가? 표정이 어두운 것은 아닌가? 그렇다면 웃는 연습을 하라. 똑같은 출발점에서 시작했다하더라도 첫인상으로 인해 직장생활을 순조롭게 할 수도 있고, 오해를 사서 고생할 수도 있다.

입장을 바꿔 당신이 상사라고 생각해보자. 자신 앞에서 늘 밝은 모습을 하고 있는 신입사원과, 어두운 표정의 신입사원이 있다고 하자. 어두운 표정의 신입사원을 보며, 혹시 무슨 일이 있는지 걱정은 할지언정 좋은 인상을 받을 수 있겠는가? 물론 기분이 좋지 않음에도 불구하고 기분 좋은 척하기는 쉽지 않다.

그래서 중요한 것이 감정의 컨트롤이다. 함께 일을 하다보면 상대방과 의견이 달라서 갈등이 생기는 경우가 적지 않다. 그러나 그 자리에서 자신의 감정을 드러내는 것은 안 된다. 중요한 것은 나의 의도가 무엇이냐 하는 것이다. 남들이 잘 이해하도록 자신의 의도를 기술적으로 전달하는 일은 관계를 맺어가는 기본이다.

그렇다고 완벽한 이미지를 갖추라는 것은 아니다. 오히려 그런 강박관념에 의한 이미지 관리는 당신을 '인조인간' 처럼 뻣뻣한 인간으로 만들 수 있다. 당신 그대로의 모습이 남들에게도 편안함을 전해줄 수 있을 때 가장 좋은 이미지가 만들어진다.

중요한 것은 긍정적인 사고방식이다. 표정에는 생각과 사고방식이 배어나오기 마련이다. 패기와 열정, 밝은 모습은 어디에서 오는가? 그것은 회사에 대한, 일에 대한, 사람들에 대한 긍정적 생각과 사고방식에서 나온다. 지금의 이 자리가, 지금의 이 일이, 지금의 이 사람들이 나에게 기회를 주었고, 새로운 세계로 나아가도록 하는 동력이라는 생각이 스스로를 긍정적이게 만든다는 것이다.

열린 마음이 긍정적 사고방식을 만든다

긍정적 사고방식은 스스로를 밝게 만들고, 표정을 밝히며, 목소리를 밝히고, 자신의 몸놀림을 빠르게 한다. 상대를 경계하고, 탐색하고, 상대의 태도에 맞춰 나를 움직이겠다는 생각으로는 내 표정이 밝아지기 어렵고, 목소리에 편안함을 담기가 어렵다. 나의 몸놀림 또한 빨라지기 힘들 것이다.

당신은 주도적 역할을 할 수 있는 사람이다. 사무실의 분위기를 이끌 수 있는 사람이라는 것. 활기와 활력은 열정에 가까운 단어들이다. 열정이 있는 사람에게선 언제나 활기와 활력이 넘쳐흐른다. 활기와 활력이 없다면 열정도 없다. 당신이 그 활기와 활력을 이끌어낼 수 있다는 것이다.

밝은 인사는 활기와 활력을 만들어낸다. 사람이 들어왔는지 나갔는지도 모르는 분위기로는 열정을 이끌어내기 어렵다. 잘 돌아가는 회사는 들어서면 그 에너지가 온 몸으로 느껴짐을 알 수 있다. 그곳 사람들의 경쾌하고 바쁜 걸음으로 움직이는 모습에서 활기와 활력을, 그들의 눈동자에서는 광채를, 그들의 두 어깨에서는 자부심을 느낄 수 있는 것이다.

긍정적 사고방식을 만드는 첫 번째 열쇠는 열린 마음이다. 나에게 주어진 모든 것들에 감사하는 마음이 긍정적 사고방식을 만드는 첫 걸음인 것이다. 이런저런 문화가 다른 환경에서 적응해가기 위해 애쓰는 당신에게 '모든 것을 감사하는 마음으로 받아들이는 일' 은 생각만큼 쉽지 않은 것일지도 모른다.

열린 마음을 갖기 위해 가장 필요한 것은 '자신에 대한 믿음' 이다. 그리고 나아가 '자신의 선택에 대한 믿음' 이다. 물론 모든 선택이 100% 만족스러울 수는 없다. 그러나 그 만족스럽지 못한 부분 또한 오래지 않아 해결할 수 있다는 자신감은 주변 사람들의 도움과 충고에 마음을 열 수 있게 해준다.

자신을 믿지 못하는 사람일수록 남들의 일거수일투족을 의심한다. 남으로부터 자신을 지켜내기 어려운 사람일수록 남들에게 관심이 많다. 자신에 대한 믿음이 강한 사람일수록 스스럼없이 남을 받아들이고, 남과 관계를 맺는 일을 즐거워하기 마련이다.

결국 자신에 대한 믿음은 내 주위의 믿을만한 사람들로부터 도움과 격려를 받을 수 있다는 신뢰를 갖게 한다. 당신의 회사, 당신의 팀, 당신의 상사를 더 이상 탐색하려 하지 말라. 지금 당신에게 필요한 것은 그들에게 감사하고, 그들을 믿고, 그들과 함께 하는 것이다. 그러기 위해서는 당신이 먼저 열어젖혀야만 한다.

긍정적 사고방식을 만드는 두 번째 열쇠는 자신감 있는 행동이다. 성공할지 실패할지 불확실한 상황이라 하더라도 이 일을 꼭 성공시키겠다는 자기암시를 하라. 처음 해보는 일이라고 겁먹을 필요는 없다. 신입사원들이라면 누구나 다 처음 해보는 일이다.

나는 특별하고, 나는 소중하다. 그렇기 때문에 좋은 음식만 먹는다? 그것은 자신을 특별하고 소중한 존재로 만드는 좋은 방법이 아니다. 나는 특별하고, 나는 소중하다. 때문에 이 정도 일 따위를 두려워해서는 안 된다. 나는 이 일을 꼭 성공시킬 것이며, 그러기 위해 노력할 수 있는 준비가 충분히 되어 있는 사람이다. 이런 자기 암시는 당신의 성공확률을 200% 이상 높여 놓는다.

설사 과거의 실패나 실수가 있었다 해도 그것을 신경 쓸 필요는 없다. 당신은 그 실패나 실수를 통해 교훈을 얻었고, 그 교훈을 거울삼아 더 나은 결과를 만들 수 있는 사람이다. 완벽한 사람은 없다. 정직한 실패는 오히려 약이 된다. 부정적인 과거의 그림자에 억눌려 실패를 예감한다면 그것은 어리석은 행동이다. 이제 당신에게는 지난 실패와 실수를 만회할 절호의 기회가 다가온 것이다.

무심코 뱉는 당신의 한숨이 당신의 인생까지 한숨짓게 한다면?

긍정적 사고방식을 만드는 세 번째 열쇠는 긍정적 언어습관이다. '말이 씨가 된다.' 는 말이 있다. 긍정적인 말은 긍정적인 결과를 낳고 부정적인 말은 부정적인 결과를 낳는다는 말이다. "자신이 없는데요. 잘 안될 것 같은데요. 실패하면 어쩌죠? 글쎄요."와 같이 무심코 내뱉는 당신의 말들은 부정적인 결과로 돌아오기 십상이다.

반대로 긍정적 언어들을 자꾸 되풀이하다보면, 그 사이 당신의 생각은 어느새 긍정적 사고방식으로 바뀌어져 있을 것이다. 이것이 바로 '말이 씨가 된다.' 는 어르신들의 교훈이라 하겠다. "한번 부딪혀보자. 열심히 해서 안 되는 일이 있겠는가?"라고 스스로에게 던지는 긍정적 언어들은 당신을 성공으로 이끌어 줄 것이다. 긍정적 사고방식을 위해 이제 언어습관부터 바꿔보자.

긍정적 사고방식을 만드는 마지막 열쇠는 준비된 당신이다. 철저하게 준비되어 있는 사람에겐 늘 자신감이 함께 한다. '늘 처음처럼.' 언제나 시작할 때의 열정으로 매일매일 스스로를 준비시키자. 그 준비는 끝이 없다. 당신의 꿈이 높을수록 당신의 준비에는 오랜 시간이 필요할 것이며, 당신의 준비는 거듭되어야만 한다.

Point

2-2. 긍정적 사고와 이미지

- 신입사원은 허둥대기 마련이며, 선배들은 그런 신입사원들을 나무라고 타이르기 마련이다. 그러나 야속하게 생각하진 말자.
- 긍정적으로 생각하는 사람은 삶 또한 밝고 행복하지만 부정적으로 생각하는 사람은 늘 불만에 사로잡히게 된다.
- 자신이 저지른 생각과 행동, 그리고 말은 모두 자신에게 되돌아오며 자신의 인생에 차곡차곡 적립된다.
- 프로가 되기 위해서는 자신의 감정과 이미지를 관리해야 한다.
- 신입사원들에게 원하는 것은 패기와 열정, 긍정적이고 밝은 이미지다.
- 긍정적 사고방식은 스스로를 밝게 만들고, 표정을 밝히며, 목소리를 밝히고, 자신의 몸놀림을 빠르게 한다.
- 열린 마음, 자신감 있는 행동, 긍정적 언어습관, 준비된 자세가 긍정적 사고방식을 만든다.

2부 : 일을 맡기까지

직장과 예절마인드

먼저, 버르장머리부터 배워라!

어느 날 사오정이 큰맘을 먹고 족발을 사가지고 집으로 갔다. 그러자 아들이 좋아하며 물었다. “아빠! 웬 족발이에요?” 사오정 왈, “글쎄, 이게 왼쪽 발인지 오른쪽 발인지…….”

사오정시리즈가 나온 이후부터 말귀를 잘 못 알아듣는 사람들을 일컬어 사오정이라고 부른다. 앞장에서도 설명했지만 선배들이 보기에 신입사원들은 대부분이 사오정이다. 원래 멍청해서가 아니라, 허둥대기 때문에 생기는 문제다. 조금만 생각해보면 분명한 답이지만 허둥대느라 놓치기 일쑤다.

대학까지 졸업한 사람이 인사하는 법, 공손하게 말하는 법, 커피

잔 내려놓는 법을 모를 리가 있나? 설사 모른다 해도 한두 번만 설명을 들으면 다 할 수 있는 일들이다. 그러나 워낙 정신없이 하루를 보내다보면 이런저런 것들이 다 헷갈리기 마련이다.

오늘은 출근 사흘째, 정말 재수에 옴 붙은 날이다.
따르릉 전화 한 통. 전화수화기를 든 것이 화근이었다.

"감사합니다. 참아이엠씨입니다."
"아, 예. 최 부장님 좀 부탁드려요." "예, 잠시 만요."
그러나 부장님 자리엔 부장님이 안계셨다.
"저, 죄송한데, 부장님 안 계시네요." "예, 알겠습니다."

퉁명스런 목소리로 끊긴 전화. 그래도 거기까진 괜찮았다.
느닷없이 날아오는 맞은편 김 선배의 호통.
"확인도 안하고 바꿔주겠대? 전화 피하는 줄 알 거 아냐?
그건 그렇고 누구래?"
"누군지 말씀 안 하시던데요."
"나 원 참, 그럼 물어봤어야지……."

그때 다시 울리는 전화, 난 얼떨결에 수화기를 들고 말았다.
"아, 나 차에 빳데린데요. 저번에 부탁한 일 어찌 됐어요?"
"……. 예? 저 아직 신입사원이라 잘 몰라서요.
선배님 바꿔 드릴게요."
배운 대로 전화기를 돌린다는 것이 그만 끊어져버렸다.

"어디래?" "차에 빳데리라는 분 전환데요."
"뭐? 차에 빳데리? 지금 장난쳐? 장난전화야?"
그때 다시 울리는 전화. 김 선배가 직접 받았다.
"아, 예. 차혜주식회사 박 대리님. 저, 김광현입니다."
김 선배가 통화를 하는데, 내 눈가엔 왜 눈물이 맺히는 걸까?

전화 돌리기, 팩스 보내기, 복사하기, 정신없이 지나가는 하루. 어느 것 하나 익숙한 것이 없다. 전화통 너머로 쏟아지는 말들은 모두 한국말이지만 알아들을 수 있는 말이 별로 없다. 누굴 바꾸라는데, 그게 누군지도 헷갈린다. 그렇다. 처음은 누구에게나 다 그렇다.

세 살 버릇 여든 간다, 예절은 집에서부터

'집에서 새는 바가지 밖에서도 샌다.' 는 말이 있다. 가정과 학교에서 제대로 예절을 갖추지 못한 사람이라면 직장에 입사했다고 달라질 리가 만무하다. 나는 '실전에 강하다.' 고 주장한다. 연습은 대충해도 실전에 나가면 잘 할 수 있다는 얘기다. 하지만 과연 그럴까? 예절은 습관인지라 한 번 굳어지면 고치기가 힘들다.

알고리즘이라는 것이 있다. 당신은 아침에 양말을 신을 때 왼쪽부터 신는가? 오른쪽부터 신는가? 지하철을 탈 때 왼발부터 밀어 넣는가? 오른발부터 밀어 넣는가? 늘 그렇지 않은가? 양말을 왼쪽부터 신는 사람은 늘 왼쪽부터 신는다. 자신도 모르는 사이에 자신에게 붙은 습관이다. 행동양식 즉, 매뉴얼이다.

예의를 지키는 것 또한 이런 알고리즘과 다르지 않다. 인사하는 습관이 잘든 사람은 시도 때도 없이 인사를 한다. 하지만 그렇지 않은 사람은 존재감이 없다. 음식을 먹을 때 소리를 내면서 먹던 사람은 '그러지 말아야지.' 하면서도 쉬 고쳐지지가 않는다.

개인에게 있어 회사가 평생을 두고 충성을 다해야하는 평생직장이 아니듯, 직장 역시 개인을 평생 함께 데리고 가야 하는 사람이라고는 생각하지 않는다. 때문에 선배가 꼼꼼하게 모든 것을 지도하고 예절에 대해 훈계해줄 것을 기대해서는 안 된다. 스스로 챙겨가는 것이 원칙이며, 이러한 예절의 문제로 누군가에게서 지적을 받았다면 매우 심각한 상황에 봉착했음을 스스로 느껴야만 한다.

때문에 가능하다면 입사 이전에 직장예절, 즉 에티켓과 매너에 대한 책을 한 권쯤 정독하고, 그 책이 일러주는 대로 자신의 습관을 점검하는 것이 필요하다. 문제가 있다고 판단되는 것은 고치기 위한 연습이 필요하다.

인사를 할 때 고개만 까딱하는 버릇을 가지고 있거나, 상대방의 눈에 시선을 고정한 채 인사를 하는 버릇을 가지고 있다면 배꼽인사를 연습해야한다. 이런 예절은 머리가 아닌 부단한 연습으로 연마되는 것이다. 자신도 모르게 숟가락으로 자연스레 밥을 떠먹듯 부단한 연습을 통해 습관을 고쳐야만 길이 드는 게 예절교육이다.

함께 일하는 사람들, 이름부터 먼저 외워라

먼저 호칭과 경어사용에 대해 알아보자. 나이나 성별을 떠나 자신보다 먼저 회사에 입사한 선임자에게는 당연히 존칭을 사용하는 것이 옳다. 회사에 따라 직군을 따로 두고 있어, 고졸사원과 대졸사원들 사이를 분리하고, 별도의 호칭으로 부르는 경우가 있다. 이런 경우가 아니라면 선임자에게 '○○○씨' 등의 호칭이나 말을 트는 행동은 용납되지 않는다. 설사 선배가 먼저 그렇게 하자고 청해도 정중히 사양하는 것이 맞다.

회사 내에서 서로 좀 친해졌다고 말을 트는 사람들이 있다. 동기끼리는 물론이고, 심지어 선배들과도 서로 '너, 내' 하며 말을 트는 경우가 종종 있다. 재수, 군대나 휴학 등의 이유로 나이가 같은 선후배들이 넘쳐나는 때문이다. 그러나 그래서는 안 된다. 친근감을 표현한다는 핑계로 '언니, 오빠' 등으로 부르는 것도 안 된다.

회사에 먼저 입사한 선배라면 당연히 존칭을 사용해야 하며, 깍듯이 '선배님' 이라는 호칭을 사용해야만 한다. 그저 '선배' 도 안 된다. 꼭 뒤에 '님' 자를 붙여 선배님이라고 부르는 것이 옳다. 당장은 손해 보는 것 같아도 장기적인 측면에서 그것은 매우 이익이 되는 일이다. 존댓말을 써주고 존칭을 하는 것이 자신의 자존심을 깎는 일이라는 식의 생각에서는 가급적 빨리 벗어나야한다.

직함이 있다면 직함으로 불러주어야 한다. 하위자에게 '님' 자를 붙일 필요는 없지만 상위자에게는 당연히 '님' 자를 붙여주어야 한다. 직함이 없는 상위자는 '선배님' 으로, 직함이 없는 동기나 후배들에게는 'ㅇㅇㅇ씨' 라고 불러주어야 한다. 여사원이라고 해서 '미스 김' 으로 부르는 것도 옳지 않다.

같은 공간 안에 같은 직급자가 많다면 직급 앞에 성을 붙이는 것이 옳지만 해당 직급자가 한 사람 뿐이라면 성을 붙이지 않고 직급 뒤에 '님' 만 붙여 부른다. 사장에게 '안 사장님' 하고 부르는 것은 실례다. 3인칭의 표현으로 자리에 없는 사람을 일컬을 때는 '김 대리님' 등으로 불러도 좋지만 2인칭의 표현일 때는 '대리님' 이 옳다.

그러나 존칭은 호칭에만 사용한다. '사장님실' 이 아니라 '사장실' 이다. 문서에는 상사의 존칭을 생략해도 실례가 아니다. '사장님 지시' 가 아니라 '사장 지시' 라고 쓰는 것이 옳다. 하지만 본인이 함께 한 자리에서 지시를 전달 할 때에는 '님' 자를 붙인다. '사장님 지시를 말씀드리겠습니다.' 라고 말해야 한다는 것이다.

복잡한 것처럼 느껴질 수 있으나, 조금만 신경을 쓰면 실수하지 않을 수 있는 것들이다. 그러나 이처럼 호칭과 경어를 잘 사용하는 것보다 더 중요한 것은 직원들의 이름을 외우는 것이다. 이름을 외지 못해 생기는 실수는 여러모로 치명적이다. 걸려온 전화에서 찾는 사람이 자신의 상사임에도 불구하고 '그런 사람 없는데요.' 라며 끊는 상황을 생각해보라. 자신과 같은 공간에 있는 직원들의 이름은 물론 가까운 거래처 담당자들의 이름에 이르기까지 일로 만나는 사람들의 이름을 잘 외워두는 것은 매우 요긴하다.

먼저 가서 기다리고, 가장 늦게 자리 떠라

회의나 식사 등을 위한 입퇴장의 순서에도 신입사원들이 놓치기 쉬운 예절들이 숨어있다. 어떠한 경우에도 선임자보다 먼저 입장하여 선임자를 기다리고, 퇴장 시에는 선임자가 퇴장한 후 퇴장하는 것이 원칙이다. 선임자가 먼저 와서 기다리게 해서는 안 된다. 회의시간에 늦어서도 안 되며, 식사시간에도 일을 핑계로 선임자 보다 늦게 도착하는 것은 예의에 어긋나는 일이다.

식사나 회식의 경우에도 앉는 자리를 가려 앉아야 하며, 가급적 선배들이 자리를 다 잡고 남는 자리에 앉는 것이 좋다. 물수건은 손만 닦아야 하며, 가급적 소리를 내지 않고 식사를 하도록 한다.

여러 사람과 함께 식사를 할 때에는 마칠 때까지 보조를 맞춰야 하며, 식사가 끝났다고 먼저 일어서서는 안 되고, 윗사람의 식사가 끝날 때까지 기다려 수저를 상 위에 올려놓는다. 식사 중 말을 해야 할 일이 있더라도 음식물을 입에 문 채 말하는 것은 실례이며, 식사가 끝난 후에는 '잘 먹었습니다' 라고 인사를 해야만 한다.

신입사원 시절에는 자신의 손님뿐만이 아니라 상위자의 손님들에게도 신경을 써야 한다. 자기 부서를 찾아온 손님이라면 그가 누구이든 일어서서 인사를 하는 것이 순서다. '실례지만 어느 분을 찾아오셨습니까?' 라고 묻고, 그 사람의 자리까지 안내한다.

안내가 끝나면 '차 준비해드리겠습니다. 커피가 좋으시겠습니까? 녹차가 좋으시겠습니까?' 라고 물어야 한다. '커피 드시겠어요?' 라고 물어볼 경우, 많은 손님들은 '아니요, 괜찮습니다.' 라고 말하며 사양하기가 쉽다. 차는 지위가 높은 분들부터 권해야 하나, 손님이 있을 경우에는 지위와 관계없이 손님 것부터 놓는 것이 예의다.

차 접대 분량은 잔의 3/4 정도가 적당하며 넘치지 않도록 주의한다. 찻잔은 항상 받침 접시 위에 얹어서 내고, 쟁반을 사용하도록 한다. 찻잔을 내려놓을 때에는 찻잔의 손잡이가 차를 받는 사람의 오른쪽에 가도록 하며, 티스푼도 자루가 오른쪽으로 놓이도록 한다. 차를 엎지른 경우에는 당황하지 말고 침착하게 '죄송합니다.' 라고 말한 뒤 처리해야한다. 손님이 가고나면 꼭 자리로 가서 테이블을 정리하는 것도 잊어서는 안 된다.

자신을 찾아온 손님을 맞이하거나, 자신이 방문하여 누군가를 만날 때에는 어떤 예절이 필요할까? 첫째는 당연히 인사일 것이다. 둘째는 명함이다. 상대방의 명함뿐만 아니라 나의 명함도 늘 소중하게 관리해야 한다. 바지 뒷주머니에서 꺼낸 지갑 속 명함을 주는 것은 실례. 명함은 늘 상의에 보관하고, 구겨지거나 때가 타지 않도록 해야 한다.

명함을 건넬 때에는 글자가 상대방 쪽에서 바로 보일 수 있도록 유의해야하며, 상대가 내 명함을 받은 후 상대방의 명함을 받도록 한다. 상대가 동시에 명함을 내밀었다고 해서, 각기 한 손으로 명함을 교환하는 것은 실례다. 상대와 헤어진 후 명함 뒷면에 상대의 기초적인 정보를 적어두는 것이 상대를 기억하는데 도움을 준다.

명함을 교환하고 나면 대개 악수를 하게 되는데, 통상 악수는 윗사람이 먼저 손을 내미는 것이 예의다. 악수를 할 때는 자신 있게 손을 내밀어, 힘 있고, 따뜻하게 해야 할 것이다. 상대방의 눈을 쳐다보며 가볍게 손을 잡고 상대의 리드에 손을 맡기는 것이 예의다.

걸려온 전화에 늘 감사하는 마음이 최우선

부서에 걸려온 전화는 대체로 가장 하위 직급자가 받는 경우가 많다. 전화벨이 두 번을 울기 전에 전화를 받는 것이 원칙이다. 전화벨이 울리고 있는데도 업무에 열중하고 있는 모습은 옳지 않다. 전화를 받으면 맨 먼저 정해진 매뉴얼대로, '감사합니다. ○○○에 ○○○입니다.' 라고 자신을 밝혀야 한다.

걸려온 전화가 자기 전화가 아닌 경우에는 바꿔줄 사람이 있는지 확인하고, 있을 경우에는 '예, 돌려드리겠습니다. 실례지만 어디라고 전해드릴까요?' 라고 상대의 신분을 확인해야 한다. 이때, '실례지만 어디십니까?' 는 옳지 않다. 자신이 궁금해서 묻는 것이 아니다. 바꿔줄 사람에게 알리기 위해 묻고 있다는 사실을 명심하자.

바꿔줄 사람을 확인하지 않은 채 이렇게 묻는다면 그것은 매우 실례다. 상대가 이미 누구인지를 밝혔기 때문에 자칫 자신의 전화를 피한다는 느낌을 줄 수 있다는 것. 그러므로 묻기 전에 꼭 바꿔줄 사람을 확인해야만 한다. 만일 바꿔줄 사람이 자리에 없다면 '예. 지금 ○○○님께서는 자리에 안계십니다. 실례지만 어디라고 전해드릴까요?' 라고 물어 상대를 확인하고, 메모를 남겨야 한다.

상대가 누구라고만 밝혔을 때에는 '혹시 ○○○님께서 전화번호는 알고 계십니까? 전화번호를 남겨주시면 연락드리라고 하겠습니다.' 라고 말해야 한다. 전화를 바꾸는 요령을 몰라 당황하는 경우도 종종 있다. 누군가가 설명을 해주더라도 전화를 바꾸는 연습을 수차례 해서 충분히 숙지해두어야만 한다.

전화를 걸 때에도 예의가 필요하다. 먼저 주변 상황(시간, 장소, 상황 등)을 고려하여 전화통화 여부를 결정한다. 6하 원칙에 의해 간결하고 조리 있게 통화한다. 확실한 내용을 전하기 위한 서류나 자료, 혹은 메모 등을 준비하여 통화한다.

상대방이 전화를 받으면 '○○회사입니까?' 등으로 상대편을 확인한다. 확인이 되면, '예, 저는 ○○○의 ○○○라고 합니다.' 라고 자신의 소속과 성명을 밝힌다. '죄송합니다만 ○○○씨를 부탁드리겠습니다.' 라고 통화를 원하는 사람을 바꿔달라고 말한다. 통화 중에 끊기면 곧 다시 걸어 상대방을 기다리지 않게 한다. '안녕히 계십시오.' 등으로 끝맺음 인사를 정중히 하여 통화종료를 서로 확인하도록 한다.

상사와 업무 상, 혹은 기타의 이유로 동행하게 되는 경우도 있다. 자동차를 이용하게 될 때에는 상석과 하석을 잘 구분하도록 한다. 택시나 운전기사가 있는 승용차의 경우에는 뒷좌석의 오른쪽이 상석이며, 다음은 뒷좌석 왼쪽, 운전사 옆 좌석 순이다. 자가운전의 경우에는 운전석 옆 좌석, 뒷좌석 오른쪽, 뒷좌석 왼쪽의 순이다.

대화에 있어서도 예의가 필요하다. 처음 만난 사람에게 직장의 직위부터 묻는 것, 결혼 여부나 연령을 묻는 것, 출신학교나 학력을 묻는 것 등은 모두 실례다. 지나치게 말을 많이 하거나, 말을 많이 않는 것도 좋지 않으며, 공적인 관계에서 자기 가족 얘기나 자기 자랑을 하는 것도 피해야할 것들이다.

지금까지 말한 것들은 대개가 상식선에서 알 수 있는 것들이다. 이 외에도 직장에서 지켜야할 예의는 너무나도 많다. 만일 당신이 지금까지 설명한 내용이 생소하다면 직장예절에 관해 본격적으로 다루고 있는 책을 읽을 필요가 있다. 예의라는 것은 결국 '상식' 이다. 새로운 일이 닥치면 먼저 그 일에 상식적으로 대처하는 방법이 무엇인지를 생각해야만 한다.

Point

2-3. 직장과 예절마인드

- 직장예절이라고 해서 생활 속의 예절과 크게 다른 것은 아니다.
- 입사 이전에 에티켓과 매너에 대한 책은 한 권쯤 정독해 두자.
- 나이나 성별을 떠나 선임자에게는 존칭을 써야 한다.
- 직급이 있는 사람은 직급으로 부르고, 직급이 없다면 '선배님' 이라고 불러야 한다.
- 직함이 없는 동기나 후배들에게는 'ㅇㅇㅇ씨' 라고 불러야 한다.
- 2인칭의 표현에서 직급 앞에 성을 부르는 것은 실례다.
- 존칭은 호칭에만 사용한다. '사장님실' 이 아니라 '사장실' 이다.
- 직원들의 이름, 거래처, 거래처 사람들의 이름을 외는 것은 기본.
- 회의나 식사 시 움직일 때는 먼저 입장하고, 나중에 퇴장한다.
- 자기 부서를 찾아온 손님이라면 그가 누구든 일어서서 인사한다.
- 명함은 상의에 보관하고, 글자가 상대방 쪽에서 가도록 건넨다.
- 전화벨이 두 번 이상 울게 해서는 안 된다.

2부 : 일을 맡기까지

직장 내 인간관계

이젠, 통(通)하였느냐?

충청도 어느 순진한 처녀 하나가 군대 간 애인 면회를 갔다. 위병소에 도착한 처녀는 애인을 만나기 위해 면회신청서를 적기 시작했다. 성명, 주민등록번호, 주소를 적어가던 처녀의 눈에 들어온 것은 '관계'를 적는 란. 처녀는 당황해하며 '없음'이라고 적어 위병에게 건넸다.

위병은 어이없다는 표정으로 그 처녀를 쳐다보며, "관계가 없는 사람을 왜 면회 옵니까? 장난하지 마시고 제대로 적으세요."라고 말했다. 처녀는 부끄러워하며, '없음'이란 글자를 두 줄로 지우고, 그 위에 이렇게 적었다. '딱 한 번, 동네 물레방앗간에서…….'

관계는 참 중요하다. 함께 생활하는 상사 · 동료 · 거래처와의 관계가 불편하다면 직장생활의 대부분이 불편해질 수밖에 없다. 그래서 갓 입사한 사람이라면 자연히 주변 사람들부터 파악하려고 애쓴다. 그리고 어느 만큼의 시간이 지나 주변 사람들을 파악하고 나면

A광고대행사 기획부장으로 일하고 있는 박경태.
경태는 얼마 전까지 B유통회사에서 광고를 담당했었다.
하지만 기업 광고담당자 시절과는 사뭇 분위기가 다른 광고대행사.
그중에서도 가장 힘든 것은 기업 담당자들의 비위를 맞추는 일이었다.
유통회사에 근무하던 시절, 경태 또한 만만치 않은 광고담당자였다.
특히 C광고회사의 민경수 부장은 당시 대리였던 경태의 밥이었던 것.
상사로부터 받은 스트레스까지 민 부장에게 풀곤 했으니 말이다.

그렇게 대접받던 광고담당자 박경태이기에
현재의 광고대행사 생활이 더욱 힘들게 느껴지는 지도 모른다.
경태는 회사 내에서 좀 더 대접받는 기획부장이 되고 싶었고,
이를 위해 큰 광고주의 영입을 추진해왔다. 다름 아닌 B유통회사.

이미 대행사로 옮겨오면서 담당부장에게 반허락을 받아놓았던 것.
하지만 이 부장이 돌연 회사를 그만두면서 일이 꼬였다.
그 후 선배 차장들에게 술도 사고 협박도 해가며 일을 부탁했고,
드디어 오늘 그렇게 기다려왔던 연락이 왔다.
경쟁프레젠테이션이 있을 거란다. OT를 받으러 오란다.
말이 경쟁PT이지, 회사 사정을 속속들이 다 아는 경태인데다
차장들까지 모두 구워삶아놓았으니, 그야말로 이 일은 따 놓은 당상이다.

회의실엔 세 군데의 광고회사 AE들이 미리 와 자리를 잡고 있었다.
그런데 직원줄 맨 앞자리에 민경수 부장이 앉아 있는 것이 아닌가?
'저 사람도 오늘 OT를 받으러 왔나?' 하며 고개를 갸웃거리는 순간,
민 부장을 소개하는 사회자의 한마디에 경태는 아뜩해졌다.
"오리엔테이션에 앞서, 저희 B유통회사 광고팀을 새로 맡으신
신임 민경수 부장의 인사말씀이 있으시겠습니다."

그 판단에 의해 사람들을 대하는 것이 일반적이다. 인지상정이다.

그런데 여기엔 한 가지 간과된 사실이 있다. 내가 그들을 파악하려고 하는 그 순간에 그들도 나를 파악하기 위해 애쓰고 있다는 점이다. 그리고 칼자루는 그들이 쥐고 있다. 어쩌면 나는 그 칼날을 쥐고 있는 것인지도 모른다. 그들을 파악해서 판단하려는 노력보다 먼저 그들과 좋은 관계를 만들고, 유지하기 위한 노력이 필요하다.

개도 자신을 좋아하는 사람과 싫어하는 사람은 구분한다

그렇다면 좋은 관계란 어떻게 만들어지는가? 그 방법은 오로지 진심밖에는 없다. 개도 자신을 좋아하는 사람과 싫어하는 사람을 구분한다고 하지 않던가? 하물며 사람인 바에야 더 말할 나위가 있겠는가? 그러니 그 사람을 좋아하는 수밖에 없다.

그러나 잘 알지도 못하는 사람을 어찌 좋아할 수 있단 말인가? 그렇다. 때문에 일을 좋아해야 한다. 열심히 일하는 후배를 미워할 선배는 없다. 그리고 그 일을 나에게 가르쳐줄 사람, 그 일을 잘 할 수 있도록 도와줄 사람, 아니 최소한 그 일을 함께할 사람이기에 그들을 좋아할 수 있어야 한다.

사랑을 하면 에너지가 생긴다. 이 에너지가 네거티브하게 되면 책을 펼쳐도, 하늘을 봐도, 잠자리에 누워도 그이 얼굴뿐인 무아지경에 빠지게 된다. 하지만 그 에너지가 포지티브하게 되면 그이에게 잘 보이기 위한 무의식이 작동해서 호르몬 분비가 왕성해진다. 얼굴이 훤해지는 것은 물론 없던 의욕과 생기마저 돌게 된다.

열정도 사랑과 매한가지다. 열정이 생기면 에너지가 발생하고, 이것은 내 몸 속의 활력을 만들며 매사에 적극적인 사람으로 나를 바꿔놓는다. 자연 이 열정은 남들에게도 전달되어 주변을 밝게 만들고 생동감을 불러일으키게 된다.

회사의 상사, 동료들과의 관계는 재론이 필요 없을 만큼 중요하다. 서로 사랑하지도, 신뢰하지도, 존경하지도 않는다면 회사생활을 영위할 수 없다. 이 관계야말로 한 배를 탄 사람들의 관계다. 선장이 있고, 기관사가 있으며, 항해사가 있고 갑판장이 있다. 만일 이 관계에 균열이 있고, 반목이 있고, 편 가르기가 있다면 배는 분명 침몰하게 될 것이다.

적응해가자. 서로 다른 점은 이해하자. 서로에게 힘이 되는 관계를 만들기 위해 애쓰지 말고, 내가 남들에게 힘이 되는 관계를 위해 애쓴다면 분명 팀 내 조직원들과의 관계는 좋아질 수 있을 것이다. 그러기 위해서는 대화가 필요하다. 모든 관계가 다 그렇겠지만 조직 내의 관계를 강화하는 방법에는 대화가 단연 최고다. 서로의 입장을 이해하고 문제를 풀어가는 대화를 솔선하라.

아무리 일을 잘해도 정이 가지 않는 부하직원이 있다

취업포털 잡코리아와 직장인 포털 비즈몬은 자사 회원인 직장인 1천175명을 대상으로 부하직원에 대한 선호를 조사한 바 있다. 그에 따르면 '아무리 일을 잘해도 정이 가지 않는 부하직원이 있는가?' 라는 물음에 무려 84.4%가 '그렇다.' 고 대답했다는 것.

이들은 가장 정이 안가는 부하직원 유형으로 '팀워크를 무시하고 개인플레이를 일삼는 직원' (51.0%)을 꼽았다. '선배의 실수를 하나도 놓치지 않고 따지고 드는 부하직원' 이라는 응답이 20.9%로 2위에 올랐고 '모든 일에 핑계를 대는 부하직원' (6.4%), '남들 야근할 때 당당히 정시 퇴근하는 부하직원’ (2.4%) 등이 뒤를 이었다.

싫어하는 부하직원을 대하는 방법에 대해 응답자들은 ‘남이 기피하는 일을 넘겨주거나 업무량을 늘린다.’ (27.1%), ‘인사를 받아도 무시한다.’ (23.0%), ‘공개적으로 잔소리를 하는 등 망신을 준다.’ (18.4%), ‘해오는 업무마다 트집을 잡는다.’ (6.6%) 등으로 답했다.

이밖에 가장 두려운 부하직원 유형으로는 ‘다른 사람의 험담을 하는 직원’ (26.8%), ‘부서나 거래처의 분위기를 노련하게 주도하는 부하직원’ (25.1%), ‘빨리 성장해나가는 엘리트 부하직원’ (18.9%), ‘사소한 일도 돋보이게 포장을 잘하는 부하직원’ (14.4%) 등이 꼽혔다.

결국 신입사원들이 상사로부터 정이 가는 부하직원으로 사랑받기 위해서는 팀워크를 존중하고, 선배의 실수에 관대하며, 모든 일을 자신의 책임으로 받아들이는 자세가 중요하다는 결론이 도출된다. 만약 인사를 해도 받아주지 않거나, 공개적으로 잔소리를 하는 등 망신을 주거나, 남이 기피하는 일을 넘겨주거나, 해 오는 업무마다 트집을 잡는다면 그 상사와 자신의 관계를 곰곰이 되짚어볼 필요가 있다는 것이다.

선배나 상사로부터의 지적을 두려워하지 말자. 누구에게나 칭찬받는 사람은 없다. 오히려 지적을 받는다는 것은 성공할 수 있다는 가능성을 인정받는 일이다. 지적받았다는 부끄러움보다 자신의 실수를 개선할 기회를 얻었다는 것에 먼저 기뻐해야 한다. 자기계발을 위해서 수업료를 내고 배우는 요즘, 자신을 지적하는 상사가 있다면 놓치지 말고 배워야 할 것이다.

일 잘하는 상사가 있다면 그를 멘토로 정하라. 능력이 뛰어나고, 자기관리까지 철저하기로 소문난 선배를 따라 하는 것만으로도 도움이 된다. 그의 업무를 보고, 그의 업무태도를 보고, 그것들을 충실히 내 것으로 만들어가는 것이 교과서다. 직장생활과 업무능력의 교본이 따로 없기 때문이다.

고객은 항상 옳다? 결코 그렇지만은 않다

다음은 고객과의 관계다. 내가 몸담고 있는 광고회사의 기업소개서 첫 페이지를 소개하고자 한다. 광고인의 월급봉투라는 헤드라인 아래 쓰인 바디카피의 전문이다. 기업이 고객에게 갖는 마음이요, 고객과의 관계를 제대로 표현한 카피라 여겨 전재했다.

월급날입니다.
주머니도 불룩하니 퇴근 후 소주 한잔이 절로 생각납니다.
하지만 오늘도 야근입니다. 아니 밤을 새워야 할 것 같습니다.
광고주의 신제품 출시가 코앞에 닥쳐왔기 때문입니다.
광고주가 밤잠을 설치면 광고인은 뜬눈으로 밤을 지새웁니다.
광고주가 일을 마치고 환하게 웃을 때
비로소 홀가분한 마음으로 소주 한잔 기울이는 게 광고인입니다.
오늘 밤도 그동안 준비해온 전략에 빈틈은 없는지
크리에이티브는 소비자의 마음을 흔들어 놓을 수 있을지
고민 또 고민을 할 겁니다.
광고회사는 CEO에서 일개사원에 이르기까지 모두가
광고주로부터 월급을 받습니다.
그러니 광고인에게 광고주의 매출은 곧 월급이 됩니다.
참아이엠씨는 잘 알고 있습니다.
광고주의 성공이 곧 우리의 성공이라는 사실을…….
반드시 광고주의 성공을 이루겠다는 각오와 마음가짐!

참아이엠씨의 다짐이자
우리가 만들어갈 성공캠페인의 원동력입니다.

이것이 바로 기업과 그 조직원들이 가져야할 고객에 대한 바른 마음이다. 제품과 서비스를 통해 고객이 지불한 액수보다 더 많은 가치를 고객에게 제공하는 것. 이것은 기업의 지속적 발전을 가능케 하는 힘이요, 기업의 조직원 모두가 항상 가슴에 새겨야할 마음인 것이다.

그러나 이 말이 곧 '고객은 항상 옳다.' 로 통해서는 안 된다. 기업과 그 조직원들은 고객의 비위를 맞추기 위해 있는 것이 아니다. 고객의 보다 나은 가치를 추구하지 못하는 기업은 살아남을 수 없다. 때문에 고객가치에 대한 확고한 신념과 소신, 그리고 고객가치에 대한 명확한 기준을 가지고 있어야만 하는 것이다.

'손님은 왕' 이지만 기업이 고객의 비위나 맞추는 집단은 아니다. 고객의 요구가 부당하거나, 고객의 보다 나은 가치 추구에 도움이 되지 않는 요구를 받게 될 때는 단호하게 '아니요.' 라고 말할 수 있는 소신을 가져야만 한다.

이런 대답이 당장은 고객의 비위를 거스를지 모르나 결국 고객의 보다 나은 가치를 추구하는데 도움이 된다면 장기적으로는 고객과의 공고한 관계에 도움을 줄 것이기 때문이다. 고객은 한번 이용하고 버리는 일회용반창고가 아니다. 고객이 발전할 때 비로소 그 고객에게 제품과 서비스를 제공했던 기업 역시 성장할 수 있게 되는 것이다.

'단물 빨아먹고 뱉어 버리는 껌' 으로 고객을 대접했다간 머리카락에 눌러 붙은 그 껌 때문에 머리를 빡빡 밀어야하는 신세가 되고 만다. 고객에게라도 할 말이 있다면 당당하게 말할 수 있어야 한다. 그러기 위해서는 지식이 필요하다. 고객을 도울 수 있는 전문지식이 필요한 것이다. 지혜가, 열정이, 배려가, 그리고 여기에 덧붙여 용기가 필요하다.

손수건 한 장으로도 평생우군을 만들 수 있다

거래처와의 관계도 중요하다. 여기서 거래처라 함은 내가 돈을 주고 부리는 회사를 일컫는다. 그러나 거래처라는 단어 속에 '돈을 주고 부리는 회사' 라는 부정적 의미를 피하기 위해 많은 기업들은 거래처를 '협력업체' 라고 부르곤 한다.

만일 이러한 거래처에게 위압적인 자세로 '돈을 줬으니 시키는 대로 일이나 잘하라.' 는 자세로 대한다면 그들은 돈을 준만큼, 내가 시키는 대로만 일을 하게 될 것이다. 우리 기업의 더 나은 가치 추구 따위를 생각할 겨를은 생길 수가 없다. 그저 시키는 대로 비위를 맞추기 위해 애쓰기도 바쁠 것이니 말이다.

이래서는 거래처의 능력을 제대로 활용할 수가 없다. 거래처는 머리를 맞대고 함께 일하는 파트너다. 오히려 그 분야의 전문가이니 그 분야에 대한 생각을 보다 더 깊이 할 수 있는 대상이기도 하다. 겸손한 자세로 그들의 말에 귀를 기울이고, 그들로 하여금 스스로 이 일의 주인이 되도록 하는 마음을 가질 때 그들은 비로소 제대로 된 협력업체로서 나를 도울 수 있을 것이다.

그들은 명절마다 나에게 선물을 갖다 바치는 호구가 아니다. 오히려 명절이면 손수건 한 장이라도 정성껏 포장해서 협력업체 담당자에게 선물해보자. 선물이란 이처럼 의외의 사람으로부터 받는 것일수록 기억에 오래 남는다. 아마도 그는 당신의 평생우군이 되어줄 것이다.

세상을 살아가면서 가장 오랜 시간을 함께 보내게 될 사람은 과연 누구인가? 어릴 적에는 부모님이었을 것이다. 학교에 다닐 때에는 친구들과 선생님이었을 것이다. 우리는 그들로부터 영향을 주고받으며 청년으로 성장하게 된다.

하지만 회사생활을 시작하고 나면 단연 회사의 동료들과 가장 많은 시간을 보내게 된다. 그리고 그 회사생활이야말로 당신의 인생에 있어 가장 긴 터널이다. 만일 회사의 동료와 선후배들을 친구로 맞이하지 못한다면, 그래서 지금 당신이 외로움을 느낀다면 당신은 영영 외로운 인생을 살아가게 될 지도 모를 노릇이다.

누구와의 관계든 관계의 대부분은 말에서 시작되고 말에서 끝난다. 때문에 말의 중요성은 몇 번을 강조해도 넘침이 없다. 다음은 1983년 6월, 월스트리트저널에 게재된 유나이티드 테크놀로지의 광고카피다. 이 카피에서는 감정에 의한 말하기를 경계하고 있다.

말해버리고 후회하는 것보다(Don't be sorry you said it)

때로 당신은 신이 나서 말할 때, 뭔가 마음에도 없는 말을 해버립니다.
그러나 말은 한번 튀어나오면 마치 발포된 탄환과 같이
본래의 자리로 돌아오지 못하지요.
그리고 말은 상처를 입힐 수도 있습니다.
뭔가 불필요하게 가시 돋친 말을 하기 전에 우선 마음을 가라앉히세요.
10까지 세어보세요.
감정을 앞세우지 말고 이성을 지키며 말하세요.

썼던 편지도 부치기보단 찢어버리고 싶을 때가 있습니다.
함부로 떠들어대기 전에 깊이 생각해보세요.
상대에겐 폭발하고 싶은 욕망을 억누를 기회를 주세요.
그렇지 않으면
당신은 뭔가 일생 후회할 것을 말해버릴지도 모를 테니까요.

Point

2-4. 직장 내 인간관계

- 상대를 파악하려고 애쓰지 말고 상대를 이해하려고 애써라.
- 선배들은 일에 열정을 갖은 후배를 사랑한다.
- 서로가 아닌, 내가 남에게 힘이 되는 관계를 만들어라.
- 조직 내 관계강화에 대화만큼 좋은 것은 없다. 대화를 솔선하라.
- 고객은 왕이지만 항상 옳은 것은 아니다.
- 진정한 고객가치를 위해 일하는 사람이 인정받는다.
- 거래처는 함께 일하는 대상이며, 그 분야의 전문가다.
- 거래처의 말에 귀 기울이고, 그들을 이 일의 주인으로 만들어라.

2부 : 일을 맡기까지

직장 내 오더체계

총 쏘는 사수, 탄피 받는 부사수!

휴대폰 회사에 근무하는 한 선배로부터 들은 얘기다. 말로 전화를 거는 음성인식휴대폰이 출시된 직후, 지하철역에서 전화 거는 스님을 보게 되었단다. 마침 자기 회사의 제품인데다 음성인식휴대폰으로 전화를 거는 스님이 신기해서 뒤따라 걸으며 통화내용을 엿듣게 되었더란다.

바랑을 등에 멘 채 전화기를 입에 댄 스님은 조용하면서도 또박또박 '쫄따구' 라고 말하더란다. 그리고는 통화가 됐는지, '어, 광철아. 난데, 어쩌고저쩌고.' 얘기를 하는 스님. 쫄따구라고 인식시켜놓은 것도 재미있고 해서 계속 뒤따라 걷는데, 통화를 끝낸 스님은 다시 새로운 통화를 시도하더란다. 다시 스님은 전화기에 대고 '찌질이'

라고 말하더란다. 그 선배는 당연히 친구 별명쯤으로 생각했는데, 통화가 된 스님의 첫 멘트, '아, 예. 주지스님. 접니다.'

스님조차도 자기 사수에 대해선 그리 기분이 좋지만은 않은 모양

참 사수 복이 없다고 해도 이렇게 없을 수는 없다.
신입사원시절부터 지금까지 시간차 공격으로 나에게 까탈을 부리는 사수.
퇴근시간 무렵에 오더를 주고, 다음날 아침에 보자는 건 무슨 심보며,
일은 하지 않고 전화만 엿듣는지, 전화만 걸었다하면 끊기 무섭게 잔소리.
내가 며칠씩 고생해서 만든 문건을 자기 마음대로 고쳐서는 위에 제출하고,
마치 그 일을 자신이 한 것인 양 칭찬은 도맡아 듣는 김 대리다.
회사 다닐 기분이 아니다. 게다가 오전에 있었던 일로 난 완전히 맛이 갔다.

오늘 인사과에서 호출이 있었다. 해외 견학자 명단에 내가 들어 있다는 것.
회사 전체에서 열 명을 차출해서 보내는 특별 견학에 내 이름이 올랐던 것.
얼마나 바라던 일인가? 견학이라는 것이 말이 견학이지, 일종의 포상이다.
관광코스까지 끼어 있는 이번 연수는 그야말로 '꿀' 이다. 무려 6박7일.

하지만 내겐 그림에 떡이다. 난 인사과에 '견학포기' 를 선언하고 돌아섰다.
그간 김 대리가 줘놓은 오더들이 산더미. 급한 오더들이야 해결했지만
장기오더들은 고스란히 서랍 속에서 잠자고 있다.
일을 놔둔 채 견학을 간다고 했다간 김 대리의 불벼락이 불 보듯 뻔한 상황.
멍하니 컴퓨터 모니터를 보고 있는 나를 김 대리가 비상계단으로 잡아끈다.

또 무슨 잔소리를 하려는 건가? 이젠 말이 아니라 주먹인가? 웬 비상계단?
"견학은 왜 안 간다 그랬어? 그 명단에 끼워 넣느라 얼마나 애를 썼는데."
"예?"
"잔말 말고 다녀와. 인사과에는 내가 다시 얘기해 놨어. 일은 걱정 말고."
그리고 이건 얼마 안 되지만 여비에 보태. 나가보면 돈 쓸 일이 많아.
미리 환전해뒀다가 요긴하게 써. 난 밖에 일이 있어서 다녀올게."
그가 건네준 봉투를 받아든 나는 할 말을 잃은 채 한동안 계단에 서 있었다.

이다. 직속상사와 부하직원. 그 멀고도 가까운 사이에 대해 얘기해 보자. 사수라는 말이 무엇인가? 사수라는 말은 원래 군대용어다. 사격장에서 총을 쏠 때 총을 쏘는 사람이 사수고, 그 옆에서 탄피를 받는 사람이 부사수다. 다시 말하면 보조인 셈이다.

가장 최근에 지금 내 길을 걸어갔던 사람, 그 이름은 사수!

사수와 부사수의 관계는 선택이 아니고 운명이다. 그런데 많은 사람들은 사수를 멘토와 착각하곤 한다. 사수란, 내가 존경해서 배움직한 사람을 뜻하는 것이 아니라, 나에게 직접 오더를 주고, 확인하는 직속 상사를 일컫는 것이다. 그러니 내가 중대장을 존경하고, 중대장으로부터 배울 것이 있다고 그를 사수로 모실 수는 없는 것. 존경하는 선배는 '멘토' 고, 사수는 '사수' 다.

그러니 사수는 경력이 많고, 배울 것이 많은 경우도 있지만 나보다 적게는 몇 개월 앞선 사람이 사수가 되는 경우도 있다. 갓 입사한 신입사원을 경력이 아주 많은 매니저가 직접 지도하는 '복' 은 그렇게 많지 않다. 그러다보니 부사수들이 사수와 보이지 않는 신경전을 벌이는 경우도 심심찮게 있다.

좀 오래되긴 했지만 TV손자병법이라는 프로그램이 있었다. 그곳에 등장하는 캐릭터들은 다들 코믹하다. 부장은 매일 낮잠만 자고, 과장은 윗사람들 눈치에 부하직원 눈치 보는 것 외에는 하는 일이 없다. 오히려 가히 초인적인 능력을 보여주는 신입사원들의 모습. 이외에도 많은 드라마들이 신입사원의 성공과 고속승진을 보여준다. 그러나 이런 드라마들을 현실로 착각해서는 안 된다.

나이 몇 살 더 먹은 선배를 존경까지 해야 하나 반문할 수도 있다.

그러나 돌아오는 대답은 '그렇다. 존경해야 한다.' 이다. 나이로는 몇 살 더 위지만 직장경력으로는 1개월 vs 36개월이다. 서른여섯 배 많은 경험을 했다는 얘기다.

'비가 오는데 어디 가세요? 나는 유치원에 갑니다.' 하는 노래가 있다. 어떤 악조건 속에서도 유치원을 꼭 가내고야 말겠다는 꼬맹이들의 굳건한 의지가 담긴 노래다. 선배들 역시 시작할 때의 마음은 해내겠다는 결연한 의지로 불타올랐었다. 눈빛은 반짝이고, 발걸음도 빨랐던 그들. 하지만 세월의 풍파는 그들의 눈빛을 점점 퀭하게 하고, 발걸음에도 여유가 붙게 만들었다.

오랜 세월 경험을 쌓다보니 처음처럼 긴장할 필요도 없고, 마음의 긴장도 풀어지게 된 것. 그러니 회사생활을 오래한 사람들에게서 신입사원의 눈빛을 기대하기는 쉽지 않다. 그렇다고 그들에게 열정과 패기가 없다고 매도하기엔 그들의 역사가 너무나도 무겁다.

그렇다면 그 사수는 나에게 어떤 도움을 주는 사람인가? 내가 맡은 업무를 먼저 경험한 사람이다. 그 사람의 업무진행을 잘 살피면 일의 구조를 알 수 있다. 때문에 나는 사수로부터 그 어떤 신입사원 교육보다도 더 높은 수준의 교육을 받을 수 있다.

두 번째 사수의 의미는 내가 지금 하고 있는 고민을 가장 최근에 경험했던 사람이라는 것. 얼마 전까지도 부사수였던 그이기에 부사수가 가진 고민을 가장 잘 이해하는 상담자가 될 수 있다. 때문에 어떤 고민도 쉽게 털어놓을 수 있는 유일한 사람이라 할 것이다.

무엇보다 중요한 사수의 의미는 사수가 나의 리더라는 점이다. 사수와 부사수는 회사 내에서 협업을 이루어 일하는 최소형태의 단위다. 물론 넓고 길게 보면 둘은 서로 경쟁관계에 있기도 하다. 그러나 일을 해내는데 있어 둘의 운명은 따로 존재할 수 없다. 우리 속담에 '형만 한 아우 없다' 고 하지 않았던가? 사수를 사수의 위치에 올바로 세울 때 비로소 부사수는 얻는 것이 생긴다.

좋은 사수를 만나지 못한 것보다 더 큰 불행은 사수와의 '불화'

더욱 필요한 것은 내가 먼저 좋은 파트너가 되기 위한 노력을 기울이는 것이다. 좋은 사수를 만나지 못한 것보다 더 큰 불행은 사수와 협력하지 못하는 것이다. 대체로 부사수의 사수에 대한 평가는 다른 사람들의 평가에 비해 인색하다. 능력 있다고 소문난 사수에 대해 부사수가 오히려 아주 인색한 평가를 하는 경우도 종종 본다.

그러나 그들은 나보다 많은 세월을 그 일과 함께 했고, 이론이 아닌 실전에서 총을 쏘았던 사람들이다. 전투가 벌어졌을 때 사수와 부사수의 호흡은 목숨을 좌우한다. 직장의 사수와 부사수도 그만큼 긴밀한 관계다. 그리고 사수는 총을 쏠 줄 아는 사람이다. 설사 그가 겨누었던 표적에 총알을 명중시키지 못한다 할지라도 부사수는 사수를 흔들어서는 안 된다.

부산신항만공사(BPA)가 직원 90명을 대상으로 실시한 설문조사에서 직원들은 '자기 기분 때문에 부하 직원에게 화풀이 하는 상사' (46%)와 '부하직원의 성과를 가로채는 상사' (42.7%)를 직장 내에서 가장 싫어한다고 답했다. 또 직장에서 가장 당황스런 상황을 묻는 질문에 응답자들은 '고민해서 올린 기안이 퇴짜 맞았을 때' (40%), '퇴근 10분 전 '아 참.' 하면서 일을 시킬 때' (30%), '데이트 약속 잡아놨는데 갑자기 회식하자고 할 때' (20%) 등을 꼽았다.

부사수 입장에서는 사수에 대해 태생적인 불만이 있을 수밖에 없다. 뿐만 아니라 부사수는 사수의 단점이나 약점을 기가 막히게 알아차린다. 그런 사수의 부족함을 마음속에 담아두고 무시하거나 들추어내서 떠벌린다면 결코 좋은 부사수가 아니다. 그리고 그것은 본인에게 부메랑이 되어 돌아온다. 부사수는 사수의 그런 점들을 보완해주어야 할 책임이 있다. 물론 이것은 사수 역시 마찬가지다.

일의 진행에서도 마찬가지다. 사수의 단점이 일의 진행에 좋지 않은 영향을 준다면 부사수는 늘 사수와 상의해야 한다. 그것이 새로운 리더십이다. 윗사람에게만 리더십이 필요한 것이 아니다. 이른바 수평적 리더십이다. 그리고 이러한 수평적 리더십을 가능케 하는 유일한 도구는 대화다. 먼저 나서서 대화를 이끌어내는 부사수야말로 성공의 싹이 보이는 부사수라 하겠다.

'사수를 잘 만나야 한다.' 는 말이 있다. '줄을 잘 서야 한다.' 는 말도 들린다. 그러나 결론부터 말하자면 나는 이 말에 반대다. 누가 좋은 사수이고, 어떤 줄이 튼튼한 동아줄인가? 애초에 좋은 사수도 좋은 줄도 존재하지 않는다. 아무리 좋은 사수가 있다한들 나를 가르치고 싶은 마음이 없다면 그림의 떡이요, 아무리 좋지 않은 사수가 있다한들 그에게서 배울 것이 전혀 없을 리는 만무하니 말이다.

'반면교사(反面教師)' 라는 말이 있다. '타산지석(他山之石)' 이라는 말도 있다. 공자는 논어에서 '세 사람이 걸어가면 반드시 나의 스승이 있다.' 고 설파했다. 진부한가? 그러나 사실이 그렇다. 일은 가르쳐 주는 것이 아니라 스스로 배우는 것이다.

가르쳐 줄 것이라는 안일한 생각을 가지고 있기 때문에 가르쳐 주지 않으면 불만이 생긴다. 아무리 무능한 상사라도 무언가 배울 점이 분명히 있다. 그 점들을 제대로 배우기 위해서는 우선 교만한 마음을 없애고 허심탄회한 마음가짐을 가져야 한다. 누구에게서나 배우려는 겸허한 마음이 필요하다.

착각하지 마라, 사수는 선생이 아니다

많은 부사수들이 학교에서 만났던 좋은 선생님이나 좋은 교수님을 떠올리며, 그런 사수를 찾는 경우가 많다. 하지만 사수는 선생님이 아니다. 그들은 일하는 사람이다. 늘 일을 중심으로 나와의 관계를 맺고 유지한다. 때문에 그들은 그저 혼자 일을 하거나, 나에게 일을 시키거나, 해놓은 일에 대해 이런저런 문제를 제기할 뿐이다.

사수와 부사수 관계의 기초는 업무체계이며, 오더체계다. 사수는 나에게 오더를 주고 이를 관리하여 업무를 진행하는 임무를 가진다. 때문에 사수로부터 선생의 얼굴을 기대하기에 앞서 사수를 업무체계 속에서 충분히 활용하기 위한 노력이 필요하다.

또 원활한 관계와 업무를 위해서는 오더의 계통을 확실히 해주는 노력이 필요하다. 설사 부서장이 나에게 따로 오더를 내렸다 해도 나는 그 내용을 사수에게 보고해야 하며, 언제나 사수의 관할 하에서 업무를 진행해야만 한다.

그는 나에게 무엇인가를 가르칠 수도 있지만 가르치는 일은 하지 않은 채 그저 자신의 일만 처리할 수도 있다. 하지만 나는 그런 그에게서 배울 수 있다. 배울 수 있어야 한다. 그게 사수다. 그 도를 넘는 사수가 있다면 나는 그를 사수가 아닌 사부로 모셔야 한다. 그리고 그에 상응하는 대가를 어떤 형식으로든 치러야만 한다.

사부를 식별해내는 방법은 간단하다. 많이 괴롭히는 사수가 있다면 그에게 주목하라. '될성부른 나무는 떡잎부터 알아본다.' 고 했다. '될성부른 나무에 물을 주는 것'이 인지상정. 그 괴롭힘은 '물'일 수 있다. 만일 그 괴롭힘이 '물'이라면 당신은 평생 한번 만나기 힘들다는 '좋은 사수'를 만난 것. 좋은 사수란 많이 아는 사수가 아니라, 애정을 가져주는 사수다. 혹독한 사수가 바로 진정한 사부다.

독일의 명장, 에르윈 롬멜 장군은 '사령관이나 군대가 병사들에게 해줄 수 있는 최대복지는 훈련이다.'라는 말을 남겼다. 전장에 나가 죽지 않도록, 다치지 않도록, 패하지 않도록 그들을 평소에 단련시켜주는 것이야말로 병사들에게 해줄 수 있는 최대의 복지라는 것.

직장에서의 사부 역시 마찬가지다. 당신이 인생과 비즈니스라는 험난한 전쟁터에서 살아남을 수 있도록 조련시켜주고 코칭해주는 사부야 말로 진정으로 존경해야 할 사부다. 그리고 당신은 당신이 받은 보수 이상으로 사부의 조련과 코칭에 감사해야만 한다.

그런 사부에게 내가 할 수 있는 것은 그저 가방을 들어주거나 커피를 끓이고, 그의 책상을 치워주는 정도다. 그러나 제대로 된 사부들이 바라는 것은 따로 있다. 훗날 자신이 가르친 제자가 자신의 곁을 떠나서도 일로 유명해지고, 일 잘한다는 소식을 듣게 되는 것. 그게 사부들의 낙이다. 그러니 배울 수 있을 때 제대로 배워라.

일을 하다보면 사수와의 사이에서 사소한 오해가 생기는 경우가 있다. 오해는 결국 업무에 지장을 초래하고, 직장생활의 걸림돌로 작용한다. 이런 오해를 경계한 카피가 있다. 1984년 5월, 월스트리트저널에 게재된 유나이티드 테크놀로지의 광고카피를 소개한다.

오해를 없애세요(Clear the air)

풀지 않은 채로 남아 있는 오해만큼 거북한 것은 없습니다.

그리고 그만큼 불필요한 것도 없습니다.
그것은 긴장, 불안, 비난을 낳고,
또한 노골적인 적의를 나타낼 수 있는 분위기를 만들어냅니다.
친구, 동료, 손님을 잃는 위험한 짓을 왜 하려 합니까?
당신에게 끓는 물주전자 속 같은 작은 오해가 있었다면,
그것이 폭풍우처럼 끓어오를 때까지 기다려서는 안 됩니다.
선수를 치는 것이지요. 전화를 거세요. 펜을 드세요.
그렇지 않으면 당신 자신이 일어서서
당장 그것에 대한 오해를 푸세요.

상사란 '직무상의 윗사람'이기 때문에 우선 섬기는 자세로 대해야 한다. 상사 중에서 직무상 능력이 없는 상사, 직무를 잘못 수행하는 상사, 직무 이외의 일을 강요하는 상사 등 여러 유형이 있겠지만 거기에 알맞게 섬기는 방법을 채택하여 섬겨야 한다.

상사는 직위 상 조직 전체와의 관련을 부하보다 더 잘 알고 있다. 때문에 그의 의견을 따라야만 한다. 그의 견해는 대체로 회사의 견해이기 때문에 부하보다 넓은 인식을 가지고 있기 마련이다. 그는 부하의 문제와 해답을 늘 항상 생각하고 있다. 그러므로 한 조직체 안에서 성실하고 유능한 사원이 되려면 우선 이러한 상사의 직책을 이해하고 있어야 한다.

조직 속에서 일을 원만히 지휘 통솔하는 것이 상사이다. 물론 상사이기 때문에 모든 것이 다 훌륭하다는 것은 아니다. 인간은 누구나 완전하지 못하고, 장점과 단점이 있기 마련이다. 그러므로 그가 완전하기를 바라는 것은 잘못이다. 상사의 화를 자기 성장의 영양소로 삼을 수 있는 자세가 되어 있다면 이상적인 신입사원의 자세를

갖추었다고 볼 수 있겠다.

잘못은 누구나 저지르기 마련이지만 상사가 화를 냈을 때 대응하는 유형에는 차이가 있다. 상사가 화를 내도 반응이 없고 반성하지 않는 사람, 끝내 감정적으로 대립하며 비난하는 사람, 이 두 가지 유형은 모두 잘못된 것이다. 감정의 지배를 받지 않고 항상 냉정하게 대응해야만 한다. 상대방과 자신의 입장을 잘 생각하여 상대방의 잘못을 날카롭게 규정하고, 동시에 자신의 잘못도 깊이 반성하여 개선해 나가는 사람이 되어야 할 것이다.

Point

2-5. 직장 내 오더체계

- 내가 맡을 업무를 먼저 경험한 사람이 사수다.
- 내가 지금 하고 있는 고민을 가장 최근에 한 사람이 사수다.
- 사수와 부사수는 협업을 이루어 일하는 최소형태의 단위다.
- 좋은 사수를 못 만난 것보다 더 큰 불행은 협력하지 못하는 것.
- 무심코 떠벌린 사수의 약점은 부메랑이 되어 되돌아온다.
- 먼저 나서 대화를 이끄는 부사수는 성공의 싹이 보이는 부사수다.
- 일 잘하는 사수보다는 애정을 가져주는 사수가 좋은 사수다.
- 사수와 부사수 관계의 기초는 업무체계이며 오더체계다.
- 배울 수 있는 사수라면 사수가 아닌 사부로 모셔라.
- 상사, 즉 직무상의 윗사람은 우선 섬기는 자세로 대해야 한다.
- 상사는 조직 전체와의 관련을 부하보다 잘 알고 있기 마련이다.
- 조직 속에서 일을 원만히 지휘 통솔하는 것이 상사다.
- 상사의 단점 또한 너그러이 받아들여야만 한다.

2부 : 일을 맡기까지

직장 내 시간관리

오늘은 대체 무얼 하며 놀았느냐?

총알택시 기사와 목사가 죽어서 함께 저승에 갔다. 총알택시 기사는 곧바로 천국의 문에 들었고, 목사는 저승 문 앞에서 대기를 하게 되었다. 목사는 불만이었다. '평생 하나님을 모셔온 나는 대기를 시키고, 총알택시 기사가 도대체 뭘 어쨌기에 바로 천국으로 보낸단 말인가?'

하나님은 말씀하셨다. "네가 설교를 할 때마다 꾸벅꾸벅 조는 신도들이 한두 명이 아니었다. 그러나 저 총알택시 기사가 택시를 몰 때면 뒷좌석의 승객들은 누구 하나 조는 사람 없이 나를 향해 열심히 기도를 했느니라."

이 우스갯소리가 과정보다는 결과를 우선시하는 풍조를 풍자한 것이라면 비약일까. 하루 종일 사무실에 앉아 있지만 심지어 야근에 특근까지 신청하고 자리를 지켰지만 속 시원한 결과를 만들지 못했다면 그 직원에 대한 평가는 야박할 수밖에 없다.

요즘 박태수 부장은 신입사원 때문에 화병으로 자리에 누울 지경이다.
가뜩이나 부서 실적이 낮아서 전 부서가 초비상 상태인데,
신입사원 김미영의 철없는 행동이 박 부장의 꼭지를 돌게 만든 것이다.
버젓이 컴퓨터 화면에 메신저를 켜놓고, 친구들과 잡담을 나누는가 하면,
웹쇼핑까지 서슴지 않는 신입사원의 태도는 그야말로 모골이 송연할 지경.
김미영의 사수인 김 대리를 몇 차례 나무랐지만 별무소용.

아직 신입사원인 탓에 많은 업무를 맡긴 것은 아니지만
남는 시간이 있으면 자료정리라도 좀 하든, 하다못해 청소라도 좀 하든가.
할 일이 영 없는 것도 아니건만 툭하면 어디론가 사라진다.
이삼십 분씩 안 보이는 걸 보면 친구들과 전화수다를 떠는 것임이 분명하다.
그렇다고 부장 체면에 직접 신입사원을 나무라기도 어렵고,
김 대리는 말이 통하지 않는다며 오히려 투덜거린다.
"좀 얘기만 하면, '저 할 일 다 했는데요.' 그러면서 오히려 대든다니까요."

아무튼 김미영 문제로 머리가 지끈거리는 박 부장.
그런 박 부장이 복도를 지나는데, 비상계단 쪽에서 들리는 김미영의 목소리.
'또 친구들과 수다나 떨고 있겠지' 라고 생각한 박태수 부장.
"아, 글쎄 요즘 태수 때문에 죽겠다니까."

'감히 회사 내에서 나를 씹는 전화를 해? 그것도 태수가 어쩌고?'
박 부장은 가슴에서 불쑥 올라오는 무언가를 느꼈다. 이어지는 미영의 말.
"아 글쎄, 태수 걔가 여기저기에 내 욕을 하고 다닌다잖아?"
박 부장은 찔끔했다. 직원들에게 신입사원 얘기한 것을 들었구나 싶었다.
"아, 걔는 원래 학교 다닐 때부터 그랬다니까.
태수 걔 입 싼 거 사람들 다들 알잖아. 우리 동창 중에 젤 꼴통이지 뭐."

박 부장은 가슴을 쓸어내리며, 서둘러 그 자리를 떴다.
'아, 제 동창 얘기구나. 짜식 나한테 하는 소린 줄 알고 깜짝 놀랐네.'

기본적으로 사무직과 생산직은 다르다. 생산직 직원은 라인에 앉아 있는 동안 딴전을 피울 수가 없다. 그러나 사무직은 다르다. 볼펜만 돌리고 있어도 하루가 가고, 열심히 일을 해도 똑같이 하루가 가는 것이다. 하루 종일 볼펜을 돌리며 사무실을 지켰다 해도 삼십분 집중해서 일한 사람만큼의 업무성과를 내지 못하는 경우도 얼마든지 있을 수 있다. 중요한 것은 행위가 아니고, 행위가 낳은 결과다. 성실성이라는 것 역시 궁극적으로는 결과를 만들 수 있어야 한다. 이렇게 결과를 만들어내기 위해 활용되는 것이 시간이다.

직장에서의 시간은 직장의 것이다, 함부로 낭비해서는 안 된다

직장인들이 업무시간에 제일 많이 하는 '딴 짓' 은 인터넷 뉴스 검색인 것으로 나타났다. 인크루트가 운영하는 연봉전문사이트 오픈샐러리가 엠브레인과 함께 직장인 2천52명을 대상으로 '직장인 딴 짓 실태' 를 조사한 결과에 따르면, 직장인 모두가 '업무시간에 딴 짓을 해본 경험이 있다.' 고 답했던 것.

직장인들은 딴 짓으로(복수응답) '뉴스검색' (43.1%)을 가장 많이 했으며, 이밖에 '온라인 쇼핑몰 검색' (38.7%), '이메일 관리' (38.2%), '미니 홈피ㆍ블로그 관리' (30.7%), '동료직원과 수다' (27.7%), '친구와 메신저' (25.6%) 등을 했다고 응답했다.

성별로는 남성 직장인은 '뉴스검색' (46.9%)을, 여성 직장인은 '온라인 쇼핑몰 상품검색' (47.9%)으로 나타났다. 신입사원들 입장에선 이런 통계가 언감생심으로 보이기도 하지만 가끔 간 큰 신입사원들이 사적 통화를 하거나, 메신저와 뉴스검색을 아무렇지도 않게 하는 경우를 보게 된다.

그렇다면 하루의 시간은 어떻게 써야 하며, 직장 내에서는 어떤 수칙에 의해 하루를 보내야 하는가? 앞 장에서도 말했듯, 우선은 일찍 일어나는 습관을 길러야 한다. 늦잠 자는 습관을 가지고 있었다면 하루 빨리 고쳐야 한다. 출근시간부터 허둥대기 시작하면 하루 일과가 벅찰 수밖에 없다.

출근시간을 지켜야 함은 물론이다. 출근시간보다 이른 출근으로 출근시간 이전에 조용히 하루 일과를 정리해보고, 하루를 계획하는 일과표를 작성해야 한다. 기쁜 마음과 기대감을 가지고 활동을 시작하며, 제 시간에 업무를 시작할 수 있도록 준비한다.

오전에는 주의 집중을 요하는 일들, 창의력을 필요로 하는 일들을 한다. 오후에는 기계적인 일, 반복적인 일, 움직이는 일 등이 바람직하다. '오늘 일은 오늘 완수한다.' 는 원칙을 지켜야한다. 그리고 일과를 마무리하기 전에 오늘 하루의 일과들을 꼭 평가해야만 한다.

회사 내에서는 시간을 약속하는 일이 허다하다. 일을 마치기로 한 약속, 거래처와의 미팅 약속, 각종 회의, 전화를 걸기로 한 시간, 심지어 점심식사 시간까지도 약속이다. 여기 약속에 대한 교훈을 담은 카피가 있다. 다음 카피는 1980년 6월 유나이티드 테크놀로지사가 신문에 게재한 내용이다.

당신은 오늘도 또 도둑질을 하시겠어요?

(Will you commit larceny today?)

당신은 자신도 모르는 사이에 도둑질을 하고 있는지 모릅니다.

당신은 소중한 사람들에게서 뭔가를 훔치고 있을지도 모릅니다.

당신이 갖고 있는 것 중 가장 중요한 재산은 돈과 시간입니다.

돈을 훔치다 붙잡히면, 당신은 벌을 받게 되겠지요.

그러나 시간을 훔치면 다른 사람이 벌을 받게 됩니다.
9시에 약속을 했으면 9시에 그곳에 가세요, 9시15분이 아니라.
그렇지 않으면 당신은 남의 15분을 훔친 것이 됩니다.
당신의 그 도둑질은 모든 사람들을 늦게 합니다.
5시에 약속했던 사람은 시간에 쫓겨 만날 수 없게 될지도 모르고,
다시 그와 다음을 약속하는 것도 어려운 일일 것입니다.
입장을 바꿔놓고 생각해보세요.
그러면 아마 당신은 이제 늦는 일이 없을 것입니다.
만약 당신이 도둑맞은 쪽의 사람이라면
이 페이지를 그 도둑에게 건네주세요.

시간을 지키지 못하는 사람에겐 미래가 없다. 습관적으로 지각하고, 회의시간을 지키지 않고, 약속을 어기는 사람에게 '신뢰'는 생기지 않는다. 아무리 일을 잘한다고 해도 조직은 규칙을 지키지 않는 사람을 인정하지 않는다. 조직은 서로 맞물려서 돌아간다. 아무리 뛰어난 능력을 갖췄어도, 함께 일하는 곳에서는 예외가 없다. 매일 평가받고 있다는 사실을 기억하고 긴장하라.

스스로 할 일을 만드는 노력이 성공을 부른다.

직장생활을 하면서 가장 난감한 것 중 하나가 이 시간의 활용이다. 언제 쉬어야 하는 것인지, 심지어 화장실을 언제 가는 것이 좋은지, 쉴 때조차도 보고를 해야 하는 것인지, 언제 퇴근하는 것이 맞는지, 부여받은 임무를 다 완수하고 난 뒤의 업무시간은 무엇을 해야 하는지 등 시간에 대한 고민은 한두 가지가 아닌 것이다. 우선 그 답을 찾아가보자.

적당히 일하고 나면 잠깐씩이라도 휴식시간을 가져야만 한다. 사람의 집중력에는 한계가 있다. 대체로 30분 정도 집중하고 나면 집중력이 흐트러지게 마련이다. 때문에 어떤 일을 맡게 되면 그 일을 시작하기 전에 그 일을 30분 이내로 잘게 쪼개는 것이 좋다.

그리고 한 시간 정도 자리에 앉아 있었다면 최소한 10분 정도는 자리에서 일어나 몸을 움직여주고, 눈의 피로를 풀어주는 한편 집중력이 일으킨 긴장을 풀어줄 필요가 있다. 그러나 마땅히 쉴 자리가 없다. 휴게실이 있는 회사라면 그나마 다행이지만 신입사원 신분으로 그곳에 가서 편안하게 휴식을 취하는 것도 여간 눈치가 보이는 것이 아니다.

그래서 필요한 것이 자신만의 장소다. 그렇다고 해서 툭하면 특정 장소에 간다고 사무실을 비우는 것은 당연히 좋지 않다. 적당히 휴식하되, 휴식시간을 문자나 전화로 낭비하지는 말자. 특히 컴퓨터에 피로해진 눈은 먼 풍경을 보는 것으로 푸는 것이 좋다. 그 풍경이 녹색이라면 더욱 좋다.

퇴근시간을 기다리며 시계를 자주 보는 신입사원들이 있다. 그런 신입사원들을 곱게 보는 선배들은 없다. 특히 퇴근시간 땡하자마자 선배에게 '퇴근하겠습니다. 할 일 다 했는데요.' 라고 말하는 후배는 밉상이다. 하지만 신입사원 입장에서 일도 없는데 선배들 눈치를 보며 자리를 차지하고 있는 것은 곤혹스러운 노릇이다.

퇴근시간이 되었음에도 불구하고 자리를 지키고 있는 선배들이 있다면 얼마만큼 퇴근을 미루는 것이 좋다. 그렇다고 하는 일 없이 앉아 있어서는 곤란하다. 내가 할 일은 무엇인가를 찾아 하는 것도 신입사원의 책임 중 하나다. 퇴근을 해야겠다면 선배들을 찾아가 이렇게 말하는 것이 좋다. '혹시 선배님 제가 도와드릴 일은 없습니까?' 많은 경우 이렇게 말하는 후배에게 선배는 '아니야. 별 일 없으면 퇴근해.' 라고 말할 것이다.

중요한 것은 자신의 시간을 자신이 관리해야한다는 것. 그러기 위해서는 목표와 행동을 성찰해야한다. 특히 무리한 일정으로 건강을 해치는 것만큼 바보스러운 것은 없다. 일은 항상 양보다 질에 의해 결정된다는 사실을 명심해야한다. 모든 일을 완전하게 하려는 생각보다는 목표에 이르기 위해 해야 할 일들은 많고, 그 목표로 가는 길 또한 다양하다는 생각을 가지는 것이 더 좋겠다.

일과 휴식의 리듬을 잘 지켜야 하며, 늘 조화와 균형을 이루는 삶을 갖기 위해 애쓰는 것도 중요하다. 일을 하는 동안 자신을 적당히 긴장시키는 것은 필요하지만, 이러한 긴장을 수시로 풀어주는 것 또한 꼭 필요한 일임을 잊지 말자.

긴급하지는 않으나 중요한 일로 시간을 보내는 사람

스티븐 코비는 그의 저서 '성공하는 사람들의 7가지 습관' 에서 시간 관리를 보다 용이하게 하기 위해 시간관리 매트릭스를 제시한다. 시간관리 매트릭스는 긴급함과 중요함의 두 가지 축을 기준으로 자신의 일정을 관리하라는 것. 긴급하면서도 중요한 일, 긴급하지만 중요하지는 않은 일, 긴급하지는 않으나 중요한 일, 긴급하지도 않고 중요하지도 않은 일로 구분한다.

얼핏 보기에 긴급하면서도 중요한 일에 많은 시간을 투입하고 있는 사람이 성공할 수 있을 것으로 생각될 수 있겠지만 결코 그렇지 않다. 중요한 일이 긴급하게 놓여 있다는 것은 그만큼 스스로 준비를 하지 못했다는 것이며, 이러한 일에 많은 시간을 투입하고 있다는 것은 시간에 끌려 다니고 있다는 것을 증명한다. 긴급하면서도 중요한 일은 기간이 정해진 프로젝트 등 급박한 문제들이다.

긴급하지만 중요하지는 않은 일 역시 성공과는 거리가 있다. 눈앞의 문제, 일부 전화들, 우편물, 보고서, 회의, 인기 있는 활동의 참여 등이 그것이다. 자신보다는 타인의 시선 때문에 거절하지 못해 하는 일들도 긴급하지만 중요하지는 않은 일에 포함된다.

긴급하지도 않고 중요하지도 않은 일은 시간낭비거리(킬링타임), 당장하기에 즐거운 활동 등이 포함된다. 낭비와 도피적인 활동들의 대부분이 그것이다. 당연히 이러한 활동은 피하는 것이 옳다.

스티븐 코비는 긴급하지는 않으나 중요한 일에 많은 시간을 보내는 이들이야말로 성공할 수 있다고 말한다. 예방과 생산능력 활동, 인간관계 구축, 새로운 기회의 발굴, 중장기적인 계획, 여가활동 등을 모두 이 활동으로 규정한다. 매우 중요한 일이지만 긴급하지는 않기 때문에 미뤄질 수 있는 일들이라 하겠다. 가족과의 시간, 비전의 수립, 학습, 독서, 건강관리 등도 여기에 포함된다.

그러나 긴급하지는 않지만 중요한 일을 하고 있다고 해서 그 활동들이 모두 유용한 것은 아니다. 자신이 걸어가고자 하는 목표와 현재의 활동이 불일치한다든지, 어느 한쪽의 활동에 쏠려 균형을 잃는다든지, 스스로 너무 빡빡한 스케줄을 강요하며 융통성을 발휘하지 못한다든지 해서는 설사 이러한 활동을 중심으로 시간을 관리하고 있다하더라도 성공적인 시간관리라고 하기 어려울 것이다.

긴급하지는 않으나 중요한 일을 하되, 자신의 목표와 현재 활동이 늘 한 방향을 향하도록 하고, 목표를 기준으로 우선순위를 정하라는 것. 늘 자기 생활에서 균형을 유지하고, 여러 가지 역할을 확인하는 한편, 자신의 스타일에 맞도록 시간을 관리해야 한다. 이러한 시간 관리를 위해서는 일정표를 잘 활용하는 것이 좋다.

목표는 그 달성기한이 정해질 때 비로소 비전과 계획이 되는 것

시간에 끌려 다니지 말고, 자신의 시간을 자신이 관리할 수 있도록 하는 것이 중요하다. 그러기 위해서는 긴급한 일을 만들지 않아야 한다. 미리 일정을 계획하고, 이를 잘 실천하는 것으로 이러한 문제들은 해결이 가능해진다.

작은 결정은 빨리 하고, 중요한 결정은 신중하게 하는 습관이 필요하다. 좋은 시간에 중요한 일을 하도록 일정을 잡아야 하며, 무의미한 만남을 줄이고, 자투리 시간을 잘 활용하여야 한다. 이를 위해 자신의 일정은 30분 이내로 잘게 쪼개어 계획하여야만 한다. 이것은 집중력과도 관계가 있다.

여기에 더해 일의 순서를 정하는 것 또한 매우 중요하다. 돌덩어리, 자갈, 모래의 순서로 항아리를 채워야 빈 공간을 꼼꼼하게 채울 수 있듯 시간 관리도 가장 중요한 일을 우선순위로 하는 습관이 당신을 성공으로 이끌어줄 것이다.

우리는 대개 1년이나 며칠 단위로 계획을 세우기 때문에 근시안적이기 쉽다. 자신의 미래설계는 장기적이어야만 한다. 그리고 이를 잘 일궈나가기 위해서는 나침반과 인생의 지도가 필요하다. 나침반은 방향이다. 내 인생의 소중한 목적을 달성하기 위해 나아갈 방향이 바로 서야만 한다.

방향(나침반)과 지도는 우리를 보물섬으로 안내하는 길잡이다. 이

때 시간은 어부가 던지는 그물처럼 잘 짜여 있어야만 한다. 나의 목표를 언제까지 달성하겠다는 기한을 정할 때 비로소 그것은 내가 달성해야 할 구체적인 비전과 계획이 된다. 구체적인 시간계획이 없다면 그것은 우리네 인생의 하룻밤 꿈에 불과할 것이다.

Point

2-6. 직장 내 시간관리

- 중요한 것은 행위가 아니고, 행위가 낳은 결과다.
- 직장에서의 시간은 직장의 것이다. 함부로 낭비해서는 안 된다.
- 출근시간을 지키는 것은 기본. 출근 후에는 일정계획을 수립해야 한다.
- 약속은 꼭 지키자. 늘 5분 먼저 준비하고, 5분 먼저 움직이자.
- 적당히 일한 뒤에는 잠깐씩이라도 휴식시간을 가져야 한다.
- 누가 일을 시키기 전에 스스로 할 일을 만드는 노력이 필요하다.
- 스스로 시간을 관리하자. 일은 항상 양보다 질에 의해 결정된다.
- 긴급하지 않으나 중요한 일에 일정을 할애하는 사람이 성공한다.
- 집중력을 높이고, 일을 잘게 쪼개 자투리 시간 활용도를 높여라.
- 목표를 언제까지 달성하겠다는 기한을 정할 때 비로소 그것은 내가 달성해야 할 구체적인 비전과 계획이 된다.

2부 : 일을 맡기까지

기초업무와 매뉴얼

제발 이젠 말귀 좀 알아들을래?

어느 중국집에 조기축구회원 삼십 여명이 들이닥쳤다. 조용하던 중국집은 분주해졌다. 홀에 혼자 있던 사장은 컵을 나르랴, 물을 나르랴, 주문을 받으랴 정신이 없었다. 워낙 많은 사람들인지라 주문받기가 쉽지 않았다.

조기축구회 회장이 주문을 모아 중국집 사장에게 전했다. "자장면 9개, 짬뽕 8그릇, 볶음밥 6개, 잡채밥 4개, 기스면 4개, 짬뽕밥 3개, 탕수육 3개, 유산슬 1개." 중국집 사장은 넋을 놓고 듣고 있더니, 주방으로 뚫린 문을 향해 외쳤다. "다 들었지?"

처음 직장생활을 하다보면 뭘 했는지도 모르게 하루가 지나곤 한다. 이 사람이 부르면 이 사람이 부르는 대로, 저 사람이 시키면 저 사람이 시키는 대로 하루 종일 휘둘리다보면 정신까지 멍멍해지는 게 신참의 하루다. 그러다보니 말귀를 잘 못 알아듣는 것도 일쑤고, 받은 오더를 까먹는 경우도 적지 않다.

이 차장이 통 모르는 소리를 한다.
"김 대리, 저번에 얘기했던 유진전자 제안서 어떻게 됐어?"
"예?"
유진전자 관련해서 뭔 얘기를 했던 것 같긴 한데,
너무 오래된 얘기인 탓에 도통 가물가물하다.

이 차장은 자신의 다이어리를 들이밀며 나를 추궁한다.
"내가 이럴 줄 알고 내가 여기 이렇게 적어놓기 까지 했어.
23일까지 김 대리 진행. 이거 보이지? 도대체 대리는 고스톱 쳐서 땄니?
어떻게 시키는 일마다 흘리고 다녀?"
"……."
"좀 적어. 뭘 얘기를 해도 그냥 귓등으로 듣기만 하니 원."
"……."
"참나, 내가 속이 터져서 원. 내일까지 무슨 수를 써서라도 해결해놔."
기어들어가는 목소리로 대답을 해놓고는 망연자실.
결국 오늘은 철야를 해서라도 유진전자에 들여보낼 제안서를
마무리 지어야 할 모양이다.
다들 퇴근한 사무실.
난 자장면 한 그릇 시켜놓고는, 담배 한 대를 피우고 있었다.

그때 걸려온 전화. 마누라였다. 야근이 있다는 전화를 하지 않았던 터.
"응. 나야." "당신, 오늘 늦어요?" "응, 오늘 야근이 있어서."
내 말이 떨어지자마자
앙칼진 마누라의 목소리가 핸드폰 너머에서 악을 쓴다.
"오늘 아침까지만 해도 저녁에는 뭐가 있겠지 하고 참았어.
그런데 정말 너무하는 거 아니에요?
당신, 오늘이 내 생일인 거, 기억은 해요?"

직장에서의 모든 업무는 상사나 선배로부터의 지시나 명령에 따라 진행되고, 그 결과를 보고함으로써 마무리되는 것이 보통이다. 지시받은 일은 곧 실천에 옮겨야 한다. 그리고 그 일의 결과는 상사나 담당자에게 보고되어야만 한다.

지시받을 때 쓰는 메모지와 펜은 전쟁터에서의 총과 같다

업무지시를 받을 때에도 일련의 요령이 있다. 우선 상사가 지시를 위해 자신을 부를 때에는 어떤 경우라도 "네."하고 똑똑히 대답한 뒤 상사에게 다가가야 한다. 놀란 표정을 짓거나 말도 없이 바라보는 것은 '당신의 지시를 받기 싫다.' 로 비춰질 수 있다.

밝고 명확한 "네."라는 대답은 즐겁게 일하겠다는 마음의 자세를 나타내는 것이다. 상사의 앞에 가서 "부르셨습니까?" 하고 되묻는 것은 실례다. 만약 상사가 자신을 부른 시점에 전화를 받고 있었다면 "네, 죄송합니다. 조금만 기다려주십시오."하고 양해를 구해야 한다.

지시를 받을 때는 언제나 메모용지와 펜을 가지고 가서 메모를 해야만 한다. 메모는 6하 원칙에 따라 기록한다. '5W1H' , 즉 'Why=왜, Who=누구, When=언제, Where=어디에서, What=무엇을, How=어떻게' 의 원칙을 지켜 적는다. 중요하다고 강조하는 사항이나 중요하다고 판단되는 사항은 메모 시 강조해두어야만 한다.

지시사항에 반응을 보이는 것도 중요하다. 늘 반응을 보이며 이야기가 끝날 때까지 경청하여야만 한다. 지시를 받을 때 묵묵히 있으면 지시하는 사람이 답답해한다. 알아들은 사항에 대하여는 "네." 또는 "잘 알겠습니다." 등의 반응을 보이면서 들어야 한다. 상사나 선배로부터의 지시를 끝까지 듣고 나서 불분명한 부분이 있을 때에는 질문하여 확인해야 하나, 말하는 도중에 "왜 그렇습니까?" 또는 "어찌 된 셈인지요?" 등으로 반문하는 것은 잘못된 태도다.

업무지시를 받고 난 다음에는 업무를 진행하여야 한다. 당신은 늘 업무를 끌고 다닐 수 있어야 한다. 업무에 끌려 다녀서는 안 된다. 그러나 그것이 말처럼 쉽지가 않다. 업무를 추진하는 중에 전화가 걸려오고, 다른 업무가 떨어지기도 한다. 하나를 다 끝낸 뒤라야 다른 일이 보이는 사람이라면 실수가 많을 수밖에 없다. 업무에 집중하고 있을 때 걸려오는 전화는 짜증스럽기만 하다.

그렇기 때문에 필요한 것이 업무체크리스트. 받은 업무를 덩어리째 들고 있지 말고, 그 업무를 가급적 세부적으로 나누어 체크리스트를 만들어야 한다는 것이다. 그리고 그 일들을 하나하나 해결해 나가야만 한다. 이것이 자투리시간을 활용하는 방법이며 집중력을 키우는 유일한 방법이다.

메모는 잊지 않으려고 하는 것이 아니라 잊기 위해 하는 것

상사와 선배들은 신입사원의 사정은 봐주지 않은 채 툭하면 업무를 던진다. 그때마다 꼭 뒤에 붙이는 말, "내 말이 뭔 말인지 알지?" 이 말은 그만큼 못미덥다는 말이기도 하다. 시간을 지키지 못하는 사람에겐 미래가 없다. 특히 툭하면 "할 일 다 했는데요."라며 퇴근시간을 챙겼던 신입사원이 업무를 놓쳤다면 상사와 선배들이 그 신입사원에게 던지는 시선은 두 배 이상으로 차가워질 것이다.

'당신이 보낸 의미 없는 오늘 하루가 어제 죽은 이에게는 그렇게도 살고 싶었던 하루였다.' 라는 말이 있다. 하루하루가 모여 한 해가 되고, 그 한 해 한 해가 모여 일생을 이룬다. 어느 하루도 소중하지 않은 날은 없다. 오늘 미룬 업무가 하나씩 쌓이다보면 언젠가는 도망치고 싶은 날이 돌아오기 마련.

보고할 때에도 몇 가지 요령이 있다. 우선 보고의 내용과 자신의 의견은 확실히 구분해야 한다. 상사가 지시한 일에 대해서는 반드시 그 결과를 객관적으로 보고해야만 하며, 자신의 의견은 그 뒤에 피력하도록 해야 한다. 특히 "제 생각에 이 일은 별로 중요하지 않은 것 같습니다."등의 의견 제시는 금기다.

일이 끝나면 끝나는 대로 즉시 그 일의 결과를 보고해야 한다. 일이 끝났는데도 들고 앉아 보고를 하지 않는다면 그것 역시 업무를 유기하는 것이다. 만약 일이 복잡하거나 시간이 오래 걸리는 일일 경우에는 반드시 중간보고를 하여 상황을 알려야만 한다.

업무보고는 지시한 사람에게 해야 하며, 결론을 먼저 말하고 과정을 나중에 말해야 한다. 그리고 이처럼 업무지시를 받고, 업무를 진행하고, 업무를 보고하기 위해 꼭 필요한 것이 메모다.

메모는 잊지 않으려고 하는 것이 아니라 기록한 후 잊기 위해 하는 것이다. 때문에 신입사원이야말로 모든 것을 메모해 두어야만 한다. 그래야 기록 후 잊을 수 있고, 뇌 속에 다른 말들을 주워 담을 공간이 생긴다.

메모는 이처럼 많은 업무량을 수행하는데 꼭 필요한 도구다. 하지만 그 외에도 메모는 다양한 이로움을 준다. 특히 아이디어를 수집하는 데 메모만큼 효과적인 것은 없다. 아이디어는 때를 가리지 않고 떠오른다. 샤워하는 도중이나 화장실에서는 물론 친구와 술을 마시는 중에도 떠오르는 것이 아이디어다. 이런 순간적인 발상을 '나

중에 정리해야지.' 하고 미루다 보면 금세 잊어버리게 된다.

회의할 때는 상대방의 의견에 고개를 끄덕이며 이해했다고 생각했는데, 막상 끝나고 나면 그 말이 전혀 기억나지 않는 경우도 많다. 아무리 가슴에 와 닿을 만큼 인상적인 이야기도 메모해두지 않으면 날아가 버린다.

간단한 전화통화를 하면서도 메모는 매우 요긴하게 쓰인다. 신입사원 시절에는 전화통화로 간단한 용건을 전하는 것조차 쉽지가 않다. 때문에 전화를 걸기 전 자신이 해야 할 말들을 간단히 메모해서 이를 확인하며 전화를 건다면 훨씬 덜 긴장한 채로 용건을 빠짐없이 전할 수 있게 된다.

메모를 하는 것만큼 메모를 활용하는 것이 중요하다

메모를 잘하기 위해서는 생각을 줄이고, 대신 펜을 빨리 움직이는 연습부터 시작해야 한다. 항상 수첩을 휴대하고 다니며, 떠오르는 것은 즉시 기록해야 한다. 시간약속이나 회의내용은 물론이고, 지시를 받을 때도 들리는 대로 기록을 남기자. 침대 머리맡이나 목욕탕에도 메모지를 놓아두어야 하며, 회식을 하거나 친구들과 술을 마실 때에도 늘 수첩을 지니고 있어야만 한다.

그러나 이런 메모를 '잘' 하려고 하면 오히려 역효과가 생긴다. 메모는 키워드나 기호만으로도 충분하다. 남에게 보여주기 위한 것이 아니다. 자신만 알아볼 수 있다면 굳이 예쁜 글씨로 쓰지 않아도 된다. 깔끔하게 적으려는 데에 함정이 있다. 메모는 습관이다. 머리로 생각한 후 손에 명령하는 것이 아니라, 머리로는 생각하면서 손은 메모를 하고 있어야만 한다.

메모를 잘하기 위해서는 몇 개의 수첩이 필요할까? 업무, 개인, 비망 등의 용도로 여러 개의 수첩을 의욕적으로 준비하는 사람들도 있지만 이런 경우 대부분 얼마 지나지 않아 이 수첩들 모두를 포기하게 된다. 오히려 하나의 수첩을 관리하는 편이 효율적이다. 단, 수첩 안에 란을 구분하는 것이 필요하다. 하나는 메모용이고, 다른 하나는 정리용이다. 다이어리 등을 쓰는 것보다 오히려 한 장 한 장 뜯어낼 수 있는 스프링노트를 활용하는 것이 더 효율적이다.

메모하는 단계에서는 아무 생각도 하지 말고 오로지 메모용 수첩에 옮겨 쓰는 일에만 몰두하는 것이 좋다. 메모습관이 잘 되어 있지 않은 사람일수록 별로 도움이 되지 않는 메모도 많이 하게 된다. 그러나 걱정할 것이 없다. 이렇게 해놓은 메모들을 그 내용에 따라 리스트로 분류하면 그뿐이기 때문이다.

메모는 매번 제대로 활용되어야 한다. 메모만 해놓고 이를 확인하지 않거나, 메모한 일을 제대로 처리하지 않는다면 메모는 무용지물이 되고 만다. 때문에 메모한 일을 관리하는 것은 메모를 하는 것만큼이나 중요하다.

메모의 관리는 정리를 위한 페이지로 옮겨 쓰는 과정에서 진행할 수 있다. 특히 회의내용 등에는 자신이 처리해야 할 일, 지시받은 일 등이 포함되기 마련이다. 그럴 경우, 회의내용에서 그 일들만을 따로 뽑아 다시 한 번 정리하는 습관이 필요한 것이다.

정리를 위한 페이지는 날짜별로 관리하되 약속, 처리할 일, 지시받은 일, 회의내용, 기억해야 할 일 등을 당일의 면에 적는다. 이렇게 정리된 업무들은 리스트를 작성한 후 순서를 정해서 처리한다. 처리해야 할 일은 먼저 중요도와 우선순위에 따라 하나씩 점검하며,

작업이 끝난 일은 빨간 펜으로 지워나간다.

미처리된 사항을 체크하고, 새로운 일정으로 정리하자

거래처에 전화를 거는 일처럼 단순한 일도 메모를 해두지 않으면 놓치기 쉽다. 그러나 일단 걸고 나면 '일을 마쳤다' 는 생각 때문에 마음이 가벼워지는 것이 인지상정이다. 그 일을 빨간 펜으로 지우며, 순간의 성취감을 스스로 만끽하는 것도 메모를 보다 활성화하는 좋은 방법이다.

일의 순서는 굳이 번호를 매길 필요 없이 '오전에 할 일', '오후에 할 일' 등으로 구분해도 된다. 내일 할 일이라면 오늘 일에서 파란 펜으로 지운 뒤 다음 면, 즉 내일 일정에 정리해야 한다. 이러한 메모의 정리를 위해 꼭 한 번씩이라도 수첩을 펼쳐 자신의 일정을 정리하는 습관을 기르자.

하루 일정을 정리할 때에는 어제의 메모와 일정에서 미처리된 사항, 어제의 회의내용 등을 꼭 살펴 오늘의 일정에 반영하도록 해야만 한다. 이 정리가 잘 되지 않을 경우, 그 업무는 오랫동안 묻혀 있다가 지나가던 상사에 의해 발견되곤 한다. 지난 업무 중 미처리된 사항을 꼭 체크하고 이를 새로운 일정으로 정리해야만 빠뜨리지 않고 업무들을 처리할 수 있게 되는 것이다.

다음 카피는 1985년 4월, 월스트리트저널에 게재되었던 유나이티드 테크놀로지의 광고카피다. '어린이들에게' 라는 제하에 쓰인 글이지만 '신입사원들에게' 로 바꿔도 하등 이상할 것이 없이 들어맞아 소개한다.

어린이들에게(Hey, kids)

오늘밤 잠자리에 들기 전에 다음의 것들을 체크해보세요.
시간에 맞춰 일어났습니까? 자기가 이불을 개었습니까?
아침식사는 잘했습니까?
뭔가 재미있는 것을 읽었습니까? 뭔가 배웠습니까?
예의 바르게 행동했습니까? 친구의 일을 도와주었습니까?
자기 옷값을 보태기 위해 돈을 벌어보려 했습니까?
자기 장래에 대해서 생각해 보았습니까?
신문을 읽든지 TV 뉴스를 보았습니까? 이를 닦았습니까? 두 번?
어머니와 아버지께 감사의 마음을 전했습니까?
당신이 이상의 질문들에 전부 '네' 라고 대답할 수 있다면
얼마나 기분이 좋을지 생각해보세요. 오늘, 그리고 이제부터 매일.

업무를 지시하는 상사의 입장에서는 메모하지 않고 고개만 주억거리는 부하직원이 불안할 수밖에 없다. 회의시간 중에도 볼펜만 만지작거리고 있는 부하 직원에게서 좋은 아이디어를 기대할 수 없다는 사실을 상사들은 잘 알고 있다. 이처럼 메모습관은 매우 중요한 것이다. 메모에 정해진 규칙은 없다. 반복하다 보면 언젠가는 자신에게 맞는 개성 있는 메모가 가능해진다.

직장생활을 위한 메모에는 다른 것들도 있다. 대표적인 것이 책상 곳곳에 붙여두어야 하는 메모들이다. 회사의 주소, 우편번호, 전화번호, FAX번호 등도 그에 해당되며, 부서원들의 자리배치와 이름, 각자의 핸드폰번호 등도 붙여두면 요긴하다. 뿐만 아니다. 교통수단별로 회사를 찾아오는 가장 간편한 방법 등을 정리해서 붙여둔다면 갑작스런 전화문의에도 보다 쉽게 대응할 수 있다.

지금까지 우리는 업무를 지시받고 진행하고 보고하는 과정에 대해 살펴보았다. 그 일이 비록 하찮은 것이라 할지라도 이 과정은 어느 것 하나 빠뜨리지 않고 꼼꼼하게 적어, 꼼꼼하게 처리해야만 하는 것들이다. 그러는 과정에서 당신은 보다 큰일을 향한 자신의 발걸음을 알아차리게 될 것이다. 그리고 이러한 제 과정에서 자신의 생각을 앞세우기보다는 상사나 선배의 말에 귀 기울이는 습관을 들여야 한다는 것 또한 명심하여야만 할 것이다.

Point

2-7. 기초업무와 매뉴얼

- 업무는 지시나 명령에 따라 진행되고, 보고로써 마무리된다.
- 상사가 부를 때에는 어떤 경우라도 '네' 라고 대답하고 다가간다.
- 지시를 받을 때에는 언제나 메모용지와 펜을 지참한다.
- 메모는 6하 원칙에 따라 기록하고 중요한 부분은 강조해둔다.
- 받은 업무는 세부적으로 일을 쪼개 업무체크리스트를 작성한다.
- 보고의 내용과 자신의 의견은 확실히 구분해야 한다.
- 일이 끝나면 그 일의 결과를 즉시 보고해야 한다.
- 메모는 잊지 않기 위해 하는 것이 아니라 잊기 위해 하는 것이다.
- 회의, 전화통화는 물론 일상생활에도 메모지를 가까이 하라.
- 메모를 하는 것만큼 메모의 활용이 중요하다. 메모를 정리하자.
- 미처리된 사항을 꼭 체크하고, 이를 새로운 일정으로 정리하자.

직장생활 위기극복

찡찡대지 말고 말을 해라, 말을!

핫도그와 꽈배기가 높이뛰기 시합을 하기로 했단다. 오뎅, 순대, 김밥 등의 응원을 받으며 둘은 학교 운동장에 마련된 대회장에서 시합을 갖게 되었다. 힘껏 도움닫기를 한 핫도그와 꽈배기. 승리는 핫도그의 것이었다. 경기는 끝났고, 해는 뉘엿뉘엿 지는 운동장. 응원을 하던 이들은 모두 떠난 그 운동장 벤치에 꽈배기가 훌쩍거리며 울고 앉아있었더란다.

이를 본 핫도그는 꽈배기가 안 돼 보였던지 다가가서 말을 걸었다. "오늘 네가 진건 네 실력이 부족해서가 아니야. 내 막대기가 오늘 승리의 비결이지." 그리고는 다시 꽈배기의 어깨를 다정하게 두드리며 말을 이었다. "너도 다음엔 막대기를 하나 박고 높이뛰기를 해. 그럼 거의 장대높이뛰기 수준이거든." 그러자 꽈배기는 핫도그를 향해 한마디. "어깨 두댈기지 마로. 설탕 떨어져."

회사생활을 하다보면 위로받고 싶어질 때가 한두 번이 아니다. 그

기가 막히는 일이다. 옆 부서 성희와 점심을 먹는 자리에서
난 듣지 말았어야 할 얘기를 듣게 되었다.
김 부장이 옆 부서 이 부장에게 내 험담을 했다는 것이다.
업무능률이 어쩌고저쩌고.
게다가 엊그제 있었던 지각사건을 두고 나를 씹었단다.

정말 그건 말도 안 된다.
난 팀 회식에 갔고, 김 부장은 회식 내내 내 옆에서
내가 이겨내지 못할 만큼 술을 먹였다.
그런 그가 어떻게 좀 늦은 걸 가지고 날 씹는단 말인가?

난 하루에도 몇 잔씩 그의 커피를 자청해서 탔고
언제나 부장에게 잘 지내보자는 사인을 계속 내왔다.
김 부장 역시 겉으로는 늘 나에게 웃음을 지어보였다.
그런 김 부장이 나를 배신하다니.

내가 일복이 터진 사람이란 사실을
새삼 느껴가고 있는 입사 2개월 차.
일이 다 끝나기도 전에 새로운 일이 쌓여가는 탓에
스트레스가 이만저만이 아니었다.

이 대리 잔소리만으로도 회사를 집어치울까 고민 중인데
이젠 믿었던 김 부장마저. 마침 김 부장이 곁을 지난다.
욱하는 마음에 김 부장을 불러 세웠다.
"부장님."
그러나 그 다음 말은 도저히 용기가 나질 않는다.
결국 난 이렇게 말하고 말았다.
"커피 한 잔 드릴까요?"

때마다 나를 위로해주는 이가 있다면 참 행복한 일이 아닐 수 없다. 그래서 우린 비슷한 처지의 사람들끼리 술자리에 모여앉아 상사를 안주삼아 하루의 피로를 풀곤 한다. 그러나 도를 지나쳤던 이런 말들이 어디론가 새어나가는 바람에 난처해지는 경우가 있다.

문제의 실마리를 찾아내는 사람이 현명한 사람

뿐만 아니라, 상사나 동료의 험담을 하다보면 어느새 자신에게서 그 문제의 원인이 발견되는 경우도 많으니 조심해야 한다. 시간이 지날수록 회사 사정을 잘 모르는 사람을 찾아 불평을 토로하게 되는 것이 일반적인 양상이다.

그러니 불평불만은 줄이는 것이 좋다. 아니, 끊임없이 불평불만을 가지되, 내가 노력해서 해결될 수 있는 것에만 불만을 갖고, 그런 문제라면 가급적 빨리 해결하라. 그리고 그 불평불만을 밖으로 드러내지는 않는 것이 여러모로 유리하다.

불평불만의 요구는 대체로 정해져 있다. 한참을 쏟아내 후련해지고, 그에 따르는 위로를 받는 정도일 것이다. 그러나 이런 요구가 잦아지면 들어주는 상대는 짜증스러워한다. 그리고 불평한 사람 역시 불평만으로는 개운해지지가 않는다. 그렇다고 열이 식는 것도 아니다. 당신은 불평을 하고, 상대는 고개를 끄덕이고 있지만 상대의 머릿속에서 그려지고 있는 당신은 어쩌면 이미 낙오자의 모습일지도 모른다.

직장생활을 하다보면 언젠가는 위기가 닥치게 된다. 정말 다 내동댕이치고 도망가고 싶은 경우가 생긴다는 것이다. 어처구니없는 실수를 저지른 경우, 일이 끝나기도 전에 계속 덮쳐오는 바람에 해결의 가능성조차 사라진 경우, 누군가로부터 억울하게 욕을 먹었다는 생각이 드는 경우 등이 그 대표적인 예들이다.

평생 위기를 겪지 않고 직장생활을 마무리하는 사람은 없다. 누구에게나 위기가 오고, 그 위기에 대처하는 방법도 다양하다. 어떻게든 뚫고 나가는 사람, 사표를 던져버리는 사람, 누군가를 붙잡고 하소연을 하는 사람.

하지만 현명한 사람은 문제의 실마리를 찾아내는 사람이다. 일이 어디에서부터 잘못되었는지를 파악하고, 문제의 해결점을 찾아내는 것이 중요하다. 그러나 신입사원들이 그렇게 하기에는 한계가 있기 마련. 때문에 손쉬운 방법으로 선택하는 것이 사수, 혹은 사부를 찾아 하는 하소연이다. 문제가 있다면 대화를 통해 해결해야 한다. 속으로 끙끙거리며 문제를 키우는 것은 하등 도움이 안 된다. 물론 하소연과 대화는 다르다.

거듭 밝혔듯이 회사는 학교가 아니다. 친구들이 모여 있는 집단도 아니고, 언제나 나를 감싸주는 '우리 집' 도 아니다. 그러니 절대 어리광은 안 된다. 문제를 파악하기 위해 최선을 다하고, 문제의 해결점을 찾기 위해 최선을 다하는 노력이 선행되어야만 한다.

그래도 방법을 찾지 못하겠다면 상담하라. 조목조목 정리한 문제들을 또박또박 말하고, 답을 구하라. 그러나 이성적으로 문제해결을 고민한 사람이라면 상담 전에 이미 스스로를 진정시킬 수 있을 것이다. 얼굴에 표정이 드러나는 것을 경계해야 한다. 찌푸린 표정으로 상대를 대한다고 해서 해결될 수 있는 일은 아무 것도 없다.

자신의 생각과 말에 자신감을 가질 필요가 있다. 다음은 1983년 5월 유나이티드 테크놀로지사가 월스트리트저널에 게재했던 광고카피다. 당신에게 자신감을 불러일으켜 줄 것이다.

진짜 당신이여, 일어서세요!(Will the real you please stand up!)

동료들의 압력에 굽힌다면 당신은 그들과 같은 수준으로 떨어집니다.
자기 자신의 신념을 주장할 때
당신은 동료들의 수준을 당신 수준으로 끌어올리게 될 것입니다.
군중과 함께 움직이면 당신은 그들보다 멀리는 갈 수 없습니다.
비록 4천만 명의 사람이 믿고 있어도
멍청한 생각은 여전히 멍청한 생각인 것입니다.
그냥 조류의 흐름을 따라 헤엄만 치면
당신은 어디에도 다다르지 못할 것입니다.
그래서 당신이 뭔가 훌륭하고 정직하며 현명한 것을 믿고 있다면
그것을 그냥 밀고 나가세요.
어쩌면 당신의 동료들도
정신을 차리고 당신의 길 쪽으로 합류할지 모르니까요.

그만두라고, 5분 안에 널 대신할 다른 사람을 구할 수 있어

'악마는 프라다를 입는다.' 라는 영화가 있었다. 화려한 명품의상들로 우리의 눈을 즐겁게 해주었던 영화. 그런데 재미있는 것은 같은 영화를 봤지만 본 사람들마다 이 영화에 대한 관점이 다르더라는 것이다.

어떤 이는 '와 저런 명품들을 마음껏 입으며 일할 수 있는 환경이 너무 멋지다.' 였고, 어떤 이는 '와, 저렇게 빡빡하게 직장생활을 해야 하나?' 였으며, 또 어떤 이는 '성공이라는 것이 그냥 얻어지는 것이 아니구나.' 였다. 더 많은 견해가 있겠지만 여기선 이 정도만 언급

한다. 취업준비생이라면 한번쯤 권하고 싶은 영화다. 그 내용 중 취업준비생들에게 도움이 될 만한 대목이 있어 소개한다.

저널리스트가 되기 위해 뉴욕에 온 앤디 싹스(에밀리). 그러나 이력서를 넣는 족족 고배를 마시고, 평소 적성에 맞지 않는다고 생각해왔던 런웨이 잡지사에 면접을 보러 오게 된다. 그녀는 노스웨스트 대학을 졸업하고, 그 대학의 학보 편집장을 역임했으며, 관리인노조의 수출관련 비리를 폭로하는 기사로 입상한 경력의 소유자. 겨우겨우 취직된 뻣뻣한 에밀리가 패션계의 최전선에서 일하는 미란다의 비서 일을 수행하기란 그리 쉬운 일이 아니었다.

하긴 에밀리가 아닌 누구라도 쉽지 않았을 일들. 새벽부터 밤늦게까지 이어지는 그녀의 일과는 언제나 그녀를 녹초로 만들어놓곤 한다. 그러던 어느 태풍 치는 토요일 밤, 미란다는 마이애미에서 뉴욕으로 갈 수 있는 제트기를 구하라고 명한다. 그런 오더를 누군들 해낼 수 있겠는가? 최선을 다 했지만 결국 비행 편을 구하지 못한 그녀는 미란다로부터 '실망했다.'는 이야기를 듣게 된다.

"내가 왜 널 고용한 줄 아니? 난 항상 같은 여자들을 고용했었어. 맵시 있고 늘씬하고 잡지를 숭배하는 애들로 뽑았었지. 하지만 대부분은 실망스러웠어. 그리고 멍청했지. 넌 이력서도 인상적이었고 직업윤리에 대한 연설도 괜찮았고 해서, 난 네가 좀 다를 줄 알았어. '모험 하는 셈 치고 똑똑하고 살찐 여잘 뽑아보자.' 하지만 그건 나만의 희망사항이었어. 어쨌든 넌 날 더 실망시켰어."

그 말에 서운해진 미란다는 눈물 가득 고인 눈으로 말한다.

"전 정말 제가 할 수 있는 데까진 했습니다."

눈물을 글썽이며 사무실을 나온 에밀리는 수석 편집인으로 미란다와 함께 일하는 나이젤을 찾는다. 항상 자신에게 친절했고, 자신의 일을 자기 일처럼 도와주었던 남자다.

"그녀는 절 싫어해요. 더 이상 제가 어떻게 해야 할지 모르겠어요. 왜냐하면 제가 뭘 제대로 하면 무시해버리고 고맙다고도 안 해요. 하지만 제가 뭘 잘못하면 절 못 잡아먹어서 안달이예요."

"그럼 그만둬."

믿었던 나이젤로부터 그만두라는 말을 들은 에밀리는 당황한다.

"네?"

"그만두라고. 5분 안에 널 대신할 다른 사람을 구할 수 있어. 그것도 간절히 원하는 사람으로."

정신 차려! 그녀는 자기 일을 하고 있는 것일 뿐이야

"아뇨 전 그만두고 싶지 않아요. 그건 공평한 처사가 아니잖아요. 그냥 말이 그렇다는 얘기예요. 그냥 전 정말 죽을 만큼 노력했다는 걸 얘기하려고 했던 거였어요."

"앤디, 말은 제대로 하자. 넌 노력하지 않아. 넌 징징대는 거야. 내가 어떻게 얘기해 주길 바라는 거야? '불쌍하기도 해라. 미란다가 널 그렇게 볶아대다니. 불쌍해서 어쩌나, 불쌍한 우리 앤디.' 이렇게? 정신 차려! 그녀는 자기 일을 하고 있는 것일 뿐이야."

나이젤은 말을 이었다.

"지금 네가 일하는 곳은 세기의 거장들이 작품을 발표한 곳이야 홀스턴, 라거펠드, 델 라 랜타……. 그들이 작업한 건, 그들이 창조한 건 예술 그 이상이었어. 왜냐하면 많은 이들이 평생을 여기에 바쳤으니까. 이게 단순한 잡지 같아? 이건 그냥 잡지가 아니야. 이건 희망을 주는 빛나는 등대야."

나이젤의 질책은 계속된다. 에밀리를 구석까지 밀어붙인 나이젤은 다음과 같은 말로 꾸짖음을 마무리한다.

"이곳은 많은 사람들에겐 일하다 죽어도 좋을 곳이지만 넌 그냥 마지못해 하는 거잖아. 그녀가 왜 네 이마에 키스를 하지 않고 우등 상장을 던져주지 않는 건지 졸업할 때쯤이나 궁금해 하겠지. 정신 차려."

그녀에게 전해진 충격은 자못 큰 것이었나 보다. 그녀는 바로 자세를 고쳐 말한다.

"네, 제가 잘못했어요. 제가 할 수 있는 게 뭔지 알고 싶어요."

그리고 그녀는 변화하기 시작한다. 이 영화를 통해 우리는 무엇을 깨달아야 하는가? 누구에게나 힘든 점은 있고, 누구에게나 위기는 닥쳐온다. 그러나 사람마다 그 위기에 대처하는 방법은 다르다. 당신은 그 위기들을 어떻게 넘기겠는가? 이것만은 명심하라. 아무리 큰 위기가 닥쳐와도 늘 이성적이어야 한다는 것. 덧붙여 다음 네 가지 사항을 기억하라.

언제나 초심을 기억하라, 이곳은 나의 직장이다

첫째, 칭찬을 기대하며 일하지 마라. 직장을 학교로 착각해서는 안 된다. 회사는 학교가 아니다. 직장상사는 선생님이 아니며, 그가 나를 칭찬해줄 의무는 어디에도 없다. 신입사원의 목에 이름표를 걸어주고, 그들을 따로 모아 교육시키는 것은 직장을 학교로 착각하지 않도록 가치판단의 적응기간을 주는 것에 불과하다.

둘째, 자신만의 스트레스 해소법을 마련하라. 지나친 스트레스는 직장생활의 적이다. 그렇다고 스트레스를 받지 않을 수도 없는 노릇. 자신만의 해소법이 필요하다. 마인드 컨트롤도 좋은 방법이다. 그것이 가능하다면 당신은 생각보다 큰 위안을 얻을 것이며, 그때그때 스트레스를 풀면서 살아갈 수 있을 것이다. 컨트롤이 잘 안 되는 사람일수록 '나는 이것을 하는 것으로 기분이 좋아진다.' 식의 자기최면이 필요하다.

셋째, 어떤 상황에서도 울음을 터뜨리지 마라. 우는 것을 본 직원들은 당신을 성인으로 보지 않는다. 애로 보게 되는 것이다. 그 사람이 처해 있는 상황을 깊이 이해해주기 어렵다. 설사 위로를 받는다 하더라도 그것은 동정이지, 인정이 아니다. 그 사람이 처한 상황을 잘 모르기 때문에 '뭔가 잘못한 것이 많은가 보다.' 고 생각하기 쉽다. 보이는 부분이 중요하다.

넷째, 내가 최고의 사람은 아니라는 사실을 명심하라. 사람은 누구나 사랑을 받지만 더불어 질타를 받기도 한다. 모든 사람들로부터 관심과 사랑을 받아내고야 말겠다는 생각에서 깨어나라. 그것은 불가능한 일이다. 아무리 대형스타라 하더라도 안티 팬은 있기 마련 아닌가? 모든 것을 잘하려 해서는 적응이 쉽지 않다. 좀 더 장기적인 안목으로 세상을 보는 눈이 필요하다.

다섯째, 언제나 초심을 기억하라. 다음은 유나이티드 테크놀로지가 1982년 1월에 월스트리트저널에 게재했던 광고카피다. 당신의 긍정적인 생각을 도와줄 것이다.

중단하지 마세요(Don't quit)

그것이 정말 하고 싶은가요? 그만두겠다고요?

누구라도 그렇게 할 수는 있지요. 재능도 필요 없고 배짱도 필요 없습니다. 그것이야말로 당신의 호적수가 당신에게 바라고 있는 일이지요. 일들을 정확히 잘 정리해두세요. 자신을 가지고 사물을 말하세요. 1948년의 대통령 선거에서 미국 내의 대표적인 정치기자들은 해리 트루먼이 질 것이라고 예측했었습니다. 하지만 트루먼이 이겼습니다. 윈스턴 처칠은 다음과 같이 말했습니다. '결코 굽히지 마라. 결코, 결코.' 윈스턴 경은 턱을 내밀고 결코 그만두려 하지 않았습니다. 당신도 턱을 한번 내밀어보세요. 그리고 절대로 포기하지 마세요.

Point

2-8. 직장생활 위기극복

- 주변사람들에 대한 험담은 언젠가 나에게 되돌아온다.
- 불만을 갖되, 내 노력으로 해결 가능한 것들만 불만족해하라.
- 불만이 생기면 빠른 시간 안에 해결하라.
- 누구에게나 위기는 닥친다. 이성적으로 대처하라.
- 문제의 원인과 해결책을 찾아야할 주체는 늘 자신이다.
- 상담역을 찾는 것은 좋으나, 어리광을 부리지는 마라.
- 상담 시에는 조목조목 정리된 문제를 또박또박 물어야 한다.
- 칭찬을 기대하며 일하지 마라. 회사는 학교가 아니다.
- 자신만의 스트레스 해소법을 마련하라.
- 어떠한 경우에도 울음을 터뜨리지 마라.
- 내가 최고의 사람은 아니라는 사실을 명심하라.
- 언제나 초심을 기억하라.

03

3부. 일을 맡으면

기회의 창출과 활용

기회는 성질 급한 뒷대머리다!

로또복권 당첨을 간절히 원하는 어느 소시민이 있었다. 그는 매일 밤 집에 돌아와 목욕재계하고 하늘에 빌었다. "천지신명께 비옵니다. 로또 1등 당첨을 비옵니다." 석 달 열흘을 빌고 빈 끝에 드디어 그는 하늘의 계시를 들을 수 있었다. "제발 로또나 한 장 사고 빌어라. 이놈아!"

젊은 시절에 달려든 선택들은 일단 모두 잡아놓고 보는 것이 좋다

노력이 없으면 성공도 없다. 그 점에는 누구나 동의할 것이다. 그렇다면 기회는 어떤가? 기회는 노력이 없는 사람에게도 찾아드는 것인가? '사람은 누구나 평생 세 번의 기회를 만난다.'는 말이 있다.

그러나 나는 이 말에 반대다. 우리 주변에는 늘 기회라는 놈이 떠다니고 있다. 어떤 이에게는 수백 번의 기회가 찾아오기도 하고, 어떤 이에게는 평생 단 한 번의 기회도 찾아오지 않는다. 결국 이 기회라

광고대행사 관리국에 입사한 명문대 국문과 출신의 김미래.
그녀는 우수한 성적에 남부럽지 않은 영어실력, 미모 또한 출중한 탓에
회사 총각사원들의 시선을 한 몸에 받고 있었다.
입사한 지 어언 삼 개월. 하지만 김미래 씨의 불만은 이만저만이 아니다.
자신처럼 능력 있는 직원을 뽑아놓고,
회사에서 시키는 일이라고는 서류정리나 보관서류철이 고작이다.
관리국 막내라는 이유로 관리국장 커피 심부름조차 독차지 하고 있는 것.

어떤 일이든 얻어 걸리기만 하면 누구보다 더 잘해낼 수 있다는 자신감.
그러나 그녀에게는 그런 일이 좀처럼 걸려들지 않았다.
하루 종일 무료하게 인터넷 써핑이 일쑤요,
삼 개월쯤 되고나니 긴장이 풀려서일까
점심시간 이후에는 자리에서 꼬박꼬박 졸기까지 하는 김미래 씨.

그런 그녀가 큰 결심을 하고 관리국장을 찾아갔다.
"국장님, 드릴 말씀이 있습니다." "뭔가?"
"제가 그래도 명문대를 남부럽지 않은 성적으로 졸업한 재원 아닙니까?"
"그렇지. 내가 그래서 우리 김미래 씨에게 거는 기대가 아주 커요."
김미래는 어이가 없었다. 기대주에게 서류정리나 시킨단 말인가?
"제가 하는 일에 회의가 있습니다. 이젠 좀 일 같은 일을 시켜주십시오."
"그래요? 그럼 신입사원 교육매뉴얼을 기획해주세요. 사흘이면 될까요?"

하필이면 왜 그런 일이란 말인가? 이건 듣도 보도 못한 일이다.
회사를 뒤집다시피 자료를 찾았지만 건져지는 것 없이 시간만 흘렀다.
결국 사흘 뒤, 김미래 씨는 국장의 책상 위에
기획서 대신 사표가 든 결재판을 내려놓으며 중얼거린다.
"아~~씨. 쪽팔려."

는 놈은 사람을 가린다는 것.

당신은 이런 제안들을 받게 될 것이다. '그 사람 한 번 만나볼래? 그 일 한번 해볼래? 그 책 한번 읽어보지?' 꼭 남들로부터 이런 제안을 받지 않는다 하더라도 스스로 이런 선택을 하곤 한다. '그 사람을 만나볼까? 그 일을 한번 해볼까? 그 책을 한번 읽어볼까?' 그런 것들 모두가 기회일 수도 있고, 당신의 기회를 앗아가는 위기일 수도 있다.

그런데 기회라는 놈은 뒷대머리다. 그러니 이놈이 달려들면 놈의 앞머리를 꽉 움켜잡아야만 한다. 나를 향해 달려올 때는 앞머리 덥수룩한 머털도사지만, 나를 지나쳐 내달리기 시작한 그 녀석의 뒤통수엔 머리카락이 없다. 잡을 수 없다는 것이다. 그렇다면 나에게 달려오는 놈들을 무조건 다 잡아야만 하는 것인가?

물론 그렇지는 않다. 기회라고 생각될 때 불끈 잡아채야 한다. 그런 판단의 기준은 무엇인가? 그것은 바로 내가 가진 꿈이다. 하지만 젊은 시절 당신에게 달려드는 놈이 있다면 일단은 잡아놓고 봐야한다. 망설이는 사이에 그 녀석은 달아나버리고 말 것이기 때문.

'이거 한번 해볼래?' 라는 물음에 '나는 한 번도 해본 적이 없는데, 자신이 없어서' 라고 답하는 경우가 너무 많다. 바꿔 생각해보자. 그렇다. 한 번도 해본 적이 없어서 해보라는 것이다. 자신이 없으니 그 일을 통해 자신감을 키우라는 것이다.

'너무 갑작스러워서……. 생각해보겠습니다.' 라는 대답도 상대에게는 거절의 의미로 들린다. 불가피하게 따져보아야 할 것이 있다면 상대에게 이유를 설명하고, 명확한 대답의 일정을 말해야만 한다. '이틀 시간을 주십시오. 이 부분을 확인하고 결정하겠습니다.'

만일 당신이 지금껏 거짓말을 많이 하지 않고 건실하게 살아온 젊은이라면 당신에게 기회를 선물하는 대부분의 상대들은 당신이 이 일을 반드시 잘해낼 것이라고는 믿지 않을 것이다. 설사 실패한다고 해도, 상대는 그 실패를 만회할 만한 방책이 있을 것이고, 당신은 그 실패를 통해 새로운 경험을 가질 수 있게 된다.

젊어서 고생은 사서 한다는 말이 있다. 다양한 경험은 어떠한 경로로든 당신의 인생을 살찌운다. 여기서 배우는 첫 번째 교훈은 '기회라는 놈은 자신감과 용기 앞에 멈춰 선다.' 는 것이다.

싸움을 잘 하기 위해선 맞는 것을 즐길 줄 알아야 한다

약속이라는 영화가 있었다. 그 영화에서 전도연은 건달 두목인 박신양에게 묻는다. "싸움을 잘하려면 어떻게 해야 해요?" 박신양은 담담하게 답한다. "즐겨야 해요." 그러자 전도연은 되묻는다. "때리는 걸요?" 박신양은 대답한다. "아뇨, 쥐어터지는 걸요."

참 단순한 진리다. 싸움을 잘 하기 위해서는 맞는 것을 즐길 줄 알아야 한다는 것. 실수를 두려워하고, 실패를 두려워해서는 무엇이든 잘하기 어렵다. 그렇다면 실수를 많이 한 사람은 무조건 성공하는가? 물론 그렇지는 않다. 생각을 해야 한다. 실수에는 늘 교훈이 뒤따라야 한다. 틀려도 좋다. 하지만 틀린 문제를 다시 풀어보고, 원인을 찾아 정리해야만 한다. 점수만 확인하고 휙 치워버린 사람은 다음 시험에서도 같은 유형의 문제들을 틀리고 말 것이다.

맞는 것이 두려워 피하기만 해서는 싸움을 잘 할 수 없고, 헤어지는 것이 두려워 만남을 피한다면 진정한 사랑을 할 수 없다. 마찬가지로 실패가 두려워 망설인다면 당신은 결코 성공할 수 없을 것이다. 여기에 1979년 4월 유나이티드 테크놀로지사가 게재했던 광고 카피 하나를 소개한다.

실패를 두려워 마세요(Don't be afraid to fall)

잘 기억하지 못할 수도 있겠지만 당신은 이제까지 여러 번 실패했습니다.
처음 걸음마를 시작했을 때 당신은 넘어졌습니다.
처음 수영을 배울 때 당신은 물에 빠져 죽을 뻔했잖아요?
처음 야구방망이를 휘둘렀을 때 방망이는 공에 맞았나요?
강타자들, 홈런을 제일 잘 치는 타자는 자주 스트라이크 아웃도 당했지요.
R.H. 매시는 7번이나 실패한 뒤에 겨우 뉴욕의 가게를 성공시켰습니다.
영국의 소설가 존 크레 씨는 564권의 책을 출판하기 전에
753통의 거절장을 받았습니다.
베이브 루스는 1,330번 스트라이크 아웃을 당했지만
714번의 홈런을 날렸습니다.
실패를 걱정하지 마세요.
시도조차 하지 않아 없어지는 그 기회에 대해서나 걱정하세요.

좀 더 정교하게 기회를 만들고 싶다면 정보능력과 판단능력이 필요하다. 이것 역시 많은 경험을 통해 얻을 수 있다. 직접경험이라면 더 좋겠지만 그것이 어렵다면 주변 사람들의 입을 통해, 책을 통해 간접경험을 얻는 것도 좋은 방법이다. 이 시대의 책 읽기는 기회잡기로 고쳐 불러도 좋을 만큼 많고 다양한 간접경험들을 선물한다.

기회를 잡기만 하면 당신은 성공할 수 있는가? 기회의 다른 이름은 위기다. 위기는 '위태할 위' 자와 '틀 기' 의 조합. 이 '틀 기' 는 기회에 쓰이는 한자이기도 하다. 즉 위기란 위태로움과 기회가 한데

어우러진 말이다. 그 위기를 잘 넘기면 새로운 기회가 온다는 것.

기회를 잡았다고 마냥 좋아할 일만은 아니다. 마찬가지로 위기가 닥쳤다 해도 너무 걱정할 일만은 아니다. 기회와 위기는 동전의 양면이다. 얼마나 많은 사람들이 '위기를 제대로 대처한 것' 만으로 자신의 능력을 인정받았는가? 문제는 상황에 대한 대처다.

우연히 찾아온 기회란 없다, 당신에게 기회가 찾아온 이유는?

기회를 살리기 위해 필요한 것은 무엇인가? 기회가 닥쳐올 때를 위한 대비다. '나에게 이런 기회가 생긴다면 무엇으로 이 기회를 살릴까?' 를 미리 생각하고, 그 기회를 살리기 위한 대비를 해두어야 한다는 것이다. 성공한 많은 사람들이 인터뷰를 통해 '뜻하지 않은 기회가 찾아와', '운이 좋아서' 라는 말로 소감을 피력한다. 그러나 속지 말자. 그건 새빨간 거짓말이다.

그것은 마치 수능시험에서 수석을 한 학생이 '잠 충분히 자고, 과외 안 받고, 교과서 위주로 공부했다.' 는 말과 비슷한 겸손일 뿐이다. 뜻했기 때문에 기회가 찾아온 것이고, 뜻했기 때문에 그 기회를 기다려 준비를 했던 것이다. 그래서 평소의 연습이 중요하다. 기회를 대비한 연습.

2006년 9월 15일, 프로야구 20년 생활을 접은 선수가 있었다. 3년 연속 홈런왕, 3년 연속 타점왕, 2년 연속 득점왕, 340개의 깨지지 않는 홈런기록으로 야구선수시절을 마감한 그는 바로 연습생 출신의 슈퍼스타 장종훈이다. 연습생으로 출발, 스물넷의 나이에 국내 최초로 한 해 35개 홈런을 기록하면서 슈퍼스타로 떠오른 그는 1991년 큰상들을 모두 휩쓸었다. 이러한 결과들은 그에게 찾아온 몇 차례의 기회들을 그가 멋지게 살려냈기 때문에 생긴 것들이다.

고교감독이었던 이한구 씨는 오라는 대학이 없어 방황하고 있던 장종훈에게 빙그레 입단테스트를 의뢰했다. 그것을 배성서 감독이 수락, 그는 빙그레에 입단하게 되고, 훈련보조원이라는 행운(?)을 잡게 된다. 입단 후 그에게 주어진 연봉은 3백만 원이었다. 월급이 아닌 연봉 3백만 원. 그리고 그에게 주어진 일은 잔심부름뿐이었다.

아무리 장종훈인들 경기장에서 화려한 경기를 펼치는 선배들이 왜 부럽지 않았겠는가? 그러나 그는 불만대신 야구를 잘해야겠다는 절박함으로 세월을 보냈다. 그런 그에게 고원부 선수가 손을 내민다. 고원부 선수는 장종훈을 격려하고, 타격기술을 지도해주었다.

그리고 드디어 기회가 왔다. 훈련보조원 장종훈이 86년 후반기 정식선수가 된 것이다. 이어 2루수 이광길 선수의 부상으로 유격수 주전 자리를 차지한 장종훈. 그는 이후 꾸준히 선발로 출장, '87시즌을 2할 7푼의 타율, 8홈런, 34타점으로 마무리한다.

이후 발군의 실력을 보여주며 승승장구했던 장종훈. 과연 그에게는 몇 번의 기회가 찾아왔는가? 그 기회는 우연의 소산이었을까? 그리고 그렇게 찾아왔던 기회들을 매번 살려냈던 비결은 무엇인가? 그것은 끊임없는 연습이었다. 그리고 이를 통해 구축된 신뢰였다.

장종훈의 후보시절. 그러나 그는 그저 기회를 기다리며 앉아 있는 그런 선수가 아니었다. 그의 손은 전성기가 오기도 전에 이미 굳은살로 뒤덮였다. 빙그레 시절에는 더욱 심해 마치 화상을 입은 듯 피부가 흘러내렸다. 지문이 없어져 난감했던 상황도 있었다.

그는 어디에서나 스윙연습을 했다. 집 근처 공터나, 아파트 옥상에서는 물론 비가 오는 날에는 좁은 방안에서도 방망이를 휘둘렀다.

때문에 그의 방은 천정, 벽 할 것 없이 방망이 스친 자국들로 가득했다고 한다. 밤마다 자신이 마음에 들 때까지 스윙을 해대는 통에 김영덕 감독조차 장종훈의 연습을 말렸다는 일화가 있을 정도였다. 그런 연습이 홈런왕 장종훈을 만들었다.

한 가지 더 장종훈의 사람들을 생각해보자. 그에게 도움을 준 이한구 감독, 배성서 감독, 고원부 선수. 그들은 왜 그를 도왔을까? 물론 장종훈의 인간됨됨이도 관계에 한몫을 했을 것이다. 언젠가 쌍방울과의 경기에서 장종훈은 강습타구를 날렸다. 그러나 장종훈이 달려간 곳은 1루가 아니라 마운드. 자신이 친 타구에 투수 김원형이 맞았던 것. 그가 가진 인간적 면모를 말해주는 좋은 사례다.

연습은 당신을 고수로 만든다, 당신도 이미 여러 분야의 고수

그러나 더 중요한 것이 있다. 그것은 그가 만난 기회들 모두를 그 스스로가 만들어냈다는 사실이다. 준비된 사람만이 다가온 기회를 잡을 수 있다. 낭중지추(囊中之錐)라는 말이 있다. '주머니 속에 있는 뾰족한 송곳은 가만히 있어도 그 끝이 주머니를 뚫고 비어져 나온다.' 는 뜻이다. 스스로가 가진 실력은 어떤 상황에서든 드러나고야 만다.

많은 사람들이 불평을 한다. 난 실력이 있는데 남들이 나를 알아주지 않는다는 것. 과연 그런가? 실력이 정말 남들보다 뛰어난가? 만일 무르익지 않았다면 불평에 앞서 연습을 하라. 불평은 기회를 빼앗아간다. 투덜거리는 사람에게는 기회라는 놈이 좀처럼 앞머리를 들이밀지 않기 때문이다. 지금은 월드스타가 된 가수 비의 이야기도 이러한 노력의 결실이 어떻게 증명되는지를 보여주고 있다.

"지금 자면 꿈을 꿀 수 있지만, 안자면 꿈을 이룰 수 있다고 생각했습니다. 연습에는 장사 없으니 죽을 만큼 노력하자, 안심하면 무너진다. 그런 생각뿐이었죠." 세계적 가수로 발돋움한 월드스타 '비'가 인터뷰 중에 한 말이다. 만약 당신이 '비는 곱상한 외모로 하루아침에 벼락스타가 되었을 것이고, 그의 그런 삶이 부럽다.' 라고 생각했었다면 이 말에 충격이 있었을 것이다.

당신도 이미 고수다. 결코 비아냥거리는 소리가 아니다. 당신은 숟가락질의 고수다. 밥을 먹을 때 숟가락질을 눈곱만큼도 고민하지 않는 고수다. 숟가락을 몇도 각도로 잡고, 어느 방향으로 찌르고 몇 센티미터 들고 돌리고 따위의 고민을 해본 적이 있는가?

우리는 밥을 먹을 때 대화를 나누기도 하고, 다른 생각을 하기도 한다. 성인이라면 누구나 반사적인 행동으로 숟가락질을 한다. 심지어 뭘 집어 먹을까 조차 고민하지 않는다. 그렇다고 먹기 싫은 음식을 집어먹는 실수를 한 적이 있는가? 그러나 갓난아이 시절, 그때의 우리는 숟가락질의 고수가 아니었다.

이것이 바로 훈련의 대가다. 충분한 연습은 손을 가볍게 해주고, 손발의 놀림으로부터 머리를 자유롭게 해준다. 이것이 바로 연습의 효과다. 모든 일에는 이처럼 연습이 필요하다. 연습되어 있지 않은 이에게 찾아온 기회는 오히려 그 기회를 날려버리는 결정적 계기가 된다.

앞서 말한 바와 같이 뒷대머리인 기회를 제대로 잡기 위해서는 자신감이 필요하다. '제가 해보겠습니다.' 라고 당당하게 말할 수 있는 용기가 필요하다. 그리고 이러한 자신감은 부단한 연습에서 나온다. 당신은 그 연습목록을 들고 있는가?

지금처럼 급변하는 지식과 정보, 디지털 시대에는 직업을 위한 노하우도 수시로 바뀐다. 그러나 이런 것들을 당신에게 가르쳐주는 시스템은 매우 미비하다. 사회의 구조나 시스템을 탓하기보다는 스스로 평생 직업을 위한 노하우 획득에 힘을 기울일 때다.

세상 어느 곳에도 지름길은 없다. 실패를 두려워하지 않는 용기, 굳은살이 생길만큼의 부단한 연습만이 당신에게 찾아온 기회를 붙들게 하는 힘이다. 그리고 그렇게 찾아온 기회를 성공으로 이끌 때 당신은 한 계단 더 위로 올라가 있는 당신을 만나게 될 것이다.

Point

3-1. 기회를 만드는 노력

- 노력이 없으면 성공도 없다. 노력하는 사람에게만 기회가 찾아온다.
- 기회라고 생각될 때는 불끈 잡아야 한다. 놓치면 멀어진다.
- 기회는 자신감과 용기 앞에 멈춰 선다. 실패를 두려워하지 마라.
- 정교한 기회를 만들고 싶다면 정보능력과 판단능력을 갖춰라.
- 부단한 연습은 기회를 살리는 열쇠다. 연습은 신뢰를 만든다.
- 충분한 연습은 손발의 놀림으로부터 머리를 자유롭게 해준다.
- 자신감과 용기 또한 연습에서 나오는 것이다.
- 주머니 속, 뾰족한 송곳은 가만히 있어도 그 끝이 비어져 나온다.

도전의식과 창조적 마인드

넌 할 수 있다, 그리고 남과 다르다!

공부는 하지 않고 늘 망나니짓으로 아버지 속을 썩이는 아들이 있었다. 그런 아들이 이번에는 학교까지 결석을 하고 놀았다는 것이다. 아버지는 아들을 불러 앉혔다. "넌 도대체 뭐가 되려고 그러냐? 아브라함 링컨은 네 나이에 뭘 했는지 아냐? 집에서 쉴 틈 없이 공부하고 연구를 했다. 이놈아!" 그러자 아들 왈, "아버지, 링컨은 아버지 나이에 대통령이 됐어요."

기업에 대한 확신과 애사심이 성공으로 향하는 첫걸음이다

성공하고 싶은가? 당신의 할아버지도 당신의 아버지도 모두 성공하고 싶었다. 하지만 모두가 성공할 수 있는 것은 아니다. 이제 막

직장생활을 시작한 신입사원이라면, 그래서 처음 일을 받은 신입사원이라면 누구나 다 그 일을 성공적으로 수행하고 싶을 것이며, 결국 일에서의 성공, 인생에서의 성공을 거두고 싶어 할 것이다.

속 터지는 노릇이다. 아무리 신입사원이라지만 해도 너무하다.
고객만족센터가 뭘 하는 곳인가? 그야말로 고객만족을 위한 곳 아니겠는가?
그런데 이 신입사원은 도통 고객만족이 뭔지 생각이 없다.
펄펄 뛰는 고객과의 전화에 시달려온 이 대리지만 오늘은 심각성이 달랐다.
인터넷에 사진을 찍어 올리겠다는 고객을 사정사정해서 겨우 뜯어 말린 것.
문제의 발단은 신입사원 이미경 씨였다.

고객으로부터 전화가 온 것은 오늘 오전이었다.
"제품을 장난으로 만드는 거요? 제품에서 어떻게 벌레가 나와?"
"예? 벌레가요? 그럴 리가 없는데요?"
"그럴 리가 없으면? 내가 없는 벌레를 일부러 넣기라도 했단 말이요?"
"아니 그게 아니고, 벌레가 나왔다니까 그러죠. 그럴 리가 없거든요."
"그럼, 이 벌레는 뭐요? 이거 안 되겠구먼. 책임자 바꿔."

결국 나는 전화기를 빼앗아 겨우 고객을 진정시키고 사태를 수습했다.
"그런 문제가 있다고 하면 사정이 어떻든 사과부터 해야 하는 거 아냐?"
"아니 그게 아니고요. 그 사람이 먼저 억지를 부리니까……."
"그래도 그렇지. 뒤집어놓고 생각을 해봐. 당신이 고객이라면 좋겠어?
고객센터에 있다 보면 뒤집어놓고 생각하는 게 제일 중요해.
아니, 뒤집어놓고 생각하는 게 사회생활에서 제일 중요한 거야.
역발상도 뒤집어놓고 생각해서 나오는 거 아냐? 참나 원."

말을 마친 이 대리는 도대체 문제가 어디에 있었던 것인지 곰곰이 생각해서
시말서를 한통 써놓으라고 지시하고 외근을 다녀왔다.
외근에서 돌아온 이 대리는 까무러치지 않을 수 없었다.
이미경 씨가 제품을 책상 위에 뒤집어놓은 채 골똘히 들여다보고 있었던 것.

그러나 불행하게도 많은 신입사원들은 성공에 대한 집념은 망각한 채 구직후유증에 시달리고 있다. 취업포털 커리어가 2007년 10월, 입사 1년 미만 신입직장인 1,006명을 대상으로 조사한 바에 따르면 신입 직장인 10명 중 6명인 59.2%가 입사 후에도 습관적으로 구직활동을 하거나 자신이 아직까지도 구직활동을 하고 있다고 생각하는 구직중독증을 경험한 것으로 조사됐다.

구직중독증의 주요 증상으로는 '취업사이트를 수시로 접속해 채용정보를 본다.' 가 92.3%로 가장 많았다. 그 뒤를 이어 '습관적으로 입사지원서를 낸다.' (41.9%), '무의식적으로 무언가 기다리는 내 모습을 느낀다.' (38.9%), '자주 들어가던 취업 커뮤니티에 하루라도 접속하지 않으면 허전하다.' (35.9%) 등의 순으로 나타났다. 그밖에 '핸드폰이나 메일을 수시로 확인한다.' (28.2%), '조직에 소속감을 갖지 못하고 초조함을 느낀다.' (20.1%), '면접 보는 꿈을 꾼다.' (16.8%) 등도 있었다.

구직중독증의 지속기간은 평균 4.8개월이었으으며 '입사 후 한 달 미만' 이 25.8%로 가장 많았다. 직장생활에 끼치는 영향은 '업무에 대한 집중력이 떨어졌다.' 가 56.4%로 가장 많았다. '업무진행 속도가 느려졌다.' 18.4%, '전혀 지장이 없다.' 12.6%이었지만 '하루 종일 다른 업무를 못할 정도다.' 라는 응답도 11.6%를 차지했다.

이처럼 구직중독증에 시달리는 이유에 대해서는 49.5%가 '입사한 기업이 마음에 안 들어서' 를 1순위로 꼽았다. 다음으로는 '새로운 환경에 대한 불안감' (21.2%), '구직 기간 동안의 습관' (15.9%), '새로운 환경에 대한 부적응' (9.8%) 등이 있었다.

과연 이처럼 구직중독증에 시달리고 있는 사람에게 도전정신과 문제해결능력을 기대할 수 있을까? 만일 당신이 새로운 환경에 대한 불안감을 떨치지 못하고 있거나 입사한 기업에 대한 확신을 갖지 못한 상태라면 우선 그 문제들부터 해결해야 할 것이다.

새로운 것에 대한 열정과 지적 호기심이 도전의식을 만든다

요즘 신입사원들에게서 가장 많이 듣게 되는 얘기는 '전 이건 모르겠는데요, 해본 적이 없는데요.' 이다. 신입사원들이 해본 일은 무엇인가? 알면 또 무엇을 얼마나 알겠는가? 문제는 그 일에 대해 깊이 고민해보지 않고, 일단 '모른다.' 로 일관한다는 점이다.

이런 말을 많이 하는 사람은 결코 성공할 수 없다. 도전의식이 필요하다. 언제나 새로운 것에 대한 호기심을 갖는 것, 그것만큼 스스로를 키우는 일은 없다. 성공했다는 사람들은 한결같이 '사서 고생하는 타입' 이라는 공통점을 가지고 있다.

그들은 같은 자리에서 발전 없이 같은 일을 반복하는 것을 매우 지루해한다. 반면 처음 도전하는 일에는 반짝반짝 눈을 빛내며 의욕적으로 뛰어든다. 몇 번 비슷한 프로젝트를 반복해서 해내고, 어느 정도 구력이 생겼다싶으면 몸이 근질근질해지는 것이다.

새로운 것에 대한 열정, 지적 호기심은 '사고의 정체성' 을 거부하고 끊임없는 도전을 꿈꾸게 한다. 고여 있는 물은 썩기 마련이다. 끊임없이 골짜기를 흘러내리는 시냇물이야말로 대양을 향해 나아갈 수 있다. 그런데 '잘 모르겠다.' 거나, '해본 적이 없어 난감하다.' 는 젊은이들을 보며, 선배나 상사들은 어떤 생각을 갖겠는가?

주어진 일 이외의 것을 스스로 찾아서 하라. 안전지대를 벗어나 실패할 지도 모를 새로운 일들에 도전하라. 그것이 힘든 이유는 그에 따를지도 모를 리스크(risk)와 코스트(cost) 때문일 것이다. 새로운 일을 만나면 항상 마음속에 갈등이 인다. 새로운 도전에 쏟아 부은 시간과 노력만큼 큰 성과를 얻을 수 있을까? 그저 제 자리를 지킨 것만도 못한 것은 아닐까?

그러나 잊지 말아야 할 점이 있다. 새로운 도전이라고 해서, 그것이 꼭 생사를 가를 만큼 엄청난 것일 필요는 없다는 것. 물가에 나온 어린아이가 물과 친숙해 질 때까지 한 발짝 한 발짝 다가서는 것처럼 자기가 감수할 수 있는 만큼의 작은 도전부터 시작하면 된다. 그리고 선배들이 당신에게 제안하는 그것은 결국 그 정도의 도전에 불과하다. 그러니 실패를 두려워하지 마라. 선배나 상사는 이미 당신의 실패에 어느 정도 대비하고 있음을 기억하자.

새로운 도전에 최선을 다해보자. 그러나 '더 이상 밀고 나가는 것이 가치 없는 일이라는 판단' 이 섰을 때에는 언제라도 그 도전을 멈출 수 있다는 사실 또한 기억하자. 그런 판단과 결정은 도전만큼이나 중요하다. '기왕 발을 들여놓았으니 체면상 돌이킬 수 없다.' 는 생각은 실패를 더 키워놓기 마련이다.

도전의 과정 속에서 새로운 자신감과 능력을 내 것으로 만들 수 있다. 그런 경험이 많을수록 성공과 친구가 되기 쉽다. 젊음은 모험이다. '고 위험, 고 수익' 의 싸움인 것이다. 다음은 도전의식을 소재로 1979년 7월, 월스트리트저널에 게재되었던 유나이티드 테크놀로지의 광고카피다.

성공이란 종이 한 장 차이(The Slim Margin of Success)

승리와 패배의 차이는 때론 종이 한 장 차이입니다.

1976년 올림픽에서 결승에 남은 8명의 남자 100m 육상선수들 중
1등과 마지막 8등의 차이는 불과 2분의 1초도 되지 않았습니다.
미국에는 5백만 명이 판매업에 종사하고 있습니다.
그 한 사람 한 사람이 작년에 한 건씩의 판매실적을 더 올렸다면
미국의 GNP는 어떻게 되었을지 상상해보십시오.
운동에서도, 사업에서도, 정치에서도, 연애에서도,
승리만이 전부는 아닌 것입니다.
그렇지만 적어도 지는 것보다는 이기는 편이 훨씬 낫겠지요.
그러니 용기 있는 이들이여, 승부를 걸어보시지 않으시겠습니까?

일단 일을 시작하면 가장 중요한 것이 문제해결능력이다. 문제해결능력이란 우리가 살아가면서 겪는 모든 분야의 모든 일이다. 분석적으로 사고하는 능력, 머릿속 아이디어들을 구조적으로 정리하는 습관, 불확실한 상황 앞에서 차근차근 해결점을 더듬어 찾아가는 지구력, 주어진 상황을 경제적인 관점에서 이해하는 능력 등이 바로 문제해결능력의 기본이다.

일이란 문제를 발견하고 그것을 해결해가는 과정이다

우리가 부딪히는 일들 모두를 하나의 문제로 바꾸어보자. 농장이 야생동물들로부터 자주 습격 받는다. 어떻게 할 것인가? 만들어놓은 신제품이 잘 팔리지 않는다. 어떻게 할 것인가? 제품을 생산하는데 자꾸 불량이 발생한다. 어떻게 할 것인가? 이런 모든 것들을 문제로 보고 그것들을 해결하는 것, 그리고 그 능력이 문제해결능력이다. 문제를 해결하기 위해서는 어떤 노력이 필요한가?

첫째, 남의 얘기를 잘 들어야 한다. 상황을 제대로 파악해야 한다

는 것과도 일맥상통한다. 대개는 남의 이야기 속에 문제의 해답이 있다. 문제해결과 직접적 관련이 없는 사건이나 사물들의 핵심을 파악하는 훈련도 도움이 된다. 그런 훈련들을 통해 자신의 문제해결능력이 키워진다는 것이다.

둘째, 문제를 구조화시켜야 한다. 문제가 실타래처럼 엉켜서 도저히 해결책이 보이지 않을 때 당신은 어떻게 해결하는가? '네가 이기나, 내가 이기나 보자.'는 식으로 문제 덩어리를 붙잡고 씨름하는가? 그것은 현명한 방법이 아니다. 시간이 지날수록 결국 문제의 늪 속으로 빠져들게 될 뿐이다. 문제에 접근하는 가장 효과적인 방법은 문제를 조각조각으로 나누어 구조를 살피는 것이다.

이처럼 구조를 살피다보면 문제의 본질을 제대로 이해하게 된다. 이런 구조화는 문제를 남들에게 설명하기 위해서라도 꼭 필요한 스킬이다. 보통 우리는 생각을 구조적으로 유형화하는 데 익숙하지 않다. 처음에는 여기저기 흩어져 있는 생각들을 모아 벽을 쌓고 천장을 올리는 일이 꽤 힘들 것이다.

그러나 이렇게 논리의 체계를 잡아 사고하는 버릇을 들이기 시작하면 문제를 바라보는 시각이 발달하게 된다. 그리하여 실타래 모양으로 엉켜 있는 문제들도 차곡차곡 질서정연하게 도표로 풀어나갈 수 있는 능력이 생기게 된다. 그리고 그 구조 속 어느 부분에 문제가 있는지도 파악하게 된다.

셋째, 경험을 빌려야 한다. 쌓아놓은 데이터베이스들은 일을 단축시킨다. 넷째, 멀리서 전체그림을 살펴보아야 한다. 일에 매몰되어서는 전체 균형을 보기 어려울 때가 많다. 구조화시키는 것만큼 중요한 것이, 조각조각의 그림들을 큰 그림으로 이해하는 능력이다.

문제의 한 부분에 몰두하다보면 그 속에 점점 빠져들어 전체를 놓치기 쉽다. 지금 하고 있는 이 일이 문제를 푸는 데 어떤 연관이 있으며, 얼마나 중요한 것인지에 대한 감각을 잃어버리게 된다는 것이다. 가끔은 문제해결과정에서 손을 놓고, 한 걸음 뒤로 물러서 객관적으로 전체를 살펴보기도 해야 한다.

이런 과정들을 통해 이 일의 최종목적이 무엇인지, 내가 하고 있는 일이 문제해결에 얼마나 결정적인 도움이 되는지, 어떤 것이 더 중요하고 어떤 것은 나중으로 미뤄도 되는지 등이 밝혀진다. 이렇게 멀리서 전체적인 그림을 살피고, 그 안의 부분적인 것들의 연관성을 파악하는 것이야말로 바로 문제해결의 방향키가 된다.

고정관념의 틀과 과거의 실적을 깨부수고 당신의 창의력을 깨워라

어떤 아이디어도 나쁜 아이디어는 아니다. 어떤 질문도 어리석은 질문이 아니다. 나의 아이디어만 좋은 아이디어가 아니다. 어디가 생각의 끝인지를 확인해야만 한다. 우리는 주입식 교육에 익숙한 사람들이다. 때문에 창의력이 부족하다는 말을 스스로도 많이 한다.

과연 그러한가? 그렇다면 그것은 매우 큰 문제다. 사고의 습관은 행동의 습관보다 더 뜯어고치기가 힘든 것이기 때문이다. 어떻게 창의력을 키워나갈 수 있는가? 그것은 고정관념을 깨는 것에서 시작된다. '틀에서 벗어나라.' 는 것이다.

자신에게 익숙하지 않은 문제를 대하면 앞이 막막해서 아무 생각이 떠오르지 않을 수도 있다. 문제해결능력을 길러야 한다. 평소에 다양한 가능성에 대해 생각해보고 창의적으로 문제를 해결하는 법을 훈련했더라면 그저 '모른다.' 고만 말하지는 않을 것이다.

이 세상에 아이디어가 없는 사람은 없다. 단지 상황에 대해 깊이 생각하고 창의적으로 생각을 이끌어내려는 노력이 부족할 뿐이다. 조금만 창의력을 발휘하여 살펴보면 이곳저곳에 숨겨진 아이디어들의 창고를 발견할 수 있다. 항상 주어진 업무를 습관처럼 '무사히' 마치는 데에만 만족해서는 안 된다. 한 발짝 더 나아가 새로운 아이디어를 모색하는 노력을 기울여야만 한다.

우리는 오랫동안 경험을 중시하는 사회 속에서 살아왔다. 모든 일에 격식과 체면이 있고, 그것으로부터 벗어나면 큰일이라도 일어날 것처럼 기존의 질서에 사로잡힌 채 살아온 것이다. 이젠 그 틀에서 벗어나야만 한다.

어떤 행사를 기획하게 되었다고 하자. 대개의 사람들은 이럴 경우 어떻게 하는가? 작년에 했던 행사가 어떻게 진행되었는지를 확인하려고 한다. 우리 회사에서 처음 하는 행사라면 다른 회사들이 어떻게 했는지를 확인하려고 한다. 확인한 뒤엔 그대로 따라하려는 경우가 대부분이다.

그러나 그래서는 작년만큼의 성과도, 다른 회사가 얻은 만큼의 성과도 얻기 어렵다. 어떤 일이 주어졌다면 일을 시작하기 전에, 자료를 찾기 전에 먼저 생각하자. 이런 의문을 가져보자. 이 일은 왜 할까? 이 일은 어떻게 될 때 성공하는 것일까? 그 의문들에 대한 답을 얻기도 전에 습관적으로 일을 추진하는 사람에게는 성공이 깃들지 않는다.

뒤집어 생각하는 습관도 중요하다. 만약 이게 아니라 다른 경우라면? 설사 주어진 상황이 순조롭게 진행되고 있더라도 역발상의 시나리오를 연습해보는 일은 중요하다. 문제를 다른 관점에서 바라보면 놓치고 지나간 함정을 발견할 수도 있다.

이러한 역발상 훈련은 스스로 창의적인 질문을 던져봄으로써 문제를 새롭게 정의하는 기회가 된다. 그리하여 어떤 경우에는 주어진 문제가 진짜 이슈가 아니라 그 배경에 더 중요한 다른 이슈가 숨어 있다는 사실을 깨닫게 되기도 하는 것이다. 정해진 범주를 벗어나 좀 더 사고의 영역을 확장하는 연습을 해보아야만 한다.

Point

3-2. 도전의식과 창조적 마인드

- 성공을 꿈꾸고 있다면 회사에 대한 확신과 애정을 키워라.
- 새로운 것에 대한 열정, 지적 호기심이 진정한 도전의식이다.
- 성공한 사람들은 한결같이 '사서 고생하는 타입' 이다.
- 주어진 일 이외의 것을 스스로 찾아서 하라.
- 작은 도전부터 시작하고, 실패를 두려워하지 말라.
- 도전 속에서 새로운 자신감과 능력을 내 것으로 만들 수 있다.
- 일이란 모두 문제를 발견하고, 그것을 해결해나가는 과정이다.
- 문제해결을 위해서는 상황을 잘 파악해야 한다.
- 문제를 구조화시키는 것도 문제해결을 위해 꼭 필요한 능력이다.
- 문제해결을 위해서는 데이터베이스를 통해 경험을 빌려야 한다.
- 전체 그림을 살피고, 부분들의 연관성을 파악하라.
- 어떤 아이디어도 나쁜 아이디어는 아니다. 창의력을 키워라.
- 뒤집어 생각하는 역발상의 훈련은 문제를 새롭게 정의해준다.
- 정해진 범주를 벗어나 사고의 영역을 확장하는 연습을 하라.

3부 : 일을 맡으면

정보의 수집, 활용과 공유

구슬이 서 말이라도 꿰어야 보배다!

국경지대에서 한 할아버지가 매일 오토바이에 자갈을 싣고 국경선을 넘나들었다. 할아버지를 수상히 여기던 세관원은 수시로 자갈을 쏟아내고 밀수하는 것이 뭔지를 캐내려고 하였으나 번번이 허탕이었다. 세관원이 하루는 "할아버지! 도대체 할아버지가 밀수 하는 게 뭐예요? 눈 감아 드릴 테니 제발 좀 가르쳐 주세요. 궁금해 죽겠어요."라며 애원을 하자 할아버지 왈, "뭐긴 뭐야. 오토바이지!"

자료는 무엇이고, 정보는 무엇인가

컴퓨터를 거대한 물건으로만 치부하던 1970년대. 두 젊은이가 허

름한 차고에서 납땜질을 하고 있었다. 그들은 다름 아닌 스티브 잡스와 스티브 워즈니악. 그리고 이들은 후에 애플컴퓨터를 굴지의 거대기업으로 성장시킨다. 당시 스물 한 살이던 스티브 잡스는 이 볼

"이걸 기획안이라고 만들어온 거야? 중요한 대목이 죄다 비어 있잖아?"
"죄송합니다. 도무지 정보를 구할 수가 없어서……."
"그 정도 정보도 못 구하면서 무슨 부장승진을 하겠다는 거야?"
이 차장이 국장에게 난타당하고 있었다.
이 차장은 부장승진의 최대라이벌이었다.
그런 이 차장이 얼마 전 세진전자에 제출할 광고기획안을 맡게 되었다.
세진전자는 제법 큰 광고주였다. 그만큼 중요한 프로젝트였던 것.
나는 프로젝트팀에서 배제되었고, 이 차장이 이 일의 팀장이 맡게 되었다.

나에 비해 여러모로 더 인정을 받아왔던 이 차장이었기에
프레젠테이션의 성공은 나에게 매우 치명적인 일이다.
그러나 나에겐 히든카드가 한 장 있었다.
마침 세진전자 마케팅실에 동창이 근무하고 있었고,
나는 그로부터 소비자조사를 통해 얻은 자료들을 얻어 놓았던 것.

나는 일이 다 끝날 때까지 이 정보들을 공개하지 않을 생각이었다.
이 차장은 프레젠테이션에서 질 것이고, 상대적으로 내 승진은 쉬워진다.
하지만 이 차장이 지금 깨지는 것을 보자 생각이 달라졌다.
'바로 이런 찬스에서 국장에게 자료를 들이밀자. 그럼 바로 굳히는 거다.'

난 연신 깨지고 있는 이 차장 곁으로 슬그머니 다가갔다.
"국장님. 말씀 도중에 죄송한데요. 세진전자라면 저한테 자료가 좀 있는데."
서류를 받아들고 몇 페이지를 뒤지던 국장은 얼굴을 붉히며 소리를 질렀다.
"이건 또 뭐야? 그럼 그렇지. 벌써 이년도 넘은 자료 아냐?
잘 한다. 차장이라고 둘 있는데 하나는 정보가 없고,
또 하나는 이년 넘은 자료를 자료라고 내놓고. 둘 다 당장 나가."
본전도 못 찾은 나는 그날부로 국장 근처 5m내 접근 금지를 명받았다.

품없는 차고에서 25달러짜리 마이크로프로세서를 개발했다.

이후 많은 젊은이들의 노력으로 정보통신산업은 우리 생활의 한 가운데로 들어왔고, 정보통신산업이 발달한 덕택으로 우리는 정보의 홍수 속에서 살게 되었다. 그리고 이러한 정보는 오늘날에 있어 없어서는 안 될 소중한 자원으로 제 몫을 톡톡히 하고 있다.

한두 사람의 몇 만 원짜리 거래에서부터 기업과 기업, 나라와 나라간의 수억~수조 원대의 거래에 이르기까지 경제활동에 있어 너무도 중요하게 작용하고 있는 정보. 이러한 정보는 많을수록 좋다. 그러나 그 중 부정확한 정보가 끼어든다면? 그래서 지금은 양의 많고 적음이 아니라, 정보의 질을 논하는 시대가 되었다.

정보(intelligence)란 특정 목적을 위해 자료를 수집하고 분석, 평가하여 가공한 지식이다. 특히 이 중 '비즈니스정보'는 어떠한 산업에서든 경영을 위한 의사결정에서 결코 빠져서는 안 되는 중요한 요소이다. 이를 통해 기업은 자신이 처한 현재의 위치를 정확하게 평가하고 앞으로 나아갈 방향을 설정할 수 있게 된다.

개인에게 있어서도 정보는 성장과 밀접한 관계를 지닌다. 다양한 자료와 지식들을 수집하고, 이를 분석해 장기적인 시야를 확보하는 사람만이 살아남는 시대이기 때문이다. 그러나 앞서 말했듯 지금은 자료의 양은 넘치고 있지만, 자료의 질이 담보되지 못하는 시대다. 기술의 발달이 자료의 확보를 보다 손쉽게 해주고 있지만 정보는 어디까지나 사람의 머리와 손에 의해 만들어진다.

초등학생들조차 숙제를 하기 위해 컴퓨터를 뒤지는 시대다. 인터넷을 검색하면 엄청난 양의 자료들을 확보할 수 있다. 그러나 그 자료들 중에 몇 퍼센트가 정확한 자료이며, 몇 퍼센트가 부정확한 자료인가? 깊이 없는 얄팍한 자료들은 범람하고 있지만 깊이 있는 정보를 찾기란 그리 쉽지 않다.

구체적인 일을 위해 자료를 뒤지다보면 더욱 이러한 한계를 느끼게 된다. 결국 정보란 일을 보다 잘 하기 위한 수단이 아닌가? 자료는 넘치지만 일을 잘 하기 위해 필요한 자료는 없고, 또 이를 정보화하는 능력이 부족하다면 무슨 소용이 있겠는가?

일을 맡은 사람은 이 일을 어떻게 처리할 것인가를 고민해야 한다. 늘 일상적으로 치르는 일, 즉 청소나 커피 끓이기라면 매뉴얼에 의해 진행하면 그뿐이다. 그러나 '보고서를 만들어 봐.', '이런 행사를 기획해 봐.', '이 문제를 어떻게 해결하면 좋겠는가?' 등의 제의를 받았을 때는 얘기가 다르다.

자료의 접근방법 확인과 색인의 확보는 신입사원의 필수업무

신입사원에게 있어 이런 일들은 해보기는커녕 듣지도 보지도 못했던 것들이 대부분이다. 이럴 때 과연 어디로부터 자료를 받고, 받은 자료들을 어떻게 정보화해야할지 막막할 수 있다. 그래서 많은 신입사원들이 상사들의 제안에 소극적이다. '한 번도 안 해봤는데, 내가 잘 할 수 있을까?' 라는 생각이 밖으로 표현되곤 하는 것이다.

그러나 그 일을 해보기 전까지 당신은 늘 '한 번도 안 해본 사람'이다. 한 번은 해봐야 그 말을 그칠 수 있다. 그래서 일을 받는다. 하지만 어디서부터 시작해야할 지 막막하기만 하다. 당신이라면 어디서부터 시작하겠는가? 가장 먼저 해야 할 일은 인터넷 서핑일까?

그렇지 않다. 맨 처음 해야 할 일은 일의 목적이 무엇인가를 분명히 하는 것이다. '왜 하지? 뭘 얻으려고 하지?' 이다. 그 목적을 제대로 파악하지 못한 채 일을 처리했다면 그 결과는 불을 보듯 뻔하다. 그러나 신입사원의 입장에서는 그 목적을 제대로 파악하지 못하는 경우가 많다. 그럴 때는 어떻게 해야 할까?

먼저 조직내부의 자료들을 챙겨라. 회사에 유독 캐비닛이 많던 시절이 있었다. 챙겨야 할 서류철만도 수백 종이요, 그것들이 다 각각 어디에 보관되어 있는지도 모를 만큼 즐비했었던 것. 그래도 그 시절이 좋았다. 잘 모르는 사안이 있을 때는 그 서류철들을 뒤져보면 관련해서 만들어졌던 예전의 기록들이 들어 있었으니 말이다.

하지만 지금은 그 서류들이 모두 각자의 PC에 저장되어 있다. 물론 사내통신망을 통해 공유되어 있는 경우도 있지만 신입사원들은 도대체 자료가 어디에 있는지를 모르는 경우가 많다. 찾기가 어려워서인 경우도 있지만 스스로 찾아보지 않는 경우가 더 많다.

물론 회사가 쌓아놓은 그 많은 자료들을 다 알고 있을 필요는 없다. 그러나 자료들에 접근하기 위한 접근방법, 색인 정도는 확보해 두어야만 한다. 틈나는 대로 기존의 자료들을 검토하고 자신의 방식으로 색인을 만들어두는 일은 그래서 매우 요긴하다.

이렇게 조직내부의 자료들을 통해 당신은 그동안 그 일이 어떻게 진행되었는지, 그리고 그간 진행에서의 문제점은 무엇이었는지도 확인해야 한다. 자료를 통해 얻을 수 없는 정보들이라면 선배들의 도움을 받으면 된다. 선배와 조직내부의 자료라는 두 가지 열쇠는 당신이 처한 어려움으로부터 당신을 구해줄 것이다.

그런 측면에서 선배란 참으로 요긴한 존재이다. 그러나 일이 있을 때마다 번번이 선배를 찾아가 처음부터 물어보는 것은 옳지 않다. 선배를 찾아가 그 일의 열쇠를 구하는 것은 자료검토 이후의 단계다. 먼저 자료를 검토하고, 그 자료를 통해서도 얻을 수 없는 어려움이 있을 때 선배를 찾는 것이 옳다.

회사의 과거 자료들은 신입사원에게 선생님이다

조직내부에 보유되고 있는 자료에는 일상 업무와 관련하여 발생한 각종 기록과 보고자료(판매일지, 판매보고서, 회계보고서 등), 이전에 실시한 마케팅 조사자료, 그 외 마케팅 첩보나 POS 및 데이터베이스시스템에 저장되어 있는 자료 등이 있다.

특히 어떤 프로젝트를 수행하기 위한 기획서나 제안서, 그리고 이것들을 상급자에게 보고하고 승인받기 위한 기안서, 품위서 등은 매우 요긴한 서류들이다. 조직내부의 자료를 획득하는 것은 비용이 거의 들지 않을 뿐만 아니라 언제든지 얻을 수 있다는 점과 외부자료보다 신뢰할 수 있다는 점에서 유리하다.

때문에 자료 수집을 위해 가장 먼저 해야 할 일은 내부 자료를 찾아보는 것이다. 그러나 자료 수집의 필요성이 생긴 많은 신입사원들은 인터넷부터 뒤지곤 한다. 학교 때의 습관 때문이다. 하지만 그렇게 덤벼서는 좋은 자료를 얻을 수 없다.

다른 자료들에 비해 조직내부의 자료는 지금 내가 하려는 일과 가장 동일한 카테고리이며, 선임자가 겪은 히스토리다. 때문에 다른 어느 곳에서도 이처럼 완벽하게 유사한 자료는 얻을 수 없다. 물론 그렇기 때문에 경계해야 할 일도 있다. 내부 자료의 전용이 바로 그것이다. 자신의 생각 없이 그저 날짜 정도 바꾸고, 전용하는 습관을 들여서는 안 된다. 그래서는 그 일을 선임자에 비해 잘할 수 없는 것은 물론 자신의 일로 만들 수도 없다.

내부에 자료가 없거나, 보다 폭넓은 자료를 얻고자 할 때 우리는 외부자료를 찾아 나서게 된다. 외부자료는 기업 외부의 개인이나 조직이 보유하고 있는 자료로서 크게 공공기관에서 발행한 각종 센서스 및 통계자료, 개인이나 각종 조직에서 발행한 연구보고서 및 정기간행물, 전문조사기관에서 상업적 판매를 하는 자료 등이 있다.

그 중 인터넷이나 도서관 등에서 무료 내지는 저렴한 가격으로 입수할 수 있는 자료는 왜곡이 없고 그 폭이 매우 넓을 뿐만 아니라 예산이 적게 든다는 장점이 있다. 그러나 그렇게 모아진 자료들은 대체로 낮은 수준의 것들이 많다. 특히 검색창에 키워드를 입력하여 얻은 정보일 경우에 더욱 그렇다.

때문에 정보의 흐름을 정확히 파악하고, 해당 정보가 링크되어 있는 사이트들을 중심으로 정보를 취득하는 습관을 기를 필요가 있다. 포털사이트에서 검색한 자료로는 고급정보를 얻을 수 없는 경우가 많다. 참고할 만한 웹사이트들로는 통계청, 상공회의소, 한국은행 등은 물론 공공연구소(KIET, KDI, ETRI 등) 및 사설연구소(삼성경제연구소, LG경제연구소, 현대경제연구소 등)의 자료들이 있다.

이 외에도 각종 학회, 협회, 광고대행사, 잡지사, 조사회사 등의 자료들은 구체적인 정보들을 담고 있는 매우 유용한 사이트들이다. 논문이나 연구조사보고서 등의 사적 연구보고서와 정기간행물도 비교적 저렴하게 획득할 수는 있는 자료원이다. 다만 그 수가 너무 많고 원하는 자료가 포함된 자료원을 찾기가 쉽지 않다는 문제점이 있다. 또한 개인적 목적이나 이해관계가 반영된 자료가 많아 신중한 평가가 요구된다.

전문조사기관은 많은 기업에서 공통적으로 필요로 하는 자료들을 정기적으로 입수하여 판매한다. 개별적으로 조사하기 어렵거나 비용이 많이 들어가는 조사들을 정리한 자료들이다. 이런 자료들을 구매할 때에는 매우 신중하여야 한다. 다다익선이라고 해서 자료의 무분별한 구매를 회사에 요구하는 것은 매우 위험한 일이다.

판매되고 있는 국내 자료들은 매우 많지만, 자료수집과정에 투입되는 원가를 줄이기 위해 표본규모를 부풀리거나 조사과정을 철저하게 통제하지 못하여 쓸모없게 만들어진 자료들 또한 많다. 때문에 자료의 신뢰성에 대해 신중하게 평가하고 구입하는 것이 좋다.

자료수집이 끝나면 옥석을 가려 구슬을 꿸 시간

자료를 수집한 뒤에는 당신의 일에 맞도록 자료를 분석하고, 정리하여 정보로 만드는 일이 필요하다. 옥석을 가리기 위함이다. 이런 작업을 다른 말로 '데이터 마이닝(data mining)'이라고 부른다. 이때에는 가급적 일을 심플하게 정리하는 것이 좋다. 로우데이터를 잔뜩 끌어안고 있는 사람은 자료에 파묻혀 방향을 잃기 쉽다.

앞서 말했듯 자료만큼 중요한 것은 상사, 선배, 선임자들의 경험과 그들의 정보망이다. 특히 신입사원이라면 자료의 수집과정보다는 분석과 정리의 노하우 때문에 더 애를 먹는다. 단순히 자료를 찾지 못해 손을 벌리고, 그것을 정보화하는 데에는 도움을 받지 않는 경우도 왕왕 있다. 그러나 정작 당신이 도움을 받아야 할 것은 자료의 분석과 정리, 즉 정보화이다.

직장 내의 관계 외에도 당신에게 자료나 정보를 건네줄 수 있는 네트워크가 있다면 그것은 매우 크게 도움이 된다. 21세기는 지식이 곧 자원이다. 지식의 시장에 연결되어 있는 뛰어난 인재들만이 가치와 부를 창출하게 될 것이다. 사람과 사람 사이의 관계를 통하지 않은 일은 없다. 서로 신뢰하는 상호관계의 성립은 이러한 측면에서 더욱 그 중요성이 강조된다.

기업의 성공 뒤에는 정보와 지식의 공유가 있다. 파트별로 경험과 정보를 축적해 공유하다보면 문제가 생겨도 그때그때 해결될 뿐만 아니라, 협업이 가능해진다. 정보와 지식을 각기 독점하려는 직원들로 구성된 기업은 성공하기 어렵다. 때문에 기업 내에서는 그런 개인플레이를 좋아하지 않는 것이다.

가끔 정보를 혼자 가둬두고, 남에게 공개하기를 기피하는 사람들을 만나게 된다. 애써 모은 자료요, 애써 만든 정보이니 그것을 거저 내주기가 아까운 심정은 이해가 된다. 하지만 그 자료와 정보들은 개인의 것이 아니다. 직장생활의 과정 중에 얻어진 것이니 그 소유 역시 자신이 아니라는 것.

하지만 이처럼 자신의 정보를 공유하고, 그 정보를 응용할 수 있도록 배려하는 것은 자신의 정보를 남들로부터 검증받는 좋은 기회가 되기도 한다. 뿐만 아니라 필요한 사람들에게 이러한 정보를 보다 적극적으로 제공하는 것이야말로 자신에게 돌아올 정보의 양과 질을 높일 수 있음을 기억하자.

일이 끝나고 나면 일을 평가하는 일이 뒤따른다. 굳이 평가회를 하거나, 상사로부터 평가를 받지 않더라도 당신은 스스로 자신의 일에 대해 평가해야만 한다. 설사 그 일로 칭찬을 받았다 하더라도 미진한 부분이 없었는지, 만일 다음에 한다면 어떤 부분에 보다 노력을 기울여야 하는지를 판단해야 한다. 그리고 그것을 기록해야 한다. 성취감은 새로운 동기를 부여한다.

그러나 성취감에 취해 문제점이나 미진한 부분을 간과한 사람은 결코 다음의 일을 발전적으로 수행할 수 없다. 그러고 난 뒤에는 이번에 활용했던 정보들과 관련 기록을 정리해야 한다. 이렇게 정돈된 자료들은 다음에 닥칠 다른 일들에 크게 기여하게 된다.

Point

3-3. 정보의 수집, 활용과 공유

- 지금은 정보의 양보다 질을 더 중요하게 생각하는 시대다.
- 정보의 정확도가 높을수록 부의 증가속도가 빨라진다.
- 정보란 특정 목적을 위해 자료를 수집 · 분석 · 평가하여 가공한 지식이다.
- 개인에게 있어서도 정보는 성장과 밀접한 관계를 가지고 있다.
- 정확한 자료를 찾고, 이를 정보화하는 능력이 중요하다.
- 조직내부의 자료에 대한 접근방법 확인과 색인의 확보는 신입사원의 필수업무다.
- 핵심정보에 접근할 수 있는 사이트를 찾아라.
- 자료수집보다 정보화작업에 선배들의 조력이 더 절실하다.
- 상사 · 선배 · 선임자들과의 네트워크가 자산이다.
- 네트워크 구축을 위해서는 신뢰하는 상호관계가 필요하다.
- 정보를 공유하는 것은 검증의 기회이며, 조직을 위한 시너지다.
- 일이 끝나면 스스로 평가하고, 기록하라.
- 관련 정보의 기록과 정리는 다음 일들에 요긴하게 쓰인다.

주체적으로 일하기

네가 아니면 누가 주인이냐?

회사 면접관이 입사 지원자에게 말했다. "우리는 회사의 발전을 위해 자신의 일에 책임 있는 사람을 구하고 있습니다." 지원자 왈, "그렇다면 바로 제가 그런 사람인 것 같군요." "왜죠?" "지금까지 제가 있었던 직장에서 무슨 일이 일어날 때마다 모두 나한테 책임이 있다고 하더군요……."

기업의 이윤창출을 위해 고용된 당신, 업무능력을 높여라

어느 기업이건 그 기업의 최대 목표는 '이윤창출'이다. 이러한 조직에서 직원에게 월급을 주고 고용을 유지한다는 것은 그 직원들이 회사에 기여하는 것은 물론, 이윤창출에 이바지하는 것을 전제로 한다. 때문에 직장인에게 있어 가장 중요한 것은 우수한 업무능력이며, 그 업무능력은 회사의 이윤과 직결된 것이어야만 한다.

그러기 위해 직장인에게는 어떤 노력이 필요한 것일까? 우선은 회

메일로 날아온 급여계산서를 보고 난 당황하지 않을 수 없었다.
지급급여 총액의 맨 앞에 '마이너스' 표시가 있는 게 아닌가?
그리고 그 위엔 '영업비 과다계상 감액' 300만원이 표기되어 있었다.

그 때만 해도 이게 웬 떡인가 싶었다.
신입사원 티를 갓 벗은 나에게 법인카드라니.
기술영업을 맡은 나에게 고객들 만날 때 쓰라며 법인카드가 지급된 것이다.
한도가 얼만지도 모르는 카드를 들고, 난 의기양양 고객들을 만나러 다녔다.
기왕이면 식사도 그럴듯한 것으로 하고, 술도 한잔씩 사곤 했다.
고객을 만나지 않는 날엔 친구들을 만나 법인카드로 호기를 부리기도 했다.

하지만 법인카드를 사용한 지 삼주쯤 지난 뒤부터는 겁이 나기 시작했다.
그간 쓴 돈도 적지 않은데 실적이 없었던 것이다.
차츰 흥이 떨어졌다. 법인카드를 사용하기가 찝찝해지기 시작했던 것.
그런데 결국 이렇게 사단이 난 것이다.

난 총무부로 전화를 걸었다. 기어들어가는 목소리로 자초지종을 물었다.
내용인즉 간단했다. 일일 영업비 한도가 있었던 것.
3만원을 넘는 식사나 향응에 대해서는 직원 개인이 책임을 져야 한단다.
그렇게 두 달간 뭉쳐진 금액이 무려 300만원을 넘겨버렸다는 것.
그런 줄은 까맣게 모른 채 난 법인카드로 인심을 쓰고 다녔던 것이다.

난 지금 친구들에게 메일을 쓰고 있다. 정말 창피한 일이지만…….
"정말 미안하다. 저번에 우리가 함께 술을 마시며 즐거운 시간을 보내지
않았니? 도저히 그 술값을 감당 못해 내가 지금 사표를 쓸 지경이다.
이런 나를 불쌍히 여겨 그때 그 술값 더치페이하면 안 되겠니?"

사의 목표와 개인의 능력을 일치시키려는 노력이다. 개인의 능력이 아무리 뛰어나다 하더라도 그것이 회사의 목표에 부합하지 않거나, 회사의 목표 외의 것에 사용될 경우 회사는 그 개인의 고용을 유지할 수 없다는 것.

담당 사업에 대한 이해와 자신의 현재 위치를 분명히 하는 것도 마찬가지다. 자신이 속한 조직 내에서의 구체적인 담당 업무 및 업무 수행을 위한 자질에 대해 구체적인 이해가 필요하다. 부서 및 팀이 수행하고 있는 사업에 대한 전반적 이해는 업무처리의 가장 기본이라 할 수 있다.

공사를 구분하는 것도 매우 중요하다. 직무와 관련해서 사용하는 시간과 돈은 물론이거니와, 직무와 관련해서 받는 선물도 모두 공적인 것이다. 만일 그러한 것들을 사적인 것으로 착각하고 누린다면 그것들은 곧 부메랑이 되어 나에게 날아든다. 때문에 일과 관계하여 사용되는 돈은 늘 엄정하게 다루어야 하며, 내 돈처럼 아껴야 하고, 직무와 관련한 선물과 접대는 피해야만 한다.

다음으로는 업무능력을 향상시키기 위한 구체적인 노력이 필요하다. 이를 위해 현재 맡고 있는 업무에 대해 가능한 높은 목표수준을 정하는 것이 중요하다. 높은 목표는 곧 우수한 성과로 이어질 확률이 크기 때문이다.

목표가 세워졌다면 이를 달성하기 위해 가장 중요한 사항들을 정리해야만 한다. 이는 일의 효율성을 높여주는 효과가 있다. 모든 일들이 처음부터 끝까지 순조롭게 마무리되기는 쉽지 않다. 때문에 예측 가능한 장애요인들을 미리 파악해서 이를 정리해둔다면 문제가 발생한다 하더라도 그 해결이 훨씬 수월해진다.

앞 장에서 이미 설명한 바 있지만 일의 진행 및 결과를 상급자에게 보고하는 것 또한 매우 중요하다. 그들은 당신에게 더 나은 방향을 제시해줄 수 있을 뿐만 아니라, 책임을 나누기도 한다. 진행과 결과를 보고하게 되면 상급자는 일에 대한 책임을 공유해주기 때문에 사후에 문제가 발생한다 하더라도 담당자 혼자서 그 책임을 떠맡아야 하는 불상사를 막을 수 있다.

상급자뿐만 아니라, 동료 혹은 타 부서와의 업무 관련 커뮤니케이션은 업무의 효율성을 높여준다. 일을 맡아 해결하는 과정에서 자신의 능력을 벗어나는 분야의 지식이 필요한 경우가 자주 생긴다. 이런 경우 혼자서 그 모든 분야의 지식을 습득하기 위해 노력하는 것보다는 해당 분야에 정통한 전문가들의 의견을 구하는 것이 훨씬 더 경제적이고 효율이다.

업무능력의 기본은 업무상황에 맞춰 개발한 당신만의 매뉴얼이다

위에서 말한 것들이 모든 분야의 업무에 적용되는 것은 아니지만 포괄적으로 전체적인 업무능력의 기본이 되어줄 것이다. 이러한 기본적인 사항들을 토대로 개개인이 처한 조직 및 상황에 맞게 스스로의 매뉴얼을 만들 필요가 있다. 다음 카피는 1963년 7월, 유나이티드 테크놀로지사가 월스트리트저널에 게재한 광고카피이다. 조직과 조직원 사이의 관계를 말해주고 있다.

당신은 얼마나 중요한 존재입니까?(How important are you?)

당신이 생각하고 있는 것 이상으로 당신은 중요합니다.

수탉에서 암탉을 빼면 답은 '병아리가 없다' 가 되겠지요?

켈로그에서 농부를 빼면 답은 '콘플레이크가 없다' 이고요.
못공장이 문을 닫으면 망치공장은 무슨 소용이 있겠습니까?
패더레프스키의 천재적 재능도 피아노 조율사가 없었다면
그 정도로 대단하진 못했을 것입니다.
크래커 제조사는 치즈 제조사가 있어야 보다 더 번창합니다.
최고 기술을 지닌 외과의사에게도
환자를 운송해줄 구급차운전수는 필요한 것이지요.
로저스(작곡가)가 헤머슈타인(작사가)을 필요로 한 것처럼
당신도 누군가를 필요로 하고 누군가도 당신을 필요로 할 것입니다.

회사가 커야 자신도 큰다. 때문에 늘 자신이 몸담은 회사의 발전을 생각해야만 한다. 자신의 이익만 생각하고 수동적으로 행동하는 종업원식 사고방식으로는 성공할 수 없다. 자신이 해야 하는 일이 회사의 어떤 부분인지를 일찍 파악한다면 그만큼 앞서 나갈 수 있다. 주인의식을 가지라는 것이다.

지금 각 회사들은 직원들을 감시하기에 여념이 없다. 인터넷 접속기록을 뒤져 직원들의 인터넷 사이트 방문 기록과 시간을 수시로 확인해 인사고과에 반영하는 회사가 있는가 하면 콜센터 직원들의 통화내역을 녹음해서 이를 일일이 확인하는 회사도 있다.

최근 공공기관을 중심으로 도입이 확산되고 있는 전사적 자원관리(Enterprise Resource Planning : ERP)시스템도 디지털 감시 논란에 휩싸이면서 노사 갈등의 새 쟁점이 되고 있다.

ERP는 기업이 업무 효율성을 높이고 비용을 절감하기 위해 업무성과 등 모든 데이터를 실시간으로 계량화해 전산으로 관리하는 시스템이다. 선진경영기법이라며 선호하는 사측과는 달리, 노조는 근

무강도를 높이는 전자 감시 · 통제 시스템이라며 반발한다.

그래서인지 사적인 인터넷을 위해 개인용 휴대단말기(PDA)를 가지고 다니는 직원들도 많다. 회사 정보의 보안관리 차원에서 은밀히 이뤄지던 이메일 · 메신저 등의 검열은 이제 인사 평가의 중요한 항목이 되었다. 특히 디지털 감시는 회사의 구조조정 때에 그 '위력'을 발휘한다. 인력감축을 위한 평가 자료로 활용되기 때문이다.

회사 측은 이러한 일련의 일들이 감시의 차원이 아닌 관리의 차원에서 이루어진다고 말하고 있지만 그 기준은 지극히 모호한 것이 사실이다. 그런데 왜 이토록 회사 측이 전에 없던 감시체계를 구축하고자 하는지에 대해서는 한 번쯤 생각해볼 필요가 있다.

회사의 입장에 서서 당신의 근무태도와 업무내용을 생각하라

그것은 다름 아닌 직원들의 딴 짓이 기여한 바가 크다. 젊은 직원들이 회사의 복도 구석이나, 비상계단 등에서 휴대폰으로 장시간 통화를 하는 장면을 심심치 않게 보게 된다. 물론 근무시간이라고 해서 사적으로 급한 일이 없으라는 법이 없으며, 그런 때에 통화를 해야 하는 것도 이해가 간다.

하지만 그것을 바라보는 회사의 입장은 다를 수밖에 없다. 뉴스검색이나 사적 이메일 관리는 물론이고, 온라인쇼핑몰 이용이나 미니홈피 · 블로그, 사적으로 이용되는 메신저 등으로 시간을 보내는 직장인들이 그만큼 많아졌고, 회사는 직원들의 이런 딴 짓으로 골머리를 앓고 있는 것이다.

입장을 바꿔 생각해보면 충분히 이해가 갈 일이다. 더구나 주어진 업무조차 처리하기에 벅차 허덕이는 신입사원들이 사적 용무로 근무시간을 쓴다면, 시간이 남는다고 회사에 앉아 회사의 컴퓨터로 인터넷쇼핑을 즐기고 있다면, 그것을 좋게 생각할 경영자가 어디 있겠는가?

경영자가 좋게 생각하도록 하기 위해 그런 일들을 자제하라는 것이 아니다. '회사가 커야 내가 큰다.'는 생각을 분명히 가지고 있는 직원이라면 회사의 물건과 돈, 회사의 시간을 함부로 쓰지 않는다.

경영이란 재화와 용역을 투입하여 새로운 재화와 용역을 창출하는 것이 아닌가? 직원이 쓰는 시간은 곧 회사의 시간이며, 회사의 시간을 아끼는 것은 곧 나의 시간을 아끼는 것이다. 그리고 그런 직원들의 시간이 모여 회사의 이윤이 창출된다.

때문에 직원들이 회사의 입장에서 나의 바람직한 근무태도와 업무의 내용을 생각하는 것은 너무나도 당연한 일이다. 그렇게 해서 생기는 성과가 곧 자신의 이익으로 돌아온다는 자세, 자신이 이 회사의 주인이라는 자세를 가져야 한다.

보다 주체적이고, 보다 책임 있는 자세로 업무에 임해야 한다. 스스로 업무를 찾아서 하는, 적극적인 개척정신이 필요하다. 설사 그렇게 일한 직원을 회사가 내팽개친다 하더라도 그간의 과정을 통해 얻어진 성과는 결코 회사만의 것이 아니다. 결국 자신의 커리어에 좋은 영향을 주고, 그것은 더 나아가 자신의 미래를 밝히게 된다.

반대의 경우도 있다. 야근을 좋아하는 사람들이 그 경우다. 쉬지 않고 가동되는 공장과 불이 꺼지지 않는 사무실은 압축성장의 상징이었다. 그 압축성장의 핵심 인재들이 이제 각 기업의 최고경영자가 되었다. 인간이란 자신의 경험을 바탕으로 세상을 판단하는 존재다. 때문에 이들의 눈에는 밥 먹듯 야근하는 직원들이 여전히 사랑스럽고 예쁘게 보일 것이다.

하지만 연일 이어지는 야근은 효율을 줄 수 없다. 물론 일이 있으니 야근을 하는 것이지만, 유독 낮보다는 밤에 집중력이 생긴다면 그것은 문제가 아닐 수 없다. 낮 시간에는 외근과 걸려오는 전화들, 어수선한 분위기로 집중력이 떨어진다는 호소도 있다. 신입사원들에게 있어 이러한 증상은 더욱 심하다.

집중력과 효율을 위해 충분한 휴식은 필수사항이다

그래서 집중력을 유지하는 훈련이 필요하다. 앞장에서 설명했듯 일을 잘게 쪼개서하는 것도 좋은 방법이다. 물론 팀 작업을 할 경우에는 이러한 노력도 한계가 있다. 팀 전체가 하는 야근에서 자신의 일이 끝났다고 짐을 챙길 수는 없는 노릇이니 말이다.

그러나 늘 효율을 생각해야 한다. 시간이 정해진 일 때문에 어쩔 수 없는 야근까지 마다해서는 안 되지만, 습관적인 야근은 자신의 생활은 물론 업무의 성과까지도 떨어지게 만든다. 쉴 때는 충분히 쉬어줘야 한다.

지식산업의 특성상 우리는 매일매일 리프레쉬(re-fresh)되지 않으면 안 된다. 충분한 휴식으로 컨디션을 만들고, 그 컨디션으로 일에 임해야 한다는 것이다. 그러니 퇴근 후 사적 모임으로 말미암은 후유증이 그 다음날까지 이어지는 것 또한 직장인으로서는 치명적인 잘못이다. '놀라는 것이 아니라 쉬라는 것.' 이다.

휴일이나 휴가도 마찬가지다. 굳이 일과 삶의 행복한 조화까지 들먹이지 않아도 업무효율의 측면에서 생각할 때 휴식은 일만큼이나 중요한 것이다. 그렇다고 책임감을 갖지 말라는 것이 아니다. 일을 해결하지 못한 채 쉴 날이 되었으니 무조건 일을 덮으라는 얘기는 더더욱 아니다. 제대로 휴식을 갖기 위해 근무시간 중의 생산성을 높이라는 것이다.

야근을 많이 하는 직종이 바뀌고 있다. 예전에는 생산직 중심 단순직종의 야근이 많았다. 그러나 최근에 와서는 단순직종보다는 전문직의 야근과 주말근무가 갈수록 늘고 있다. 그리고 이제껏 단순 육체노동으로만 여겨져 왔던 일들의 대부분이 점차 지식노동의 형태로 옮겨가고 있다. 결국 대부분의 업종이 전문직이 되어갈 것이고, 야근 또한 전 업종의 문제로 보아야 한다는 것.

그렇다면 전문직의 야근이 늘어가는 이유는 무엇일까? 그것은 지식기반사회의 특성 때문이다. 지식기반사회에서는 자신의 존재와 가치를 증명하기가 매우 어렵다. 단순직무의 경우, 생산성의 확인은 매우 간명하다. 그러나 지식노동의 가치는 노동시간에 상응하지도 않고, 단시간 내에 생산성이 확인되지도 않는다. 사정이 이렇다 보니 지식노동을 하면서도 자신의 가치를 육체노동의 방식으로 증명하려 하는 것이다. 그리고 그 결과는 야근과 주말근무로 나타난다.

자신의 존재가 확인되지 않을 것에 대한 두려움 때문에 당신은 오늘도 야근하고 있지는 않은지…. 충분한 휴식을 위해서라도 당신은 보다 더 근무시간의 밀도를 높여야만 한다. 누가 감시를 해서가 아니다. 책임 있는 자세로 충실히 회사의 이윤을 위해 일해야 한다. 보다 더 생산성을 높여야만 한다.

그러나 잊지 말아야 할 것이 있다. 회사에서 쓰는 비품, 회사에서 쓰는 돈은 물론이요, 당신에게 준 휴일, 당신에게 준 휴가조차도 회사는 그것을 회사의 것으로 생각한다는 점이다. 당신 역시 그 모든 시간들을 회사의 것으로 생각하라.

그러나 손해날 일은 없다. 결국 그렇게 보낸 시간들은 모두 자신을 위해 돌아올 것이니 말이다. 만일 퇴근시간, 당신의 뒤통수에 꽂히는 시선들이 신경 쓰인다면 당신은 당신의 근무시간을 반성해야 할 것이다.

Point

3-4. 주체적으로 일하기

- 기업의 목표는 이윤창출이며, 당신은 그것을 위해 고용되었다.
- 회사의 목표와 개인의 능력을 일치시키기 위한 노력을 경주하라.
- 담당 사업에 대한 이해와 자신의 현재 위치를 분명히 하라.
- 공사를 구분하라. 직무와 관련된 시간과 돈은 내 것이 아니다.
- 구체적으로 자신의 업무능력을 향상시켜라.
- 높은 목표를 가져라. 높은 목표는 우수한 성과로 이어진다.
- 일의 진행 및 결과를 상급자에게 보고하라.
- 동료 혹은 타 부서와의 커뮤니케이션은 업무의 효율성을 높인다.
- 개개인이 처한 상황에 맞게 스스로의 매뉴얼을 만들어라.
- 자신이 하는 일이 회사의 어떤 위치에 해당되는지를 파악하라.
- 주체적이고, 책임 있는 자세는 자신의 커리어로 열매 맺는다.
- 집중력을 유지하고 효율을 만들기 위해서는 충분히 휴식하라.

3부 : 일을 맡으면

리더의 역할과 능력

지금 네 자리는 어디이더냐?

한 장교가 물에 빠져 죽을 지경에 이르자, 부하가 물속에 뛰어들어 장교를 구해주었다. 장교는 너무 고마워서 말했다. "무엇을 원하는가? 뭐든 들어주지. 휴가면 휴가, 진급이면 진급, 돈이면 돈, 말만 하게나! 자네는 내 생명의 은인이라네." 부하는 잠시 머뭇거리더니 말했다. "제가 장교님을 살려주었다는 것을 절대로 동료들에겐 비밀로 해주십시오. 만약 동료들이 이 사실을 알면 전 몰매를 맞아 죽을 겁니다."

예전의 영웅적 리더십은 뇌리에서 지워라

당신은 어떤 리더인가? 아직 리더가 아니라면 어떤 리더가 되고 싶은가? 좋은 리더가 되기 위해 당신이 가져야 할 능력은 무엇인가? 당신은 당신이 가져야 할 능력을 모두 갖추었는가?

현재 주어진 일을 잘 처리하는 것으로 당신의 미래가 열릴 것이라

"김 대리, 오늘 뭐 먹을까?" "예? 아 예. 뭐 비빔밥이나 먹을까요?"
"비빔밥은 무슨 토끼도 아니고, 갈비탕이나 한 그릇 해. 다들 어때? 갈비탕."
카리스마가 장난 아닌 김 부장. 늘 독재와 독단이다. 뭐든 자기 마음대로다.

메뉴 결정 따위의 작은 것에서부터 업무에 이르기까지.
그의 별명들이 독재의 정도를 가늠케 해준다. 히틀러, 독일병정, 마왕…….
더 웃기는 건 기왕 독재를 하는 거, 그냥 지시하거나 결정하면 될 텐데
결정 전에 꼭 한 번씩 의견을 묻는다. 물론 부하들의 의견은 매번 묵살된다.

오늘은 매년 연말 한 번씩 치르는 부부동반 송년회의 날이다.
한 번도 아내를 공개하지 않았던 김 부장이 웬일로 올해는 아내를 데려왔다.
우리 부서 사람들은 모두 김 부장의 아내가 불쌍하다고 생각했다.
며칠 전 아침에도 김 부장은 술이 덜 깬 얼굴로 핏대를 올렸었다.
"마누라가 술 마셨다고 잔소리를 하잖아. 그래서 내가 밥상을 걷어찼지."

그래서일까. 김 부장 아내의 얼굴엔 핏기가 없어보였다.
내가 거든다고 한마디 했다.
"사모님, 많이 힘드시죠. 부장님 카리스마가 장난이 아니셔서."
"예? 카리스마요? 이 사람이 카리스마? 뭘 어떻게 했길래 이런 소릴 들어?"
"며칠 전에도 부장님이 밥상을 걷어찼다고……."
"예? 밥상을요? 이 사람이 이젠 회사에까지 와서 뻥을 치고 다니는구먼.
도대체 뭐라 그러고 돌아다니기에 이런 소릴 들어?"
"아니, 그게 아니고……."

김 부장이 이렇게 쩔쩔매는 건 입사 후 처음 본다.
"아니긴, 뭐가 아냐? 당신 카리스만지 칼이쓰만지 이따 집에 가서 한 번 봐."
얼굴부터 목까지가 온통 빨갛게 물든 김 부장은 쥐구멍을 찾고 있었다.

믿는가? 결코 그렇지 않다. 주어진 업무를 잘 해내는 것보다는 스스로 일을 찾아서 할 줄 아는 사람에게 좋은 평가가 주어지고, 미래를 대비해 내공을 기르는 사람에게 성공의 길이 열린다. 그렇게 갖추어야 할 능력 중 중요한 것 하나가 바로 리더십이다.

예전의 리더십은 영웅적 리더십이다. 이순신 장군의 예는 인재발굴과 무한능력 개발, 인간관계와 스킬 등 리더십의 탁월한 본보기로써 영웅적 리더십의 표본이라 하겠다. 이순신은 모두 알다시피 최악의 환경에서 7년간의 전쟁을 승리로 이끌었다. 그렇다면 과연 그의 환경은 어떠했는가?

'맨주먹의 CEO 이순신에게 배워라.' 라는 책에서는 이순신의 입을 빌어 독자들에게 이렇게 말한다. 집안이 나쁘다고 탓하지 말라! 나는 몰락한 역적의 가문에서 태어나 가난 때문에 외갓집에서 자라났다. 머리가 나쁘다 말하지 말라! 나는 첫 시험에서 낙방하고 서른둘의 늦은 나이에 겨우 과거에 급제했다.

좋은 직위가 아니라고 불평하지 말라! 나는 14년 동안 변방 오지의 말단 수비 장교로 돌았다. 윗사람의 지시라 어쩔 수 없다고 말하지 말라! 나는 불의한 직속상관들과의 불화로 몇 차례나 파면과 불이익을 받았다.

몸이 약하다고 고민하지 말라! 나는 평생 동안 고질적인 위장병과 전염병으로 고통 받았다. 기회가 주어지지 않는다고 불평하지 말라! 나는 적군의 침입으로 나라가 위태로워진 후 마흔 일곱에 제독이 되었다.

조직의 지원이 없다고 실망하지 말라! 나는 스스로 논밭을 갈아 군자금을 만들었고, 스물세 번 싸워 스물세 번 이겼다. 윗사람이 알아주지 않는다고 불만 갖지 말라! 나는 끊임없는 임금의 오해와 의심으로 모든 공을 빼앗긴 채 옥살이를 해야 했다.

자본이 없다고 절망하지 말라! 나는 빈손으로 돌아온 전쟁터에서 열 두 척의 낡은 배로 133척의 적을 막았다. 옳지 못한 방법으로 가족을 사랑한다 말하지 말라! 나는 스무 살의 아들을 적의 칼날에 잃었고, 또 다른 아들들과 함께 전쟁터로 나섰다. 죽음이 두렵다고 말하지 말라! 나는 적들이 물러가는 마지막 전투에서 스스로 죽음을 택했다.

이 기막힌 절대적 절망 속에서 이순신장군이 매번 전투를 승리로 이끌 수 있었던 힘은 과연 무엇일까? 부하들의 무한 잠재력을 창출할 수 있도록 하는 영웅적 리더십이 그 힘의 원천이었다.

부하직원 모두를 리더가 되게 하는 리더야말로 진정한 리더

부처와 공자도 수많은 제자와 무리들을 이끌었으며, 예수 역시 갈릴리의 어부들을 3년 만에 복음의 능력자로 키워냈다. 다윗은 600명의 아둘람굴의 사회 부적응자들을 신정국가 건국의 1등 공신들로 성공시켰다. 빌게이츠는 자신과 함께하는 사람 수십 명을 백만장자로 성공시켰고, 록펠러 역시 40여명의 백만장자들이 따르는 리더였다. 그렇다. 지금까지의 리더십은 이처럼 전지전능한 영웅적 리더십이었던 것이다.

권위주의와 엘리트주의, 그리고 여기에 보태 오랫동안 연공서열에 의한 승진제도가 지배해온 우리 사회. 시간이 흐르면 승진을 하고, 그 사람의 리더십과는 상관없이 그를 윗사람으로 모시고, 그 윗사람의 분부를 받들어 모시는 구조로 많은 조직들이 움직여왔다.

그러나 이제는 사회가 변했고, 패러다임이 바뀌었다. 그러니 지금까지의 낡은 리더십으로는 조직을 이끌어 갈 수 없다. 시스템이 만들어지고, 혹은 바뀌고 있다. 각종 전략들이 바뀌어가고 있다. 자고 나면 새로운 전략들이 우리 안방을 향해 뛰어든다. 그 내용 또한 예전의 것들과는 사뭇 다르다.

사람들이 달라지고, 사람들의 생각이 달라지고 있다. 모든 사람들이 스스로 주체가 되어 자기실현을 위해 내달린다. 어느 누구도 객체이고 싶어 하지 않는다. 각자의 개성이 다양하고, 스타일도 다르다. 올바른 리더십은 먼저 그런 그들의 스타일을 제대로 알고, 그 지점에서부터 시작하는 리더십이다.

사람들은 현대를 '지도력의 위기시대'라 일컫는다. 모두가 주체가 되려 하고, 혹은 모두가 객체가 되려 하는 시대. 그 시대를 윈-윈(win-win)으로 이끌기 위한 리더십은 무엇일까? 결론적으로 그러한 리더십은 수평적 리더십이다. 수평적 리더십은 권위적 리더십의 상대어가 아니다. 나이에 따라, 경력에 따라 만들어지는 기존의 리더십을 보다 부드럽게 하자는 뜻도 아니다.

신입사원도 리더가 될 수 있고, 관리자도 리더가 될 수 있는, 즉 누구나 리더가 되어 일을 이끌어갈 수 있는 열린 구조로 사회가 변화해 가고 있다. 조직의 발전방향과 부합하는 생각으로 조직의 일을 촉진시킬 수 있는 사람이라면 언제나 그는 그 자리에서 리더가 되는 것이다.

그렇다면 오늘날에 있어 리더는 어떻게 정의되어야 할까? 부하직원 모두를 리더가 되게 하는 리더야말로 진정한 리더다. 자신이 목적지를 지목하고, 부하들을 목적지로 독려하는 식의 리더십으로는 좋은 리더가 되기 어렵다. 그렇다면 좋은 리더가 되기 위해 필요한 구체적 덕목들에는 어떤 것들이 있을까?

팀원들 모두를 사고하고, 말하고, 움직이고, 평가하게 하라

첫째, 판을 잘 펼쳐라. 팀원들에게 팀과 스스로에 대한 자긍심을 가질 수 있게 해주고, 주체적으로 일할 수 있는 동기를 부여해야 한다. 채찍과 당근을 번갈아 쓰며 팀원들을 몰아가는 것이 아니라 팀원들 스스로가 기쁜 마음으로, 사명감을 가지고 일하게 해야 한다는 것이다.

둘째, 먼저 팀원들을 손발로 쓰지 마라. 당신이 일을 편하게 하기 위한 조력자로 그들을 묶어둔다면 일의 성과는 언제나 당신이 가지고 있는 능력 이상을 뛰어넘지 못한다. 그들 모두가 각자 하나의 주체가 되도록 해서 스스로의 역량을 모을 수 있도록 하는 것이 진정한 리더의 역할이다.

셋째, 먼저 답을 내지 마라. 나의 답은 확신할 수 있는가? 경험이 정보를 뛰어넘지 못하는 사회다. 내가 가지고 있는 정보와 지식의 양에 의존하지 말고, 팀원들 모두의 정보와 지식에 기대야 한다. 그들이 머리를 모아 답을 내도록 하는 리더가 진정한 리더다.

넷째, 귀를 열어야 한다. 부하가 아닌 팀원들로부터 이야기를 듣고, 외부환경에서 들려오는 소리들에도 귀를 기울여야 한다. 그래서 모든 사람들이 당신에게 말하고 싶도록 해야 한다. 잘 들어주는 사람이 되는 것, 그것이 바로 좋은 리더십의 중요한 조건 중 하나다.

다섯째는 그들 스스로 강해지게 만들어야 한다. 리더 스스로 훈련교관을 자청하여 훈련시키려 들지 말고, 팀원들 각자가 자신이 부족한 곳을 알아차리게 해야 한다. 일에 대한 평가 역시 당신이 내려서는 안 된다. 팀원들 스스로 깨닫고, 그 깨달음을 통해 각자 최선의 방법으로 노력을 경주할 때 팀원은 강해질 것이며, 팀 전체도 강해지게 된다.

이렇게 되면 팀원들 모두는 사고하게 되며, 말하게 되고, 움직이게 되며, 평가하게 된다. 그리고 부족한 부분을 알아채고 그것을 보충해갈 것이며, 다른 팀원들의 부족한 부분까지 채워주기 위해 애쓰게 될 것이다. 이런 조직이야말로 능동적이고도 주체적인 조직이다. 그리고 이런 조직을 이끄는 리더야 말로 진정한 리더인 것이다.

지금 당신의 자리는 어디인가? 말단인가? 아니면 관리자인가? 아니면 승진을 준비하고 있는 사람인가? 누구나 리더가 될 수 있다. 팀을 이끌고 나아가 성공을 이끌어내는 사람이 리더다. 관리자가 역량을 발휘하지 않는 사이 신입사원이 의견을 내고, 그 의견대로 어떤 일이 처리되었다면 실질적인 리더는 바로 그 신입사원인 것.

21세기의 새로운 리더십은 바로 그런 것이다. 리더가 시원찮아서 일이 잘 풀리지 않는다고 말하는 부하직원이 있다면 그 부하직원 역시 좋은 리더가 되기는 어렵다. 지금은 누구나 리더가 될 수 있고, 누구나 리더가 되어야만 하는 시대다. 다음은 1984년 4월, 월스트리트저널에 게재된 유나이티드 테크놀로지의 광고카피다. 이때부터 이미 21세기형 리더십이 꿈틀대고 있었음을 알 수 있다.

지배란 걸 없앱시다(Let's get rid of management)

사람은 지배받는 것을 원하지 않습니다.

지도받고 싶은 것입니다.

세계의 지배자라는 말을 들어본 적이 있습니까?
세계의 지도자, 그것은 있지요.
교육계의 지도자, 정계의 지도자, 종교계의 지도자,
보이스카우트의 지도자, 마을의 지도자, 작업장의 지도자, 기업의 지도자,
이 모든 사람은 지도합니다. 지배 따위는 하지 않고요.
홍당무는 항상 회초리에 이깁니다. 당신의 말에게 물어보십시오.
말을 우물가까지 끌고는 가도, 말에게 물을 마시게 할 수는 없습니다.
당신이 누군가를 지배하고 싶다면, 먼저 자신을 지배하십시오.
거기에 익숙해지면 당신은 비로소 지배를 끝낼 수 있게 되지요.
그리고는 지도하기 시작하세요.

직장에서는 일정 기간이 지나면 승진을 한다. 표면적으로는 그렇다. 아무리 능력이 있어도 일정 기간이 되지 않으면 승진이 어렵다. 그러나 최근에는 업다운 제도라는 것이 유행이다. '승진하거나 퇴사하거나' 쯤으로 해석이 가능하겠다. 일정 시간이 지났는데도 능력이 안 되면 승진할 수 없는 시대다. 승진할 수 없는 정도가 아니고 회사를 떠나야만 한다.

가장 중요한 리더의 조건은 사회와 패러다임의 변화를 읽는 것

승진을 위해서는 어떤 능력이 필요한가? 자신의 일을 잘 처리하는 것만으로는 승진의 요건을 갖출 수 없다. 자신의 일을 잘 처리하니 그 자리에서 그 일을 계속하면 된다. 굳이 승진을 시킬 필요가 없다는 것.

일의 처리능력은 물론이요, 보다 넓게 볼 줄 아는 능력, 일과 회사를 연결시킬 줄 아는 능력, 팀원들의 능력을 최대한 끌어낼 수 있는

능력 등을 갖췄을 때 비로소 그를 관리자의 위치로 승진시키게 되는 것이다. 이것이 바로 진정한 리더십이다.

'성공하는 사람들의 7가지 습관'의 저자 스티븐 코비 박사는 21세기 '지혜사회'의 리더가 되기 위한 방법을 제시한 바 있다. '농경사회, 산업사회, 지식정보사회 그 다음은 지혜사회가 될 것이다. 20세기 기업의 가장 가치 있는 자산이 생산설비였다면, 21세기의 가치 있는 자산은 지식근로자와 그들의 생산성을 향상시키는 것이 될 것이다'라는 게 그의 핵심적인 주장이다.

때문에 인재를 육성하고 그들의 생산성을 높임으로써 발전을 이룰 수 있다는 것. 지식근로자의 육성을 위해서는 사고의 전환이 필요하다고 강조한다. 그렇다면 획기적인 생산성 향상을 위해 어떤 사고가 필요한 것일까. 스티븐 코비 박사는 '사물 중심 사고'에서 '사람 중심 사고'로의 전환과 '선택과 집중으로의 전환'을 강조한다.

결국 자신의 경영이다. 사람 중심의 사고를 위해서는 자신의 경영이 필수적이다. 자기관리가 제대로 되면 선택한 것에 대한 집중이 가능해지고 생산성도 향상된다. 자기관리를 바탕으로 옳은 목표를 선택하고 집중할 때 21세기 지혜사회에 맞는 리더가 될 수 있다. 스티븐 코비 박사는 21세기형 리더가 되기 위한 실천사항으로 다음의 7가지 원칙을 설파한다.

첫째, 모든 것에 주도적이 되어라. 둘째, 목표를 확립하고 행동하라. 셋째, 소중한 것부터 먼저 하라. 넷째, 상호 이익을 모색하라. 다섯째, 경청한 다음에 이해시켜라. 여섯째, 시너지를 활용하라. 일곱째, 심신을 단련하라. 이상에서 말한 일곱 가지 실천사항이 21세기형 리더를 만드는 가장 좋은 수련법이라는 것.

그는 리더십을 강조함에 있어 우리 사회의 변화와 패러다임의 변화를 전제했다. 그렇다. 리더의 조건 중 빠뜨릴 수 없는 하나는 사회의 변화와 패러다임의 변화를 읽는 능력이다. 그리고 그것에 적응한 리더십을 스스로 찾아 가꾸는 사람이야말로 진정한 21세기형 리더로 성장해갈 수 있을 것이다.

Point

3-5. 리더의 역할과 능력

- 예전의 리더십은 영웅적 리더십이었다.
- 변화하는 사회와 패러다임에 걸 맞는 새 리더십이 필요하다.
- 누구나 주체가 되고 싶어 하는 현대는 지도력의 위기시대다.
- 윈-윈의 리더십은 수평적 리더십이다. 수평적 리더십이란 직급과 상관없이 누구나 리더가 될 수 있는 열린 구조다.
- 부하직원 모두를 리더가 되게 하는 리더야 말로 진정한 리더다.
- 팀원들에게 자긍심과 동기를 부여하는 리더가 진정한 리더다.
- 팀원들을 조력자가 아닌 주체로 만드는 리더가 진정한 리더다.
- 팀원들 모두의 정보와 지식을 담아내는 리더가 진정한 리더다.
- 외부환경에까지 귀 기울이는 리더가 진정한 리더다.
- 자신의 일을 잘 처리하는 것으로는 승진할 수 없다.
- 넓게 볼 줄 아는 능력, 일과 회사를 연결시키는 능력, 팀원들의 역량을 최대한 끌어낼 수 있는 능력이 필요하다.
- 변화하는 사회와 패러다임을 읽는 것은 좋은 리더의 필수요건.

3부 : 일을 맡으면

자기계발과 재충전

오늘을 사는 너, 내일을 향해 쏴라!

약간 모자란(?) 남자가 뜻밖에 경찰 채용 필기시험에 붙어 면접을 보게 되었다. 면접관이 물었다. "백범 김구 선생을 누가 살해했는지 말해보게." 남자는 우물쭈물하며 대답을 하지 못했다. 그러자 면접관은 "잘 모르고 있는 것 같은데 내일 이 시간까지 알아오게." 시험장을 나온 남자는 엄마에게 들뜬 목소리로 전화를 건다. "엄마! 나 첫날부터 큰 사건 하나 맡았어."

'천지를 모르고 까분다.' 는 말이 있다. 그렇다면 천지를 알고 까불어야 한다는 것인가? 그렇다 천지분간을 해야 한다. 당신은 지금 어디로부터 와서 어디로 가고 있는가?

1부에서 우리는 꿈에 대해 이야기 했다. 누구나 직장생활을 시작할 때는 창대한 꿈과 포부를 가지고 있기 마련이다. 그러나 직장생활에 쫓기다보면, 또 시간이 흘러 매너리즘에 빠지다보면 그 꿈과 포부를 잃게 되는 경우가 종종 있다.

영어 학원, 헬스클럽, 뭘 시작해도 일주일을 버티지 못하던 김 대리.
주변사람들로부터 끈기가 부족하다는 핀잔도 들을 만큼 들었고,
자기계발을 위해 뭔가 해야겠다는 강박관념도 작용한 탓에
이번에는 제대로 해보리라 마음먹었었다.

그런 그가 쓰러졌다.
무리를 하긴 했지만 그렇다고 그 정도를 못 버틸까 싶었다.
체력 하나만큼은 누구한테도 뒤지지 않는다고 생각했던 김 대리였다.
해병대를 제대해서 주변으로부터 체력 하나만큼은 인정 받아왔던 김 대리.
그런 그가 자기개발 프로젝트를 시작한 지 일주일도 안 돼서 쓰러진 것이다.

새벽 다섯 시에 일어나 공원을 달음박질하는 것으로 하루 일과를 시작하고,
아침 일곱 시, 회사 근처 영어학원에서 영어공부를 했으며,
퇴근 후에는 중국어학원을 거쳐 헬스클럽에서 10시에 일과를 마쳤다.
집에 돌아와서도 밀렸던 책을 읽는다고 두세 시까지 불을 밝혔던 김 대리.

그런 그가 금요일 오후, 직장에서 쓰러진 것이다.
어제 낮엔 현기증이 좀 나는 것 같았고,
밤부터는 배가 살살 아파 잠을 설쳤다.
그러던 김 대리가 허리를 펴지 못할 만큼 강한 복통을 느끼며 쓰러졌다.
직장동료들은 김 대리를 업고 병원으로 내달렸고,
그의 아내도 병원으로 달려왔다.
"그렇게 무리를 하더니, 그러게 내가 너무 무리하지 말라고 그랬잖아요."
직장동료들은 김 대리의 무리가 마치 자기들 탓인 양 머리를 조아렸다.

그때 김 대리의 침대로 검사결과를 든 의사가 찾아왔다.
"김칠복 씨, 맹장이네요. 수술합시다."

그러나 잊어서는 안 된다. 우리 인생에 필요한 능력은 모두 꿈의 방향과 직결되어 있다는 사실을……. 때문에 당신은 늘 자신의 꿈을 되돌아보고, 지금 걸어가고 있는 방향을 확인해야만 한다.

현재의 일을 잘 처리하는 것만으로는 당신의 미래를 열 수 없다

당신은 열심히 일할 것이다. 그러나 시간이 가면 갈수록 신경 써야 할 것은 많아지고, 노력해야할 일도 늘어나게 될 것이다. 또 어느 만큼의 시간이 흘러, 자신의 위치를 갖게 되면 가지고 싶은 것보다는 지켜야 할 것들이 늘어나게 된다.

그래서 젊은 시절 가졌던 꿈을 마치 '초등학생이 철없이 말한 장래희망' 처럼 치부해버리고, 다시 꿈이 없는 사람으로 되돌아갈 지도 모를 일이다. 다음은 1980년 8월, 월스트리트저널에 게재된 유나이티드 테크놀로지의 광고카피다. 당신의 실망(失望:꿈을 잃음)을 경계해줄 것이다.

온사이드 킥(The onside kick)

응원단장이 3회전 공중돌기를 하고,
응원밴드는 고막을 터뜨릴 듯 소리를 내며,
10만 2천 명의 팬들이 별안간 들끓고 있었습니다.
미식축구 만년 하위 팀과 막강한 상위팀이 결승전에서 붙은 것이었습니다.
만년 하위 팀은 토스에 실패하고 킥을 해야만 했지요.
호루라기가 울리고 대환성이 터졌습니다. 온사이드 킥이었습니다!
보통은 게임 종반에 사용되는 전법으로
초반에는 많이 쓰이지 않는 것이었지요. 팬들은 숨을 죽였습니다.
피콜로 연주자는 죽은 듯 연주를 멈추었고

TV 아나운서는 딸꾹질을 시작했습니다.
만년 하위 팀의 공이었습니다. 6회 플레이가 반복되고, 터치다운!
당신이 만약 만년 하위자이고 그리고 그 자리에 그대로 있고 싶지 않다면
기습전법을 시도해 재빨리 득점을 얻어 보십시오.
당신이 만약 만년 상위자라면 현명한 만년 하위자를 조심하세요.

당신이 가져야 할 능력은 무엇인가? 당신은 가져야 할 능력을 다 갖췄는가? 주어진 업무를 잘 해내는 것보다는 스스로 일을 찾아서 할 줄 아는 사람에게 좋은 평가가 주어지고, 미래를 대비해 스스로 내공을 기르는 사람에게 성공의 길이 열린다. 누군가 당신이 가져야 할 능력을 전수해주길 바라는가? 그러나 직장은 학교가 아니다.

자기계발이란 다른 말로 몸값 올리기다. 몸값이란 결국 자신의 가치다. 우리들 대부분은 가치를 높이고 싶다는 생각만 있을 뿐 전력을 다하지 않는다. 마냥 바쁘고 정신없는 상태로 하루하루 허덕거리며 시간을 보내는 사람들이 얼마나 많은가?

'남의 떡이 커 보인다.'는 말이 있다. 현재의 일에서 매력을 느끼지 못하고 남이 하는 일로 눈을 돌리는 것, 더욱이 한 가지 일이 아니라, 여러 가지 일들을 두리번거리는 것은 바보짓이다. 물론 사람들에게는 각자 자신의 적성이 있고, 그 적성에 맞는 업종이 있다. 그래서 가지 않은 길에 대한 동경이 있는 것 또한 인지상정이다.

하지만 어느 업종이든 정상에 선 사람들에겐 공통점이 있음을 기억하자. 정상의 자리에 도달하기 위해서는 누구나 뼈를 깎는 인내와 자기훈련이 있었다. 그리고 그들은 자기 분야에서의 성공을 위해 집중력을 가지고 일에 임했다. 한 가지 일에서 승부를 내지 못하는 사람이라면 다른 일에서도 실패할 확률이 매우 높다.

"요즘 후배들을 보면 어떤 생각이 드나요?"라는 기자의 질문에 야구선수 이종범은 이렇게 말했다. "전 초등학교 때부터 프로 1년차 때까지는 제 훈련 다 끝나고 다른 선수들이 배팅 볼 칠 때도 알아서 수비훈련을 했어요. 누가 보든 말든 공을 잡아 1루 송구까지 했습니다. 요즘은 그런 선수들이 없어요. 프로 선수는 코치가 시키기 전에 뭔가 자기가 부족한 부분을 알아서 연습하고 채워야 합니다. 자기 부가가치를 높여야 하는데, 그걸 안 해요. 아직까지 간절한 소망이 없어서 그런 것 같아요."

인간은 태어나면서부터 비상한 능력을 부여받았다. 그러나 그 능력이 표면에 나타나지 않고 잠재해 있을 뿐이다. 당신 속에 잠자는 무한능력을 깨워내라.

자기계발과 자기관리의 지상목표는 능력관리

2007년 채용전문검색사이트 코리아잡서치는 직장인 352명을 대상으로 직장인 신조어 중 20대 직장인을 가장 잘 표현한 단어를 조사한 바 있다. 그 결과, 비록 저소득이지만 여유 있는 직장생활을 즐기며 삶의 만족을 찾는 유형의 '다운시프트족'이 1위를 차지했다.

2위는 사회적인 성공보다는 단란한 가정을 중시하는 '네스팅족'(nesting)이었으며, 직장에 몸담고 있으면서 동시에 새로운 분야를 공부하는 직장인을 일컫는 '샐러던트'가 3위를 차지했다. 4위는 3개월, 6개월, 9개월 단위로 우울증과 무기력증 등을 반복해서 겪는 '369증후군', 5위는 일에 몰두하지 않고 주인의식도 희박한 직장인을 의미하는 '갤러리맨'이 차지했다. 당신은 어떤 유형인가? 안타까운 것은 위에 열거한 유형 속에는 우리 직장인들의 부정적인 모습들만이 투영되어 있다는 사실이다.

자신이 하는 일에서 성공하기 위해서는 같은 일을 하는 남들과 차별화되어야 한다. 남과 같아서는 경쟁을 뚫을 수가 없다. 그러나 단지 남들과 다르기만 해서는 안 된다. 달라서 좋아야, 꼭 맞아야, 목표를 더 효과적으로 달성할 수 있어야 의미가 있는 것이다.

일본인 컨설턴트 야마모토 신지가 쓴 '일 근육'이라는 책에는 다음과 같은 내용이 들어 있다. "자격증이다, 영어공부다, 남들이 다하는 얄팍한 스킬을 좇지 마라. 화려한 커리어를 좇아 철새처럼 이동하지도 마라. 당신이 어느 조직에서건, 초기 학습에서 성취까지 하나의 사이클을 온전히 경험하지 않고는 진정한 프로페셔널이 될 수 없다. 정작 현업에서 필요로 하는 것은 백과사전적 지식이나 스킬이 아니라 그 사람이 아니면 할 수 없는 능력이다."

자기계발과 자기관리를 위해 가장 강조되는 것은 능력관리다. 영어, 중국어 등 어학원은 물론 온갖 자격증 학원들이 난무한다. 현재 많은 직장인들이 외국어 공부, 자격증 공부, 다양한 취미생활 등을 직장생활과 병행하고 있다. 그러나 이러한 것들이 그냥 이대로 있어서는 안 되겠다는 식의 불안감에서 비롯된 것이라면 문제가 있다.

물론 다양한 스킬과 자격증은 살아가는데 많은 도움이 될 것이다. 문제는 정작 자신이 인생의 무기로 삼아야 할 것이 무엇이고, 그 능력을 얻기 위해 무엇이 필요한지 하는 점을 고려했느냐는 것이다. 나아가야 할 방향에 부합하는, 그래서 동기부여가 분명해질 수 있는 공부에 매진해야 할 것이다.

가정의 관리도 자기관리의 중요한 부분이다. 가정관리를 확실하게 하지 못한 사람은 직장생활 역시 충실하게 수행하기가 어렵다.

때문에 평소 건전하고 건강한 가족관계를 유지하려는 노력을 기울여야 한다. 실제로 많은 기업들이 직원의 가정문제를 개인의 능력내지 직장생활에 영향을 줄 수 있는 문제라고 생각하고 있다.

자신의 건강을 돌보는 것도 빠뜨려서는 안 될 자기관리다. 건강이 상하면 일의 능률도 떨어진다. 일 뿐만이 아니라 삶의 질을 높이는 데에 치명적인 위협이 바로 체력이다. 특히 지식노동자들에게 있어 운동을 포함한 취미생활은 체력뿐만이 아니라 정서에도 많은 영향을 끼치며, 스트레스 해소에도 매우 긍정적인 영향을 끼친다.

일과 삶의 균형을 이루는 것도 직장인의 책임 중 하나

자기계발이란 결국 목표로 나아가기 위한 도구이기도 하지만 '일과 삶의 균형' 을 이루는 도구이기도 하다. 앞으로 나아가는 것만이 능사가 아니라는 것. 언제나 한발 물러나서 다시 제자리로 돌아와 균형을 이루려는 자발적이고 의식적인 노력이 필요한 것이다.

'일과 삶의 균형' 을 이루기는 말처럼 쉽지 않다. 때문에 인생의 우선순위를 정리하는 것이 매우 중요하다. 스스로에게 가장 중요한 것부터 차례차례 채워나가야 한다. 그렇지 않다면 일에 치여 인생의 다른 일들은 언제나 뒷전으로 밀릴 수밖에 없다.

삶의 우선순위를 정하는 데 익숙해지다 보면, 자신의 건강을 위해 운동을 하는데 짧은 시간이라도 할애를 하게 될 것이며, 가족들과의 시간 또한 소중하게 생각하게 될 것이다. 촌음을 아껴 일에만 충성하라는 식의 생각은 산업화시대의 산물이다.

그렇다고 그것이 일에 대한 책임감을 갖지 말라는 식의 흑백논리는 아니다. 개인적인 일들을 추구하다가 다시 불균형을 이루는 삶이 되어서는 안 된다. 균형이라는 말의 의미를 다시금 새겨볼 필요가 있는 것이다. 꽉 찬 스케줄, 정신없이 울려대는 휴대폰으로부터 벗어나 조용히 자신을 돌아볼 기회를 갖는 것은 일만큼이나 중요한 것이다. 이를 통해 우리는 스스로의 정체성을 지켜갈 수 있으며, 인생의 목표를 달성해가기 위한 방향을 놓치지 않을 수 있게 된다.

여기에 덧붙여 균형의 의미 속에는 각종 정보와 교양을 쌓는 일이 포함되어 있다. 그것은 결국 당신이 세운 인생의 목표, 그리고 그 곳을 향하기 위해 지금 당신이 하고 있는 일에도 도움을 줄 수 있다. 다음 카피는 1982년 4월에 게재된 것이다. 우리는 이 카피를 통해 우리가 갖춰야 할 정보와 경험의 폭과 깊이를 가늠해보게 된다.

당신은 어디에서 정보를 얻습니까?

(Where do you get your information?)

마지막으로 야외관람석에 앉았던 것은 언제였던가요?

마지막으로 제퍼슨 스타십의 레코드를 들었던 것은 언제였습니까?

(이 음반은 1981년에 100만 장 이상이나 팔렸음)

슈퍼맨Ⅱ를 보셨나요?(상영 첫 주 주말에 1,400만 달러를 벌어들였음)

리더스 다이제스트를 읽고 있습니까?(전 세계의 구독 수는 3,100만 권임)

톱10에 드는 TV프로그램을 보았습니까?

그레이하운드의 버스로 여행했던 것은 언제가 마지막이었나요?

한 달에 몇 번 슈퍼마켓에서 쇼핑을 하세요?

TV의 전도프로그램을 본 적이 있습니까?

(시청자들은 매주 수백만 달러의 기부금을 내고 있음)

카드가게를 서성거려본 적이 있습니까?

(홀 마크는 1년에 10억 장의 카드를 판매함)

순서에 맞추어 일하는 공장 작업장의 대열에 서본 적이 있습니까?

갱도에 내려간 적은? 농장에서 일을 해본 적은?
당신이 다른 사람들의 세계에서 무엇이 일어나고 있는지를 알지 못한다면,
사업상 훌륭한 판단을 내리지 못할 것입니다.

유대인들은 수천 년 동안 흩어져 살았음에도 유대인이라는 정체성을 잃지 않았을 뿐 아니라, 세계사에 강력한 영향을 미치는 인물들을 지속적으로 배출해왔다. 그것은 유대인 특유의 교육방식 때문이다. 그렇다면 도대체 어떤 교육방식이기에 유대인을 그렇게 '다른 사람' 들로 만드는 것일까. 그들 교육내용의 중요한 부분 중 하나가 '휴식' 에 대한 것으로 채워져 있다면 믿겠는가?

재충전과 자기계발도 철저한 자기 계획 속에서

유대인의 노동관은 근면과 성실에서 출발하지 않는다. 역설적이게도 휴식에 관한 명확한 철학이 유대인 노동관의 핵심이다. 유대인의 노동은 안식일을 정확히 지키는 것에서부터 시작된다. 일주일을 일했으면 안식일에는 무조건 쉬어야 한다. 6년을 일했으면 7년째는 안식년으로 쉬어야 한다. 경작도 하지 말아야 한다.

유대인의 노동관이 이처럼 휴식에 초점이 맞춰져 있었기에 다른 민족이 도저히 따라갈 수 없는 창의적 민족이 될 수 있었다. 하루의 휴식에 관해 '탈무드' 는 이렇게 말한다. "영혼까지도 휴식이 필요하다. 그래서 잠을 자는 것이다."

재충전과 자기계발을 위해 안식년을 가질 수 있다면 그보다 좋을 수는 없을 것이다. 그러나 대개는 그런 호사를 누리기 힘들다. 그래서 사용하는 시간이 주로 출퇴근시간, 퇴근 이후, 휴일, 휴가기간 등이다. 그러다보니 의지는 있으되, 당신의 피곤한 몸은 의지라는 놈

을 때려눕히고, 당신을 침대에 눕히기 일쑤일 수 있다.

그래서 계획이 필요하다. 연간계획이 필요하며, 주간계획이 필요하다. 자기계발 역시 목표를 잘게 쪼개어 짧은 시간들을 활용해가며 진행하는 것이다. 욕심을 내지 않되 꾸준히, 공부도 놀이처럼 즐겁게 할 수 있을 때 당신의 꿈은 이루어질 수 있을 것이다.

Point

3-6. 자기계발과 재충전

- 꿈을 잃고 다시금 꿈 없는 사람으로 돌아가서는 안 된다.
- 주어진 일을 잘 처리하는 것만으로는 당신의 미래를 열 수 없다.
- 스스로 찾아 하는 사람, 미래를 준비하는 사람에게 기회가 있다.
- 자기계발과 자기관리를 위해 가장 강조되는 것은 능력관리다.
- 많은 사람들이 외국어, 자격증, 취미생활 등을 병행한다. 그러나 그냥 있어서는 안 되겠다는 불안감 때문이라면 당장 그만 둬라.
- 내 방향에 부합하는 그래서 동기부여가 분명한 공부에 매진하라.
- 가정과 건강을 챙기는 것도 중요한 자기관리다.
- 자기계발은 목표로 나아가게 하는 도구임과 동시에 일과 삶의 균형을 이루게 하는 도구다.
- 늘 자신을 돌아보라. 정체성과 목표를 놓치지 않는 방법이다.
- 각종 정보와 교양을 쌓는 것 또한 중요한 자기계발이다.
- 자기계발도 계획이 필요하다. 목표를 잘게 쪼개어 짧은 시간들을 잘 활용하는 것이 자기계발을 위한 왕도다.

3부 : 일을 맡으면

이직고민 해결하기

넌, 왜 거기 떨고 섰느냐?

강을 건너는 배에 철학자 한 사람이 탔다. 철학자는 뱃사공에게 끊임없이 말을 걸었다. "당신은 철학을 아시오?" 뱃사공은 퉁명스럽게 대답했다. "아니오." "그렇다면 당신은 인생의 반을 모르는 것이오. 혹시 문학은 아시오?" 역시 뱃사공은 퉁명스럽게 대답했다. "아니오." 그러자 그 철학자는 말했다. "그렇다면 당신은 인생의 삼분지 일을 모르는 것이오."

그때 배에 물이 밀려들기 시작했다. 뱃사공은 말했다. "당신은 수영을 할 줄 아시오?" 철학자는 수영을 할 줄 몰랐다. "아니오. 수영을 할 줄 모르오. 난 어찌해야하는 것이오?" 그러자 뱃사공은 이렇게 말하며 물에 뛰어들었다. "당신은 정말 인생을 헛살았소."

아무리 많은 지식이 있다하더라도 지금 당장 필요한 것을 가지고 있지 않거나 모르면 곤궁해진다. 직장인들이 가장 자주 하는 말에는 어떤 것들이 있을까? '오늘 점심 뭐 먹을까?' 가 있다. 그리고 이 말

오늘부로 직장을 옮긴 박 대리의 첫 출근 날이다.
쥐꼬리만 한 연봉, 넘치는 일, 들들 볶아대는 상사, 기어오르는 후배직원들.
박 대리는 하루에도 열 두 번 '이 놈의 회사를 확 때려치워?' 를 되뇌곤 했다.
그런 박 대리가 드디어 사고를 쳤던 것.

여느 날과 다름없이 날아든 부장의 "이걸 일이라고 해왔어?"에
드디어 박 대리는 용감하게 되받아쳤다.
"그렇게 잘 하시면 부장님이 하세요. 왜 사사건건 못 잡아먹어 안달이세요?"

기가 막혀서인지 입조차 떼지 못하는 부장을 뒤로 하고,
박 대리는 자기 자리로 돌아와 사표를 썼다. 그리고 그 날로 땡이었다.
하지만 새로운 직장을 잡는 건 쉬운 일이 아니었다. 무려 5개월만의 출근.
새 자리를 배정받고, 새로운 사람들과 인사를 나눴다.
털털해 보이는 차장을 위로 모시고, 아래로는 선한 인상의 직원 둘.
전 직장에 비해 모자랄 것이 하나도 없는 듯 보였다.

오후가 되자 털털해보이던 김 차장의 깐깐한 오더 하나가 떨어졌다.
오더를 받은 박 대리는 직원 중 한 친구에게 자료를 모아달라고 요청했다.
그런데 웬일인지 그 직원의 표정은 그리 밝아보이지가 않았다.
각자 오더가 따로 있는데 왜 나한테 가욋일을 시키느냐는 표정의 그.
하지만 처음부터 기선을 제압당해서는 곤란하다고 생각한 박 대리는
"네 시까지 마무리해주세요."로 못을 박아버렸다.

오후 네 시가 조금 넘은 시간, 오더를 낸 직원이 박 대리를 찾았다.
건네받은 서류를 뒤적이던 박 대리의 인상이 찌푸려졌다.
"이 회사는 원래 일을 이렇게 합니까? 이걸 일이라고 해온 겁니까?"
하지만 말이 끝나기 무섭게 돌아온 직원의 말에 박 대리는 쓰러지고 말았다.
"그렇게 잘 하시면 대리님이 하세요. 첫날부터 왜 못 잡아먹어서 이러세요?"

만큼이나 많이 하게 되는 말이 있으니, 그것은 바로 '회사를 때려치우든지 해야지.' 이다. 당신은 과연 이직에 대한 지식이 있는가?

이직을 생각할 때 초심을 잃는다(?)

그런데 왜 사람들은 말처럼 회사를 때려치우지 못하는 것일까? 회사를 옮기는 스킬이 없기 때문이다. 그리고 준비가 되어 있지 않기 때문이다. 준비도 되어 있지 않고 스킬도 없는 사람이 쉽게 '이놈의 회사를 확 때려치우든지 해야지.' 를 잘못 말하고 다니다간 더 이상 회사를 다니지 못하게 될 수도 있다.

2007년, 취업포털사이트 사람인이 직장인 960명을 대상으로 입사 때 가졌던 초심이 유지되는 기간을 조사한 바 있다. 이 조사에 따르면 직장인들이 초심을 잃는데 걸리는 시간은 평균 11.6개월. '1~3개월 미만' 이 13.3%였으며, '3~6개월 미만' 도 16.6%에 달했다. 성별로는 여성의 경우 '3~6개월 미만' (19.5%)이 가장 높았고, 남성의 경우에는 '2년 이상' (23.1%)이 가장 많아 남성이 여성보다 더 오랫동안 초심을 유지하는 것으로 나타났다.

입사 당시와 비교해서 현재 초심을 잃었는지를 묻는 질문에는 무려, 78.3%가 '예.' 라고 응답했다. 직급별로 살펴보면 '대리급' 이 84.4%로 가장 높았고, '과장급' (80%), '평사원' (78.6%), '부장급 이상' (62.5%) 순이었다.

초심을 잃게 된 이유로는 28.6%가 '노력한 만큼 보상이 주어지지 않아서' 를 꼽았다. 이밖에 '생각했던 회사 문화와 차이가 있어서' (15.4%), '심신이 지쳐서' (12.5%), '현실에 안주해서' (9.6%), '업무량이 많아서' (7.8%), '업무가 적성에 맞지 않아서' (6.4%) 등의 순으로 집계되었다.

초심을 잃었다고 느낄 때로는 '이직을 생각할 때'가 28.9%로 1위를 차지했고, '업무를 대충 처리할 때'라는 의견도 23.9%로 바로 뒤를 이었다. 이외에도 '자기계발을 하지 않을 때'(17.4%), '애사심이 없어질 때'(16%), '성과에 연연하지 않을 때'(6.3%), '회사보다 개인 약속이 우선일 때'(4%) 등이 있었다.

한편 입사 당시 초심을 지키기 위해 가장 필요한 것을 묻는 질문에 27.5%가 '긍정적인 마인드'라고 대답했다. 이밖에 '노력하는 자세'(25.6%), '회사의 배려'(15.8%), '상사 · 동료 등 직장 내 인간관계'(8.6%), '여유 있는 생활'(7.7%) 등이 있었다.

특히 초심을 잃었다고 느낄 때로 '이직을 생각할 때'가 가장 많았고, 초심을 지키기 위해 가장 필요한 것으로 '긍정적인 마인드'를 꼽은 점이 주목할 만하다. 결국 긍정적인 마인드로 초심을 지키고, 이직을 '일' 삼아 고민하지 않는 것이 중요하다는 것.

지금 직장에 대한 불만이 이직의 동기라면, 그것은 어리석은 일

얼마 전까지만 해도 이직의 가장 큰 이유가 '자기계발'이었다. 미래가 없다는 것이다. 그 다음은 연봉에 대한 불만, 직장 내의 낮은 평가, 상사나 동료와의 불화 등의 순으로 이어졌다. 자기계발을 위해 이직한다는 것은 적극적인 이직이다. 소극적인 이직에 해당하는 이유로 가장 큰 것이 연봉에 대한 불만이었던 것.

그러나 이러한 이직의 이유도 변화하고 있다. 직장을 옮기려는 이유는 뭘까. 잡코리아가 직장인 1,499명을 대상으로 조사한 결과, 이직을 결심하게 된 동기(복수응답)는 '낮은 급여 수준'(51.8%)이 가장 많았고, '담당업무에 대한 낮은 만족도' (44.4%), '근무시간 과다' (35.2%), '상사 · 동료와의 불화' (30.9%), '과도한 스트레스' (30.8%), '경력을 쌓기 위해' (29.7%) 등의 순으로 나타났다.

그러나 지금 다니고 있는 직장에 대한 불만이 이직의 동기가 된다면 그것은 매우 어리석은 짓이다. 감정에 휘둘려서 이직을 결정하는 것도 금물. 상사와의 갈등, 급여나 후생복지에 대한 불만 등 불만에 의해 시도된 이직은 후회를 낳는다. 자신의 감정을 컨트롤하는 일은 그래서 중요하다. 모든 것을 이성적으로 판단해야한다. 감정적으로 저지른 행동, 술김에 저지른 행동이라고 해서 그것이 정당화될 수는 없는 것이기 때문이다.

순간순간 끓어오르는 감정을 참지 못해 사표를 빼들 수 있는 사람이라면 먼저 인격적 도야가 필요하다. 설사 자신의 로드맵에 의해 이직을 준비하고 있더라도, 이직하는 그날까지 이 직장이 최 일선이며, 여기서 내가 죽겠다는 각오로 일하지 않으면 안 된다. 그런 생각이 좋은 에너지를 만들고, 해내는 에너지를 만들어낸다.

당신의 사표가 회사와 회사생활에 대한 불만 때문이라면 다시 한 번 고려하라. 불만을 해결하기 위한 이직은 새로운 불만을 만들 뿐이다. 우리 속담에 '한 다리가 길면, 한 다리가 짧다' 는 말이 있다. 어느 곳에나 불만은 있기 마련이다. 이 불만을 피하려다가 더 큰 불만을 만나는 경우를 종종 본다.

이직에 대한 고민을 해보지 않은 직장인이 어디 있겠는가? 그러나 누구나 성공적인 이직을 할 수 있는 것은 아니다. 실제로 이직 직장인을 대상으로 한 조사에 따르면 이직 만족도는 48%에 불과한 것으로 나타났다.

당신의 꿈을 향해 나아가기 위해, 당신의 철저한 계획에 의해 감행되는 이직만이 당신에게 보다 나은 삶과 성공을 선사할 수 있다. 성취감이 없으면 감정과 불만은 더 쌓이기 마련이다. 당신이 직장생활을 통해 무엇을 얻었고, 무엇을 잃었는지를 분명히 하는 것이 좋다. 그 두 가지는 대체로 일치한다. 누구나 심하게 불공평한 상황을 참아 넘기지는 않기 때문이다.

성질 고약한 상사를 만나 죽을 고생을 했을지언정 그 상사를 통해 제대로 일을 배웠다거나, 일도 편했고 월급도 많았지만 3년 동안 별로 일이 늘지 않은 경우도 있다. 어느 쪽이 이득인가? 그것은 단지 선택의 문제일 뿐이다.

이직을 위해서는 충분한 준비기간이 필요하다

이직은 경력직으로 자신을 업그레이드하는 것이다. 그런 이직을 현재에 대한 불만의 해결방법 정도로 치부해서는 당신의 밝은 미래를 보장받기 어렵다. 같은 맥락에서 이직을 위한 면접을 볼 때에는 연봉에 연연하는 인상을 주지 말아야 한다. 이직하려는 회사의 비전이 자신의 비전과 일치하는 것임을 강조해야만 한다.

이직시장도 점점 활발해지고 있다. 대학을 갓 졸업한 청년층이 직장을 구하기 어려운 이유 중 하나도 기업들의 경력직 선호 비중이 높아졌기 때문이다. 이런 결과로 경력직의 취업성공률이 초보구직자들의 입사성공률보다 매우 높게 나타나고 있다.

평생직장의 개념이 없어졌다. 그러니 첫 직장에서 정년을 맞이하는 것은 자의든 타의든 쉽지 않다. 그래서 우리는 커리어를 얘기하고, 이직을 얘기한다. 리크루팅업체 잡코리아가 2007년 상반기 입사성공률을 조사한 결과, 이직을 시도한 직장인(920명)의 입사성공률은 43.8%로, 취업준비생(1,173명)의 성공률(30.4%)보다 13.4%나 높게 나타났다.

이직할 마음이 있다면 근속연수 3년 정도가 가장 적합하다. 3년이면 다른 직장들로부터 실무능력을 인정받을 수 있는 기간이기 때문이다. 또, 이직은 현직에 있을 때 준비해야만 한다. 현직에 있어야만 처우나 조건의 조율에 있어 유리한 위치를 점할 수 있다.

대부분의 직장인은 주변에 도움을 청하거나 인터넷 사이트를 뒤지는 게 이직활동을 위한 노력의 전부다. 확고하게 이직을 결심했다면 사표를 내기 전에 철저한 준비를 해야만 한다. 성공적 이직을 위해서는 전문성 확보와 자기 PR능력, 인맥관리가 필수다. 이를 위해 이직 전 최소 3개월 이상의 준비기간이 필요하다.

또 한 가지 명심하여야 할 점은 직장을 옮기는 것이 확정되기 전까지는 이러한 사실을 절대 발설하지 말라는 것. 하지만 일단 확정이 되고나면 최소한 한 달 전까지는 직속상사를 통해 퇴직의사를 전달해야 한다. 후임자 물색 등 떠나는 직장에서 문제가 발생하지 않도록 깔끔하게 마무리하는 것도 중요하다. 문제만 잔뜩 일으킨 뒤 인적 네트워크까지 포기하는 것은 훗날 자신의 이력에 치명적 약점이 된다.

그러나 입사 후 5년이 넘어서면 시간이 지날수록 이직결정이 어려워지고, 옮길 회사의 범위도 축소된다는 사실을 기억하자. 그조차도 실력이 담보되지 않으면 결코 쉽지 않은 일. 때문에 명확한 비전과 전략을 가지고 자신의 몸값을 올리기 위해 노력해야 한다. 그렇다고 해도 너무 자주 직장을 옮기는 이직증후군 환자는 어떤 기업도 환영하지 않는다. 특히 동종업계나 동종직무의 이직은 가급적 2회 이상을 넘지 않도록 해야 할 것이다.

경력목표를 설정하고, 자신의 경력을 관리하라

중요한 것은 이직이 아니라 자신의 경력관리와 개발이다. 현재에 대한 불만 때문에 이직을 한다 해도, 자신이 능력을 갖지 못한 채라면 만족스러운 결과를 얻지 못할 것이다. 그러나 일에 파묻혀 살다 보면 자신의 경력관리와 개발의 중요성을 알아차리기가 쉽지 않다. 중요한 것은 자신의 '꿈'을 지속적으로 관리하는 것이다.

그 꿈을 향해 나아가기 위해 필요한 경력목표를 설정하고, 이것을 지속적으로 관리해간다면 굳이 이직의 필요성을 느끼지 않을 수도 있고, 경우에 따라서는 이직의 필요성이 더욱 절실해질 수도 있다. 이직은 그 다음에나 가능해지는 얘기다.

경력목표를 설정하고 관리하기 위해서는 어떤 노력이 필요한가? 첫째, 자신의 주변에 있는 경력경로를 찾아라. 즉 자신이 나아갈 수 있는 진로에 어떤 것들이 있는지를 찾으라는 것이다. 주변의 네트워크를 활용하면 크게 도움이 된다.

둘째, 그 각각의 진로들과 자신의 역량을 비교하라. 역량의 비교에는 가급적 객관적인 지표를 활용하는 것이 좋다. 막연한 자신감은 화를 부르기 마련이다. 진로가 요구하는 것을 보다 명확히 하고, 자신이 그 요구들에 부합할 수 있는지를 객관화하며, 주변의 상사나 선배들로부터 조언을 받는 것이 좋다.

셋째, 이를 통해 명확한 목표를 설정하라. 그러나 그 목표를 꼭 이직으로 잡을 필요는 없다. 사내 승진 등을 통해서도 달성가능하다면 더 바랄 나위가 없을 것이다. 그리고 이렇게 잡은 목표는 보다 잘게 쪼개고, 명확한 세부목표로 정리하여 단계화하여야 한다. 이렇게 해서 만들어지는 것이 바로 '향후 10년의 경력이력서' 다.

다섯째, 이렇게 정리된 자신의 목표를 향해 경력개발을 실행하라. 중요한 것은 결국 실행이다. 경력경로를 찾았고, 자신에 맞는 경력목표도 설정이 되어 있으며, 무엇을 더 준비해야하는 지를 알게 되었다면 주저할 필요가 없다. 어떤 사람은 회사에서 자신의 능력을 키울 것이며, 어떤 사람은 대학원이나 학원 등에서 자신의 경력을 개발하기도 할 것이다.

다섯째, 경력이력서를 관리하라. 실행만큼 중요한 것이 지속적인 리뷰와 체크다. 자신에게 맞는 목표를 향해 가고 있는지, 10년 후 자신의 모습을 미리 만들어 놓고 경로를 체크해가면서 더욱 탄탄한 커리어 맵을 그릴 수 있는 것이다. 이러한 커리어 맵에 의해 꼭 이직을 해야 할 만한 이유가 발견된다면 어떻게 해야 할까?

이직을 결심했다하더라도 그 이직의 방향이 기존의 설계를 벗어난 것이어서는 곤란하다. 직장생활을 시작한 지 얼마 되지 않은 경우에는 별 문제가 없겠지만, 일정 이상의 직장생활로 목표설계가 확고해진 상태에서 이직의 방향이 엉뚱한 곳을 향하게 되면 많은 어려움들을 피하기 어렵다. 따라서 이직은 하되, 경력전환은 피하는 것이 좋다.

부득이하게 경력을 전환해야 할 경우에는 새로운 경력을 위해 필요한 노력들을 정리하고, 수정된 계획에 따라 실행해나가야 한다. 경로를 벗어났다는 것은 경력이 조각난 것이다. 조각난 경력자가 제대로 정착하지 못하면 또 다시 이직을 해야 한다. 그리고 이것은 결국 생계형 경력으로 갈 수밖에 없는 한계를 만들기도 한다.

따라서 가급적 경력관리와 경력개발은 이미 설계된 경력경로의 범주에서 벗어나지 않도록 유념하여야 한다. 누구나 직장생활을 하다보면 이런저런 어려움을 만나기 마련이다. 모든 일은 신중히 생각하고 결정해야만 한다.

당신이 이직에 대한 고민을 만나게 된다면 다음의 세 가지 질문을 던져보라. 첫째는 '정말 이것은 아닌가?' 이고, 둘째는 '이렇게 된 데에 나의 책임은 없는가?' 이며, 셋째는 '다른 곳이라면 그렇지 않을까?' 이다.

Point

3-7. 이직고민 해결하기

- 현 직장에 대한 불만이 이직의 동기라면 그것은 어리석은 짓.
- 철저한 계획 속에서 감행하는 이직만이 성공을 선사한다.
- 이직은 경력직으로 자신을 업그레이드하는 것이다.
- 경력직의 취업성공률이 초보구직자의 입사성공률보다 높다.
- 근속연수 3년은 돼야 실무능력을 인정받는다.
- 이직을 마음먹었다면 현직에 있을 때 준비하라.
- 직장을 옮기게 될 때는 반드시 충분한 준비기간을 두어야 한다.
- 중요한 것은 이직이 아니라 자신의 경력관리와 개발이다.
- 경력목표를 설정하고, 지속적으로 관리하는 것이 중요하다.
- 경력관리와 경력개발은 설계된 경력경로의 범주에서 벗어나지 않도록 해야 한다.

3부 : 일을 맡으면

패러다임의 변화와 적응

우린 지금 어딜 향해 나아가는가?

고속도로가 꽉 막혀 꼼짝을 못하고 있었다. 한 30분 이상을 움직이지 못해 답답해하고 있는 상황에서 주위를 둘러보는데 옆 차 안에서 운전자가 휴대전화에 대고 핏대를 올리고 있었다. 전화를 걸던 그 사람이 갑자기 창문을 내리더니 전화기를 나에게 불쑥 내밀며 소리를 질렀다. "여기요~ 내가 왜 늦는지 우리 마누라한테 이야기 좀 해줘요!"

21세기 가장 중요한 화두는 지식기반경제

요즘 우리나라 가장들의 위상이 말이 아니다. 만일 '당신이 세상에서 제일 무서워하는 사람은 누구?'냐는 질문을 던진다면 우리나라 가장들의 대부분은 '마누라'라고 말할 것이다. 당신은 세상에서 누가 가장 무서운가? 아니, 무엇이 가장 무서운가?

현대는 무서운 속도로 변화를 거듭하고 있다. 한 곳에 정착하고,

이제야 좀 사는 것 같다 싶은 마당에 나에게 날아든 해고통보.
난 오늘 다니던 대학병원으로부터 해고통보를 받았다.
한 달간의 시간을 줄 테니 짐을 정리하고 다른 일자리를 찾아보란다.
병원이 문을 닫는 것도 아니다. 내가 뭘 잘 못한 것은 더더욱 아니다.
그렇다고 나보다 더 유능한 의사를 고용하겠다는 것도 아니다.
그저, 이젠 의사가 필요 없단다.

모든 검사는 컴퓨터가 자동으로 하고, 판독과 분석도 컴퓨터가 하며,
처방까지도 컴퓨터가 한다.
복잡한 수술도 컴퓨터와 로봇이 대신하고,
무인시스템으로 얼마든지 사람을 치료하는 일이 가능해졌으니
최소한의 연구직만을 남겨두고 모든 의사들을 해고하겠다는 것이다.

이게 말이 되는가?
난 의사가 되기 위해 예과 2년, 본과 4년을 공부했고,
인턴과 레지던트를 거쳐 전문의가 됐다. 꼬박 10년의 세월.
의사가운을 벗지 않기 위해 선배들의 심부름도 마다하지 않았으며,
옥상에 끌려올라가 구둣발로 정강이를 걷어차이는 것도 참아냈다.
박봉에 고생고생해서 전문의를 딴 지 이제 갓 일 년.

원장실을 찾아갔다.
원장을 붙들고 호기 있게 소리를 지르고 싶었지만 난 빌었다.
"젊은 놈 한 번 살려주십시오. 이건 해도 너무한 거 아닙니까?"

그때 들려오는 간호사의 목소리, "선생님, 환자 받으실 시간인데요."
꿈이다. 의자에서 깜빡 든 나른한 낮잠이 개꿈을 꾸게 한 모양이다.
그런데 생각하게 된다. 정말 이런 일이 현실로 닥치는 건 아닐까?

자신이 가진 이념과 지식만으로 평생을 살아가야겠다고 생각한다면 그것은 크게 잘못이다. 변화의 속도는 점점 더 빨라지고 있고, 그 변화에 적응하지 못한 사람들은 사회로부터 낙오해가고 있다. 어쩌면 현대인들이 가장 무서워해야 할 것은 바로 속도인지도 모른다.

물질(Material)에 노동을 보태 생산물(Product)을 만들어내던 과거 산업사회가 있었다. 그러나 시대가 바뀌어 이 생산물에 커뮤니케이션노동을 보태 상품(Commodity)을 만드는 정보화사회가 되었다. 그러나 지금은 이 상품(Commodity)에 감성노동을 보태 상표(Brand)를 만들어내는 감성사회로 바뀌어 가고 있다.

21세기는 지식기반사회라고 일컬어진다. 지식기반사회라는 말은 1990년대에 등장한 용어로, 생산요소의 핵심이 '자본과 노동' 에서 '지식' 으로 옮겨간 사회를 일컫는다. 지식 창출에 바탕을 두고 경제가 돌아간다는 것.

글로벌리즘이 만든 무한경쟁, 지식의 송곳으로 경쟁을 뚫어라

여기서 지식이란 단순히 무엇에 대한 '앎' 만을 뜻하는 것이 아니다. '앎' 을 바탕으로 무엇인가를 새롭게 만들어내고, 조직하며, 체계화함으로써 다시 새로운 것을 창출할 수 있는 기술과 정보까지도 포괄하는 개념이다. 때문에 자본과 노동처럼 쓰면 쓸수록 소모되는 것이 아니라, 계속 축적되면서 작게는 기업, 크게는 한 국가의 경쟁력을 좌우할 수 있는 지적 자산으로 작용한다는 것.

이 때문에 1990년대 이후 세계 각국에서는 지식기반경제를 21세기의 가장 중요한 화두로 삼아 활발한 연구를 진행해왔다. 뿐만 아니라 지적 자본, 곧 지식의 생산 · 획득 · 전파 · 이용 · 축적 등의 지식기반이 튼튼한 국가가 경제 강국이 될 것이라는 확신 아래, 이러한 노력을 지속적으로 기울여가고 있는 것이다.

이런 속에서도 지난 60~70년대 압축성장의 추억을 향수해서는 성공할 수 없다. 60~70년대 산업화의 원동력은 무엇이었는가? 외국의 산업과 차관을 받아들이고, 근면성 하나로 생산현장에서 피땀을 흘린 국민들이 있어 우리는 발전을 구가했다.

하지만 그 한편에는 차관경제 · 부동산경제 · 정경유착 등의 음습한 그늘이 드리워져 있었다. 프로세스를 개선하기보다는 국민들의 근면성과 정신력으로 모든 것을 극복하려했던 정부가 우리 국민들로 하여금 '새마을운동'과 '하면 된다.'의 신화를 창조하게 했다.

이 과정에서 자본주의는 황금만능주의와 한탕주의라는 단어로 바뀌어 쓰였고, 권력과 야합해서 한방 터뜨리기만 하면 평생이 보장되는 사회는 '없는 사람들'을 힘 빠지게 했다. 그러나 이젠 다르다. 잔머리가 통하지 않고, 한 방이 통하지 않으며, 권력 · 돈 · 배경으로 잘 먹고 잘 살기가 쉽지 않은 세상으로 바뀌어 가고 있다.

글로벌리즘 때문이다. 대한민국은 그간 수출로 먹고 살았던 나라다. 지금도 우리 경제는 수출에 의존하고 있다. 그러나 우리나라 GDP 중 수출비중은 60%를 넘어섰으며, 이러한 비중은 점점 더 늘어갈 것으로 전망된다. 그러다보니 글로벌리즘에 따른 무한경쟁으로부터 자유로울 수 있는 사람은 아무도 없다.

지금의 대한민국은 반도체 · 자동차 · 선박 · 무선통신기기 · 석유화학제품의 5대 품목에 의존하고 있다. 이 품목들이 우리 수출의 45% 이상을 차지하고 있는 것. 이러한 산업부문들은 막대한 설비투자로 일구어진 일명 설비산업들이다. 그러나 이 품목들은 2010년을 기점으로 서서히 그 경쟁력을 잃어갈 것이다. 이미 우리나라의 실버 산업은 중국 등 동남아의 추격과 선진국들 사이에서 상당부분 샌드위치가 되어 있다.

그렇다면 앞으로 우리나라는 무엇을 해서 먹고 살아야 할까? 그것을 말해주는 키워드가 바로 지식기반사회다. 그리고 여기에 문화, 감성, 마케팅이 보태지면 그것이 바로 우리의 미래가 된다.

문화콘텐츠산업은 대한민국의 새로운 성장 동력이 될 터

많은 전문가들은 미래에 주목받을 산업으로 6T를 얘기하고 있다. IT(정보통신:Information Technology), BT(생명공학:Biology Technology), CT(문화관광콘텐츠:Culture Technology), ST(우주항공:Space Technology), ET(환경공학:Environment Technology), NT(초정밀원자세계:Nano Technology)가 그것이다. 이 모두가 지식기반산업이다.

뿐만이 아니다. OECD(경제협력개발기구)는 지식기반사회를 '산업 전반에 걸쳐 지식을 생산 · 분배 · 이용함으로써 경제를 발전시키고, 부를 창출하며, 고용을 확대하는 원동력이 되는 경제'라고 정의하고 있다. 한마디로 지식이 모든 산업의 중심에 서게 된다는 것.

여기에 더해지는 변화가 바로 문화기반사회로의 변화다. 앞서 말한 6T 가운데 특히 관심을 가져야 할 분야는 CT, 즉 문화산업이다. 현재 매출규모는 IT 〉 BT 〉 CT 〉 ST 〉 ET 〉 NT의 순이지만 수익률 면에서는 문화관광콘텐츠 분야, 생명공학 분야가 정보통신 분야를 앞지른 지 오래다. 곧 매출규모 면에서도 문화관광콘텐츠 분야와 생명공학 분야가 정보통신 분야를 앞지를 것으로 예상되고 있다.

문화를 파는 것은 엄청난 국익으로 이어질 것이다. 물론 문화를 파는 것만으로 우리나라 산업의 모두를 지탱해갈 수는 없다. 그러나 우리 산업의 중요한 다음 페이지가 문화산업임은 누구도 부인하기 어려울 것이다. 그렇다면 어떤 문화가 팔리는 문화인가?

타 국가들의 그것과는 차별된 것, 즉 독특한 문화가 '팔리는 문화'다. 그러나 그것만으로는 안 된다. 이것을 전달하는 시그널이 글로벌스탠더드에 맞아야 하며, 구성기술 또한 높아야 한다. 이렇게 서로 결합되기 힘든 이원적 구조를 이해하고 실천하는 나라가 문화시대를 선도하게 될 것이다.

우리나라는 문화관광콘텐츠 산업의 가능성이 매우 높은 나라다. 우선 그간 축적해온 글로벌스탠더드 경험이 그 이유다. 그리고 우리와 코드가 맞는 아시아권의 성장이 또 하나의 가능성이다. 아시아는 세계 육지면적의 약 1/3을 차지하고 있다. 인구는 약 35억 명으로 세계인구의 60%다. 경제발전을 통해 점차 그 능력을 갖춰가는 아시아와 한류열풍 등으로 확인받은 가능성은 우리의 문화수출 전망을 밝게 하고 있다.

오리엔탈문화의 저력 또한 문화기반사회 속 우리나라의 새로운 가능성이다. 서양이 존재론을 근간으로 발전해 왔던 것에 반해 오리엔탈문화는 관계론을 바탕으로 성장했다. 관계론은 상대에 대한 이해에서 출발한다. 좋은 문화콘텐츠를 만드는 힘은 곧 소비자들을 해석하는 힘이다. 때문에 관계론은 존재론에 비해 훨씬 수용성 높은 문화콘텐츠를 만들 가능성이 있는 것.

문자세대는 영상세대에게 바통을 넘겨주고 있고, 그 영상세대들은 문자세대들의 '내가 너만 하던 시절에는 말이야.'에 더 이상 귀를 기울여주지 않는다. 정신력만으로 버텨내는 축구로는 결코 월드컵 우승을 노려볼 수 없음을 누구나 다 알게 되었다.

미래의 득실을 중심으로 판단하는 문자세대들의 입장에서는 현재의 이익을 중심으로 판단하는 영상세대들을 이해하기 어렵다. 좋고 싫음을 중심으로 판단하고 자기표현에 충실한 영상세대들의 입장에서는 옳고 그름을 따지고, 자기를 절제해야 한다고 믿는 문자세대들을 이해하기 어렵다. 소유 욕구를 중심으로 사고하던 시대가 가고, 사용가치를 중심으로 판단하는 시대가 왔다.

뭘 하든, 자기가 잘 하는 것을 꾸준히 해야 살아남는 세상

감성을 억제하고 이성을 중심으로 사고하던 시대는 가고, 해방된 감성이 이성보다 우월해진 시대가 왔다. 감성을 불어넣은 상품들이 잘 팔려나가고, 몇 백 원어치 커피를 몇 천 원에, 몇 만 원어치 가죽에 감성을 더해 몇 백 만 원짜리 명품을 만들어 파는 시대가 왔다.

마지막으로 마케팅사회로의 변화에 주목해야 한다. 현대에 이르러 마케팅은 유행처럼 번져나갔다. 많은 기업들이 이 마케팅을 받아들여 스스로를 변화시켜가고 있다. 그러나 미래사회에서의 이 마케팅은 주목받는 학문이나, 기업의 경쟁력으로써가 아니라, 개인의 경쟁력으로 떠오를 전망이다. 마케팅을 모르는 사람은 어떤 직업에서도 살아남기 어렵다.

지금까지 우리는 지식기반사회, 문화기반사회, 감성기반사회, 마케팅기반사회에 대해 살펴보았다. 바로 이러한 산업들과 직업이 각광받는 시대가 왔다. 그렇다고 다른 산업들은 다 망가진다는 것인가? 그렇지는 않다. 그것이 어떤 업종이든 이러한 코드를 모르면 낙오하게 된다는 것이다. 각 산업과 직업들 모두가 지식 · 문화 · 감성 · 마케팅의 키워드를 모르면 무너지는 시대가 온다.

요리사가 문화와 감성적 아이디어를 결합해 크로스오버 요리를 개발해내는 것이 그 좋은 예라 하겠다. IT라 할 수 있는 핸드폰 제조회사가 핸드폰에 지식 · 문화 · 감성 · 마케팅의 키워드들을 잘 결합한다면 각광받는 산업이 될 것이고, 그 직업 역시 각광을 받을 수 있을 것이라는 얘기다.

세계는 빛의 속도로 변화를 거듭하고 있다. 그 변화의 방향은 무엇인가? 어떤 새로운 기술이 등장할까를 기대하기보다는 사람들이 원하는 기술이 무엇인지를 고민하는 세상이 우리 앞에 있다. 나만 잘하면 되는 세상이 아니라, 세상과의 호흡에 나를 맞춰가는 시대로 변화하고 있다.

세계가 움직여가는 방향을 알고, 그 속에서 우리의 가능성을 찾아내 산업을 끌고 갈 수 있다면 우리는 훨씬 더 나은 미래를 만날 수 있을 것이다. '어떤 직업이 뜨는 직업일까?', 또는 '뭘 하면 돈이 좀 될까?' 라는 질문에 정답은 없다. 그렇게 물어온다면 필자의 대답은 늘 '잘 하는 걸 열심히 하세요.' 이다.

뭘 하든 자기가 잘하는 것을 꾸준히, 그리고 열심히 해야 살아남는 세상이다. 지금의 세계는 '패러다임 시프트(Paradigm Shift)' 의 시대다. 그리고 많은 전문가들은 그 안착지가 존재하지 않을 것이라고 말한다. 계속 변화한다는 것. 더 이상 백년 갈 직업은 없다. 의사가 파산을 하고, 변호사가 망하는 세상이다. 이젠 더 이상 숨을 수 있는 직업은 없다.

지식기반산업이 앞으로의 세계를 운영해 갈 것이라는 전망이 맞다 치자. 그러나 그쪽 직장을 잡고, 그곳에 숨어 있기만 하면 안전한가? 그렇지 않다. '어떤 직업을 가지고 있는가? 어떤 직장에 소속됐는가?' 가 아니라 '어떤 꿈을 가지고 있는가? 어떤 일을 하고 있는가? 어떤 지식을 축적시키고 있는가?' 가 훨씬 의미 있는 물음이다.

어떤 업종이든 그 안에는 성공하는 사람과 실패하는 사람들이 공존한다. 남이 잘된다고 나도 잘된다는 법은 없다. 어떤 업종이든 업종 내 상위 5%는 대접을 받는다. 그러나 아무리 호황을 누리는 업종에서도 능력부족으로 도중하차하는 사람은 있기 마련이다.

잘하는 것을 잘 하는 사람이 잘 나가는 시대

단, 이것만은 기억하자. 미래는 임상이 아니라 지식에 기반을 두고 일을 해야만 하는 시대다. 어떤 직업에서든 앞서 말한 지식 · 문화 · 감성 · 마케팅의 키워드를 잘 이해하고 접목시켜 가는 사람은 상위 5%의 대접을 받게 될 것이다. 글로벌시대를 맞이한 이 시대의 시대정신은 한마디로 '틀 없음, 정답 없음.' 이다.

세상의 어느 것도 영원한 것은 없다. 아침형 인간이라는 화두가 사회를 휩쓴 적이 있다. 정말 아침형 인간은 성공하는가? 혹시 그것은 농사로 먹고살던 시대의 성공조건은 아닌가? 성실이 필요조건이기는 하지만 충분조건일 수 없는 시대가 바로 지금의 시대다. 늘 생각하는 사람, 'So What?(그래서?)' 을 외치는 사람에게만 세상은 기회를 열어놓았다.

이제는 '평생직장' 이 아닌 '평생직업' 의 시대다. 지금의 40~50대는 명문 대학과 대기업을 선호했고, 취업을 해서도 회사의 결정대로 보직을 받았고, 보직을 받아서도 시키는 대로 일하면서 여러 부서를 돌며 근무해왔다. 그 시절은 이른바 아날로그 시대였고, 지금은 디지털 시대다. 세계시장이 하나가 된 무한경쟁 시대인 것이다.

직장 내의 개인차도 점점 더 벌어지게 될 것이다. 지식 · 문화 · 감성 · 마케팅의 키워드를 잘 이해하고 접목시켜가는 창의적인 인재들에 대한 사회적 보상은 더욱 커질 것이고, 그들은 자신들의 직장과는 상관없이 보다 높게, 보다 멀리, 보다 빠르게 자신들의 꿈을 향해 나아가게 될 것이다.

Point

3-8. 패러다임의 변화와 적응

- 현대는 무서운 속도로 변화를 거듭하고 있다.
- 산업과 정보화사회를 거쳐 감성과 지식기반사회로 움직이고 있다.
- 지금의 시대를 만들어낸 것은 글로벌리즘의 무한 경쟁이다.
- 많은 전문가들이 6T를 미래의 주목받는 산업으로 이야기한다.
- 그중에서도 문화관광콘텐츠분야가 급성장하고 있다.
- 타 문화와 차별되고, 글로벌스탠더드에 맞으며 구성기술이 높은 문화상품들이 각광받게 될 것이다.
- 아시아의 성장으로 우리 문화관광콘텐츠산업 전망은 매우 밝다.
- 감성사회, 마케팅사회로의 변화도 주목할 만하다.
- 각 직업에 지식 · 문화 · 감성 · 마케팅을 어떻게 결합시킬 것인가?
- 나만 잘해서는 안 된다. 세상과의 호흡에 나를 맞춰야 한다.
- 패러다임시프트의 시대. 이젠 더 이상 숨을 수 있는 직업은 없다.
- 늘 생각하는 사람, 'So What?' 을 외치는 사람에게만 기회가 온다.

젊은이들의 꿈과 희망을 위해!

부족함을 일깨워준 집필작업에 감사를!

이 책이 세상에 나올 때까지 물심양면으로 고생해준 나의 부사수들, 책의 전체내용을 수요자의 입장에서 꼼꼼하게 검토해준 김경화 님, 장소영 님, 강향순 님께 감사드린다. 단지 머릿속의 아이디어일 뿐이었던 이 책의 소재들을 글로 적어내려 갈 수 있도록 처음부터 끝까지 용기를 북돋아준 이들이기도 하다.

감각적인 머리, 섬세한 손놀림으로 평소에도 많은 도움을 주고 있는 참아이엠씨의 디자이너들이 공동으로 이 책의 디자인을 맡아주었다. 류봉규 님, 김민경 님, 박진주 님께 감사드린다. 책의 교열과 교정의 수고로움을 견뎌준 참아이엠씨의 김광열 님, 이제우 님께도 감사드린다. 늘 나에게 자극제가 되고 있는 동의대학교 광고홍보학과의 많은 제자들에게도 감사드린다.

지친 필자의 사기를 올려주기 위해 물심양면으로 조력을 아끼지 않아준 것은 물론 현장의 생생한 상황들을 담을 수 있도록 애써준 참아이엠씨의 양진일 사장과 그의 아내이자 나의 제자인 노주원 님, 책을 마칠 때까지 격려와 성원을 아끼지 않은 참아이엠씨 식구들께도 감사의 인사를 드린다.

멀리 중국에서까지 이 책의 완성을 걱정해주신 동의대학교 광고홍보학과 조경섭 교수께도 감사의 인사를 드린다. 흔쾌히 출판을 맡아주신 두남출판사의 식구들, 특별히 전두표 사장과 이승구 상무, 허창진 과장께도 이 자리를 빌려 거듭 감사의 인사를 드린다.

이 책은 지난 18년 동안 이어진 내 직업인 생활의 소산이다. 이 책 곳곳에 숨어 있는 사례들의 주인공이 되어준 나의 선후배들과 동료들이 있었기에 비로소 오늘 이 책이 세상에 모습을 드러낼 수 있었다고 나는 믿는다. 그들 모두에게 감사드린다.

이 책을 다 읽고 감사의 말을 읽고 있을 독자 제위께도 감사의 말씀을 전한다. 그리고 부디 이 책이 미스매치를 해결하고, 어엿한 직업인으로 성장해 가는데 미력하게나마 도움이 되기를 진심으로 기원한다. 늘 한결같은 기다림으로 나를 대해준 가족들과 특히 우리 아이들 재연과 주형에게 미안함과 고마운 마음을 함께 전하며 글을 맺는다.

참아이엠씨 부설 발전전략연구소에서 석종득

이젠 하산하거라!

손에 든 건 다 놓고 꿈만 들고 말이다!

아내가 잠에서 깨어나 남편에게 말했다. "꿈에 당신이 나한테 명품 핸드백을 선물했어요! 난 너무 좋아 어쩔 줄 몰랐고요……. 이게 무슨 꿈일까요?" 남편이 말하길 "오늘 밤에 그 꿈의 의미를 알게 될 거요." 그날 저녁 남편은 아주 예쁘게 포장된 꾸러미를 가져와 아내에게 주었다. 아내는 신이 나서 포장을 뜯었다. 내용물인 즉 '꿈 해몽법' 이라는 제목의 책이었다.

415만 명에 달하는 순수 비경제활동 인구, 평균 46세 예상 정년

혹시 당신은 헛다리를 짚고 있는 것이 아닌가? 설사 그렇다 해도 괜찮다. 당신에게 지금 하고 싶은 것이 있고, 당신이 그것을 위해 애쓰고 있다면 말이다. 설사 당신이 잘못된 길로 접어들었다 해도 괜찮다. 툴툴 털고 되돌아서 걸으면 그만이기 때문이다.

당신은 아직 젊다. 문제는 아무 것도 하지 않는 것이다. 그저 생각만 하는 것이 문제다. 다음은 1980년 2월, 월스트리트저널에 게재된 유나이티드 테크놀로지의 광고카피다. 이 카피는 당신이 아직 늦지 않았음을 말하고 있다.

이것으로 당신의 기분은 좋아질 것입니다

(This will make you feel better)

가끔 당신이 낙담하게 될 때면 이 분을 생각해보세요.
초등학교를 중퇴했다. 시골에서 구멍가게를 경영했다.
파산했다. 빚을 갚는데 15년이 걸렸다. 결혼을 했다. 불행한 결혼이었다.
하원에 입후보했다. 2회 낙선. 상원에 입후보했다. 2회 낙선.
역사에 남을 연설을 했다. 그렇지만 청중들은 무관심했다.
신문에서는 매일 얻어맞고 반 이상의 국민들로부터 배척을 당했다.
그럼에도 불구하고 상상해보세요.
세계의 얼마나 많은 사람들이 그저 A.링컨이라고만 간단히 자기를 밝히는
이 재주 없고, 서투르며, 무뚝뚝한 사람에게 감동되었는가를.

취업포털 인크루트는 2007년 상반기 취업뉴스를 바탕으로 직장인의 삶을 각종 수치로 재구성한 '숫자로 본 상반기 채용시장'을 발표한 바 있다. 그 내용에 따르면 우리의 젊은이들은 대학을 6년 만에 졸업하고, 46 대 1의 경쟁률을 뚫고 입사한다. 그러나 입사 동기 10명 중 3명은 조기 퇴사한다. 애써 버틴다 해도 46세 안에 회사에서 쫓겨날 것이라 믿고 있다.

청년층 중 순수 비경제활동 인구수는 415만 명에 달한다. 소위 취업포기자다. 이는 비경제활동인구 중 근로조건이 맞지 않아 노동시장에 참여하지 않는 '실망실업자'와 육아나 가사 등으로 다른 일을 하지 않는 '경계실업자'를 제외한 숫자다.

실로 엄청난 숫자다. 이러한 숫자는 절대취업처의 부족이 아닌 괜찮은 일자리의 부족과 젊은이들의 높은 눈높이를 반영하는 것이다. 인내와 끈기가 실종한 것도 문제다. 인크루트가 2007년 2월, 260개 기업을 대상으로 조사한 지난해 신입사원들의 조기 퇴사율은 무려 29%에 달했다.

'자신의 예상 정년' 조사에서도 안타까운 결과가 나타났다. 직장인들은 자신의 정년을 평균 46세로 답했던 것. 특히 연령이 낮을수록 예상 정년이 낮아져 20대는 예상 정년이 38.5세, 30대는 45세, 40대는 52.8세, 50대 이상은 61.8세를 자신의 정년으로 보고 있었다. 이처럼 젊은이들이 자신의 정년을 낮게 생각하는 것은 무엇을 의미하는가?

뿌린 만큼 거두는 것, 지금부터가 시작이다

더 이상 응석은 안 된다. 정확히 하고 싶은 일이 없고, 확실하게 할 줄 아는 것도 없고, 겁은 많아서 실패는 두렵고, 무엇이든 확실한 보장이 없으면 시작도 하지 않으며, 눈은 높아서 주변의 현실들이 모두 못마땅하다면 그건 분명 당신의 문제다.

옛날 사람들처럼 고생고생하면서 자수성가하는 것은 자신이 없고 하고 싶지도 않으며, 어떻게 하면 편하고 안정된 직장을 얻어 돈을 벌 수 있을까만 궁리해서는 미래가 없다. 정말 방법이 있는가? 이제 더 이상 궁상떠는 일로 시간을 낭비하지는 말자.

경쟁이 치열해서 노력해도 소용없다고 말하지 말자. 과연 당신은 최선의 노력을 경주하였는가? 그 노력의 기간은 어느 정도였는가? 당신은 앞으로도 오랜 세월을 살아가야 한다. 그리고 일해야 할 시간도 최소 30년, 어쩌면 50~60년을 더 일해야 할지도 모른다.

사필귀정이다. 뿌린 만큼 거두는 것이다. 지금부터가 시작이다. 경쟁을 뚫어낼 만큼의 노력이란 사실 남들보다 조금 더 하는 것이다. 혹시 당신은 걱정만으로 시간을 보내지 않았는가? 만일 그렇다면 지금부터 시작하자. 여기 소개할 광고카피는 1984년 7월, 월스트리트저널에 게재된 유나이티드 테크놀로지의 것이다.

전엔 작은 도토리였지요(Once an acorn)

때때로 인간은 크게 되기 위해 작게 시작해야 할 때가 있습니다.
콘라드 힐튼이 한 첫 번째 일은
뉴멕시코 더러운 호텔의 마룻바닥 청소였습니다.
후에 그는 유명한 호텔체인의 소유주로서 큰돈을 쓸어 모았습니다.
오클라호마의 유전을 500달러에 임대한 존 폴 게티는
후에 미국에서 제일가는 부자가 되었습니다.
데이빗 팩카드는 최초의 상품도료를 자기 집 부엌의 오븐에서 구웠습니다.
그리고 그는 45년 뒤에 47억 달러의 기업을 경영하게 되었습니다.
지금도 작은 것에서부터 시작하는 많은 무명의 남녀들이 있습니다.
지금부터 20년 후쯤에는
그들의 이름이 우리 모두가 다 아는 유명인사의 이름이 될지도 모릅니다.
당신의 이름도 그 속에 들어 있습니까?
자, 시작합시다!

자, 이제 새로운 시작이다. 더 이상 주저하지 말고 길을 나서자. 당신의 성공한 미래를 위해! 지금의 시대가 우울한가? 그러나 지금의 시대가 과거보다 어려운가? 아무리 노력을 해도, 성실성을 담보로 피땀을 흘리며 애써도 겨우 먹고사는 수준에 머물렀던, 돈과 권력을 가진 자들만이 부동산을 굴려가며 '땅땅' 거리며 살았던 시절에 비해 지금이 정말 그렇게 어려운 시대인가?

그 시절에 비해 지금의 우리는 자신의 의지를 실현해나가기에 훨씬 더 좋은 조건을 보장받고 있다. 물론 '한방' 은 없다. '독과점' 도 없다. 그러나 능력만 갖춘다면 그 능력에 따라 얼마든지 기회를 만들 수 있는 시대가 지금의 시대다.

누군가에게 떠밀려 살고 있다면 지금 당장 미래를 다시 그려라

결국 성공도 실패도 모두 자신의 몫이다. 확신을 가지고 인내와 끈기로 도전해야만 한다. 이처럼 치열한 경쟁시대의 시장에서 그것이 말처럼 쉬운 일만은 아니겠지만 이 글을 보고 있는 당신이라면 해낼 수 있다. 바로 당신이기에 스스로 우울함을 떨쳐버리고 세상을 향해 나아가야 하는 것이다.

간혹 우울함에 빠지거나 무기력증에 빠져들 때, 그땐 앨범을 열어라. 앨범은 당신의 과거다. 그것도 예쁘고 밝은 과거다. 사람들은 우울하거나 슬프거나, 기분이 망쳐져 있을 때는 사진을 잘 찍지 않는다. 대개의 경우, 기념할만한 일이 있거나, 좋은 곳에 갔거나, 좋은 사람들과 함께 있을 때 사진을 찍기 마련이다.

당신은 앨범 속에서 기분 좋게 웃고 있는 당신을 만나게 될 것이다. 당신은 초롱초롱한 눈망울, 꿈으로 가득 찼던 어린 시절의 당신

모습을 바라보며, 그 아이의 꿈을 생각하게 될 것이다. 그리고 다시금 꿈을 향해 힘차게 도약할 의지를 되찾을 수 있을 것이다.

당신의 책상을 보면 당신의 현재를 알 수 있고, 당신의 가방 속을 들여다보면 당신의 미래가 보인다. 지금 당신의 가방 속은 무엇으로 채워져 있는가? 중요한 것은 늘 내가 가야할 방향을 고민해야한다는 점이다. 이제 당신은 더 이상 어린아이가 아니며, 선생님의 말씀을 잘 듣는 모범생도 아니다.

떠밀려서 무엇인가를 하고 있다면 지금 당장 당신의 미래를 다시 그려라. 그러나 자신의 현재로부터 도망쳐서는 안 된다. 자신의 현재를 인정하면서 미래를 향해 새로운 그림을 그리는 일은 늙어 죽을 때까지 계속해야 할 우리의 과업이다.

정신력만으로 버티는 축구는 결코 월드컵우승을 노릴 수 없다

다음은 1985년 1월, 월스트리트저널에 게재된 유나이티드 테크놀로지의 광고카피다. 이 카피는 당신이 지금의 자리에 서 있는 이유, 그리고 미래를 위해 당신이 해야 할 일들을 말하고 있다.

당신은 어디로?(Where are you?)

초등학교 3학년, 선생님은 당신의 산수실력에 문제가 있다고 하셨습니다.

그래서 당신은 산수를 포기했고,

이 세상에 있는 3분의 2의 직장을 영원히 포기해버린 것이지요.

누군가가 해군에 요리사가 필요하다고 말했습니다.

그래서 그는 요리사가 되었고, 제대 후 식당을 개업했습니다.

어머니가 간호사였지요. 지금 당신도 그렇습니다.

지금의 당신은 어째서 지금의 당신인가요?

당신이 이렇게 되길 원해서인가요? 생각해보기 바랍니다.

어쩌면 당신은 어딘가 다른 곳에 있어야만 하는 사람인지도 모릅니다.

지금 당신은 어디에 있어야 합니까?

또 거기엔 어떻게 하면 다가갈 수 있을까요?

그것을 발견해내기엔 아직 늦지 않은 시간입니다.

정신력만으로 버티는 축구는 결코 월드컵 우승을 할 수 없다. 의욕만 앞서서는 이루어낼 수 있는 것이 없다. 문제는 충분한 체력과, 기술이다. 일의 성공도 마찬가지다. 과연 당신은 충분한 체력과 능력을 갖추었는가? 지금도 늦지 않았다. 아니 지금부터라도 시작해야만 한다. 명심하자. 성공은 운이 아니다. 성공은 늘 노력하는 자에게 찾아오는 보상인 것이다.

이 책이 당신의 '꿈꾸기'와 '꿈을 찾아가기'에 도움이 될 수 있기를 기원한다. 그리하여 이 책이 당신의 성공한 미래에 조금이나마 보탬이 될 수 있기를 진심으로 기원한다.

참아이엠씨 부설 발전전략연구소에서 석종득

이 책을 만든 원전들

김덕수, 맨주먹의 CEO 이순신에게 배워라, 밀리언하우스, 2004

김현정, 직장인10년차, 한국경제신문, 2005

나카타니 아키히로, 이선희 역, 면접의 달인, 바다출판사, 2000

도영태 · 김순희, 직장예절, 영진미디어, 2005

레일 라운즈, 임정재 역, 사람을 얻는 기술, 토네이도, 2007

사카토 켄지, 고은진 역, 메모의 기술, 해바라기, 2003

스티븐 코비, 성공하는 사람들의 7가지 습관, 김영사, 2003

왕즈강, 백경민 역, 직장인생활백서, 태웅출판사, 2006

유나이티드 테크놀로지, 신해진 역, 카피 카피 카피, 한겨레, 1989

이우곤, 취업특강, 청년정신, 2006

이은철, 튀는 인재의 구직 매뉴얼, 새로운사람들, 2006

이철한, 직장인 39가지 성공법칙포인트, 인하우스, 2007

전옥표, 이기는 습관, 쌤&파커스, 2007

조세미, 세계는 지금 이런 인재를 원한다, 해냄, 2005

최병권 · 한상엽, 핵심인재확보전략, 새로운제안, 2007